陕西省特色课程配套教材
21世纪经济管理新形态教材·物流学系列

国际物流

主　编 ◎ 方　静
副主编 ◎ 孙艺杰　崔望妮
参　编 ◎ 谢逢洁　山红梅　李　莹
　　　　 邵　阳　赵自阳　胡雪婷

清华大学出版社
北京

内 容 简 介

本书主要内容涉及国际物流系统、国际贸易相关物流业务等基础知识，以及检验检疫、报关、运输、保险等国际物流运作知识。针对跨境物流、丝路物流等热点主题，书中广泛融入国际物流最新研究与实践成果，以适应经济全球化背景下不断增长的国际物流高素质人才培养需求；书中对疑难之处进行启发引导，帮助读者梳理思路，具有较强的可读性。为方便读者学习，本书配有视频资料、案例、即测即练及线上课程。

本书既可作为物流管理类专业本科生及研究生的教学用书，也可作为相关企业的岗位培训和自学用书。

本书封面贴有清华大学出版社防伪标签，无标签者不得销售。
版权所有，侵权必究。举报：010-62782989，beiqinquan@tup.tsinghua.edu.cn。

图书在版编目（CIP）数据

国际物流 / 方静主编 . -- 北京：清华大学出版社，2025.4.
（21世纪经济管理新形态教材）. -- ISBN 978-7-302-68841-9
Ⅰ. F259.1
中国国家版本馆 CIP 数据核字第 2025NK7533 号

责任编辑：徐永杰
封面设计：汉风唐韵
责任校对：王荣静
责任印制：宋　林

出版发行：清华大学出版社
网　　址：https://www.tup.com.cn，https://www.wqxuetang.com
地　　址：北京清华大学学研大厦 A 座　　邮　编：100084
社 总 机：010-83470000　　邮　购：010-62786544
投稿与读者服务：010-62776969，c-service@tup.tsinghua.edu.cn
质量反馈：010-62772015，zhiliang@tup.tsinghua.edu.cn
印 装 者：河北鹏润印刷有限公司
经　　销：全国新华书店
开　　本：185mm×260mm　　印　张：18.75　　字　数：314 千字
版　　次：2025 年 5 月第 1 版　　印　次：2025 年 5 月第 1 次印刷
定　　价：66.00 元

产品编号：104205-01

前　言

坚持对外开放，是改革开放 40 多年来中国经济实现快速发展的重要前提，也是新发展格局实现经济高质量发展的必然要求。新发展格局的形成要依托国际物流供应链体系，目前，其建设既存在机遇，也面临挑战和制约。全球政治格局与经贸规则重塑，使构建国际物流供应链体系的外部发展环境异常复杂。因此，加快国际物流供应链体系建设应进一步完善国际物流通道布局；打造服务产业合作的枢纽经济；加强运输能力建设；加快服务网络建设，支持我国物流企业走出国门；推动国际物流体系的信息化、标准化建设；促进国际沟通与合作，积极参与全球交通物流治理合作。

以上国家战略目标的实现，必然需要高校培养更多的国际物流人才。"国际物流"作为物流管理专业核心课程，是打造学生国际视野与国际供应链知识体系的重要部分。在当前复杂多变的国际环境和全面建设社会主义现代化国家的宏观背景下，结合授课对象和课程教学目标等要求，进行教材改革与重构具有较高的示范推广意义。

本书致力于构建国际物流立体学习体系。为方便读者学习，本书提供视频资料、案例、即测即练题目及线上课程。书中对生涩与疑难之处进行启发引导，帮助读者梳理思路，具有较强的可读性。在教材编写过程中注重拓展开放，将研究性学习和任务性学习相结合、纸质书籍和电子资源相结合。除了按课程标准编写学生用书，使学生完成按规定需掌握的内容，还提供国际物流前沿内容，供学生自选学习，鼓励学生运用多种媒体和信息资源，形成具有个性的学习方法。

书中内容分为三个层次：第一个层次是国际物流基础知识，涉及第一章国际物流概述、第二章国际物流与国际贸易。第二个层次是国际物流运作知识，涉及第三章国际海洋运输、第四章国际航空运输、第五章国际陆路运输、第六章集装箱运输与国际多式联运、第七章国际货运代理服务、第八章国际货运保险。第三个层次是国际物流监管，涉及第九章报关、第十章检验检疫。第四个层次是国际物流新运作模式介绍，主要集中在第十一章跨境电商物流。

  本书由方静担任主编，负责全书架构和配套教学资源设计，孙艺杰、崔望妮担任副主编，负责全书统稿和校对工作。具体写作分工如下：方静编写第一章、胡雪婷编写第二章、山红梅编写第三章、邵阳编写第四章、崔望妮编写第五章和第八章、谢逢洁编写第六章、赵自阳编写第七章、孙艺杰编写第九章和第十章、李莹编写第十一章。

  本书编写过程中，得到了清华大学出版社以及责任编辑徐永杰老师的大力支持与帮助，在此表示衷心感谢。编者参阅了大量的国内外文献资料，因部分资料查找源头困难及受篇幅所限，未能列明全部参考文献。在此，向本书参考文献中未列出的文献作者表示衷心的感谢。

  最后，竭诚希望广大读者对本书提出宝贵意见，以促使我们不断改进。由于时间和编者水平有限，书中的疏漏和错误之处在所难免，敬请广大读者批评指正。

方静

2024 年 12 月于西安

目 录

第一章 国际物流概述 ········· 001
    第一节 国际物流的产生与发展 ········· 003
    第二节 国际物流的概念与特点 ········· 006
    第三节 国际物流的构成要素 ········· 009
    第四节 国际物流网络 ········· 015

第二章 国际物流与国际贸易 ········· 025
    第一节 国际贸易与国际物流概述 ········· 027
    第二节 国际贸易方式 ········· 030
    第三节 国际贸易术语 ········· 033
    第四节 国际贸易单证 ········· 042
    第五节 国际贸易结算 ········· 047

第三章 国际海洋运输 ········· 052
    第一节 国际海运物流基础知识 ········· 054
    第二节 班轮运输业务 ········· 058
    第三节 租船运输业务 ········· 065
    第四节 国际海运提单 ········· 072
    第五节 国际海运组织与公约 ········· 080

第四章 国际航空运输 ········· 087
    第一节 国际航空货物运输概述 ········· 089
    第二节 国际航空运输工具 ········· 094
    第三节 国际航空运输的经营方式 ········· 101

  第四节 国际航空运输的流程及单证 ··· 105
  第五节 国际航空运输的运价与运费 ··· 111

第五章 国际陆路运输 ·· 114
  第一节 国际公路运输 ··· 116
  第二节 国际铁路运输 ··· 127
  第三节 国际管道运输 ··· 142

第六章 集装箱运输与国际多式联运 ································· 150
  第一节 集装箱概述 ··· 152
  第二节 集装箱货物与交接方式 ·· 156
  第三节 集装箱运输的货运程序 ·· 160
  第四节 集装箱运费 ··· 169
  第五节 国际多式联运概述 ·· 171
  第六节 国际多式联运单据 ·· 176

第七章 国际货运代理服务 ··· 182
  第一节 国际货运代理的含义 ··· 184
  第二节 国际货运代理的性质和作用 ··· 187
  第三节 国际货运代理企业的业务经营 ····································· 190
  第四节 国际货运代理的发展趋势 ·· 195
  第五节 国际货运代理业务实务 ·· 200

第八章 国际货运保险 ··· 214
  第一节 国际货物运输保险概述 ·· 216
  第二节 国际海运货物保险 ·· 220
  第三节 国际陆运、空运与邮包货运保险 ································· 227
  第四节 国际货物运输保险实务 ·· 232

第九章 报关 ·· 238
  第一节 国际物流报关基础知识 ·· 240
  第二节 一般货物的报关流程 ··· 245
  第三节 保税加工货物的报关流程 ·· 250
  第四节 国际物流报关实务 ·· 254

第十章　检验检疫 ·· 261
　　第一节　国际物流报检基础知识 ······································· 263
　　第二节　国际物流报检实务 ··· 267

第十一章　跨境电商物流 ·· 273
　　第一节　跨境电商概述 ·· 275
　　第二节　跨境电商物流概述 ··· 278
　　第三节　国际快递实务 ·· 285

参考文献 ··· 290

第一章　国际物流概述

🔍 学习目标

1. 了解国际物流的概念及其发展历程。
2. 熟悉国际物流的组成要素以及特点。
3. 掌握国际物流网络的节点与线路分类。

🔍 能力目标

1. 了解国际物流的特点,培养学生的国际物流业务分析能力。
2. 熟悉国际物流的功能要素与参与者要素,培养学生的国际物流协调能力。
3. 掌握国际物流网络中节点与线路的性质,能够将网络理论应用于实践。

思维导图

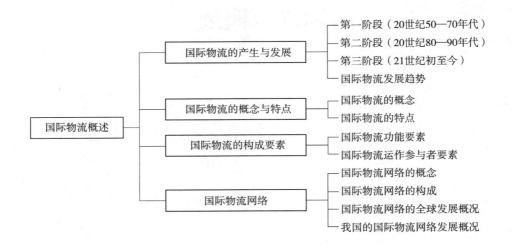

导入案例

案例标题：华商始祖——牛车拉出商王朝

教学微视频

第一节　国际物流的产生与发展

自从人类出现了生产与交换，物流运输就产生了。原始社会末期，商品流通时有超出部落范围的情况，这就出现了最早的跨境运输。到了奴隶社会，商品交换的范围有所扩大，但仍然是自然经济占统治地位，对外贸易的商品数量较少，交通工具也非常简陋，跨境运输发展受到很大限制。封建社会晚期，随着城市手工业的快速发展，对外商品交换演变为早期的国际贸易，跨境运输日益活跃。进入资本主义社会，社会上可供交换的产品空前增加，真正的国际分工开始形成。同时，运输和通信方式的大变革，极大地推动了跨境运输的发展。第二次世界大战以后，全球经济交往越来越密切，国际贸易对物流的要求也越来越高。在这种情况下，单纯以输送商品为主的跨境运输已不能适应新的形势要求，促使出现了真正意义上的国际物流。按照时间顺序，国际物流的形成与发展大体经历了三个阶段。

一、第一阶段（20世纪50—70年代）

第二次世界大战以后，随着工业化进程的加快，社会上出现了规模化生产和大批量销售。人们开始意识到降低物资采购成本及产品销售成本的重要性。这为国际物流的形成奠定了基础。同时，运输工具的大型化，为国际贸易大批量、远距离交易提供了条件，国际物流在经济生活中的重要性日益突出。特别是20世纪60年代以后，世界经济环境发生了深刻的变化。尤其是管理科学的进步、生产方式的改变，有力地促进了物流的发展。物流逐渐为管理学界所重视，企业界也开始注意到国际物流在国际贸易中发挥的作用，将改进国际物流管理作为提高国际贸易竞争力的重要手段。20世纪70年代，船舶大型化趋势为国际物流迅速扩张提供了可能。加之集装箱开始广泛使用，有力地提升了国际物流服务水平。航空物流规模大幅度增加，带动了国际多式联运发展。

二、第二阶段（20世纪80—90年代）

由于各国市场逐渐开放和信息技术革命的影响，国际物流成为全球化进程中日益受到关注的领域。进入20世纪80年代，一些发达国家的经济增速放缓，开始出现倒退危机。人们逐渐意识到必须优化国际物流运作方式，降低国际贸易成本，提高客户服务质量，才能在激烈的国际竞争中赢得利润。因此，国际物流被提升到企业战略层面,各国对物流的认识开始由企业内部管理转向专业服务,第三方物流理论的出现确立了国际物流产业的地位。多品种、小批量物流服务在国际物流中的比重不断增加,机械化、自动化设施设备有效提高了国际物流运作效率。90年代出现经济全球化大潮,表现为构建国际化采购、国际化生产、国际化销售的新经济格局。这一时期,电子数据交换(EDI)等信息技术开始助推国际物流向更低成本、更高服务、更精细化方向发展。

三、第三阶段(21世纪初至今)

进入21世纪以来,市场竞争逐渐由单个企业转向企业群体之间的竞争,原有的国际物流功能显得单一和不足,随着客户需求、经济发展、科技进步等因素的变化而不断调整和完善。国际物流范围进一步外延,与通关、商检相连,与商流、资金流、信息流捆绑在一起,从物流技术到管理理念逐渐发展到供应链管理层面。大型物流企业借助经济全球化的良好环境,从原来雄踞国际海、陆、空物流线路,进而深入各国参与物流基础设施和物流枢纽建设,逐步完善了国际物流网络框架,增加了主干线与支线的衔接密度,促进了国际物流大循环,使国际物流网络实现全球贯通和节点密集化,把国际物流推向高速发展的新时代。世界各国广泛开展国际物流方面的理论和实践探索,一些新兴国际物流模式如雨后春笋般不断出现,对促进世界经济繁荣起到至关重要的作用,并有望发挥更大的价值。

四、国际物流发展趋势

国际物流产业已成为世界经济全球化进程中的重要组成部分,市场规模庞大,预计未来将保持快速增长趋势。

(一)国际贸易与国际物流更为密切相关

随着全球化进程的发展,国际物流在国际贸易体系中日益占据着重要的地位,两者之间的依存关系也逐步加深。一方面,国际贸易是国际物流形成和发展的先决条件,它为国际物流提供生存土壤与市场机会;另一方面,国际物流是国际贸易运行的重要基础。特别是在复杂的国际环境下,高质量的国际物流服务是国际贸易强劲发展的有力保障。当前,整个国际物流产业的外部环境、市场需求、业务模式等发生了重大变化,对服务质量、运输成本、运作效率、过程监控、供应链协同等提出了更高的要求。传统的国际贸易主体与国际物流主体基本上各自独立，这种业务层面的合作关系不再适应激烈的市场竞争。随着信息技术的发展和商业模式的创新，国际贸易与物流融合现象将更容易出现。特别是在金融、保险、信息、咨询领域，将呈现出更明显的国际贸易与物流资源整合趋势。

（二）跨境电商物流市场增长潜力大

跨境电商物流需要强大的整合能力，才能提供全流程履约服务。主要物流服务包括揽收、集拼分拨、出口报关、跨境运输、进口清关、仓储分拣、配送。受时空距离与市场竞争的影响，多数跨境电商物流企业无法单独高质量完成所有服务环节，通常与其他物流服务供应商合作完成全链条服务。现阶段，跨境电商物流在上下游集中度较高，资源利用率和组织效率有待提升。行业呈现两种整合趋势：①电子商务平台直接对关键物流节点和物流服务提供商进行整合。②物流企业之间相互整合。受益于电商产业的快速发展，线上流量红利不断催生出新型电商物流模式，国际物流也在不断进化与演变，进行增值服务布局。同时，越来越多的企业正向国际物流综合解决方案提供商转型。

（三）国际物流逐步实现数字化转型

随着数字技术的发展成熟，国际物流数字化生态也日益完善。物联网、云计算、大数据、区块链、人工智能等数字技术，在国际物流中将得到更广泛的应用，进一步赋能国际物流行业，提供更准确、高效的物流服务，提升客户体验，降低运营成本。国际物流数字化发展趋势依次是实现业务数字化、流程自动化、决策智慧化。业务数字化是利用电子化、信息化的方式去传递和保存物流信息，实现国际物流业务的在线受理、服务的全程可视，信息与资金的可靠流转等。流程自动化是利用自主机器设备、数字机器人、自动驾驶等相关技术，实现国际物流链条全流程操作的自动化，将人们从烦琐、重复的工作中解放出来。决策智慧化是利用人工智能、大数据、数字孪生等相关技术，在无须人工干预的条件下实现国际物流智能决策、自主运行，并能够柔性应对国际物流突发情况。目前，国际物流的数字化技术应用成熟度最高的是供应链管理、在线订舱、干线运输等领域。

（四）冷链物流形成新的服务增长点

冷链物流是利用温控、保鲜等技术工艺，以及冷库、冷藏车、冷藏箱等设施设备，确保冷链产品在初加工、储存、运输、流通加工、销售、配送等全过程始终处于规定温度环境的专业物流。冷链物流的对象产品包括农产品、禽肉类、水产品、花卉、加工食品、冷冻或速冻食品、冰激凌和蛋奶制品、快餐原料、酒品饮料、药品、化工品等。随着全球食品贸易的增加和人们食品安全意识的提高，冷链物流在国际物流中的比重越来越大，未来将会出现越来越多的物流企业开展各类冷链物流服务。一方面，冷链物流的快速发展将进一步扩大对制冷设施设备的需求，在产地就近建设改造的集配中心、冷库、产地仓等设施，可提高产地商品化处理和错峰销售能力；另一方面，跨区域批发市场和干线冷链物流的发展，将增强国际物流出口主渠道冷链服务能力。机场、港口、自由贸易区的大型冷链物流园在货物集散、低温配送等方面的功能将日益完善，有助于畅通全球冷链物流"大动脉"。

（五）绿色发展成为国际物流共识

随着全球工业化进程快速推进，资源浪费及环境污染等问题不断显现。生态环境问题日益突出，尤其是全球气候变暖给人类生存与发展带来了前所未有的挑战。在全球积极应对气候变化的背景下，多个国家宣布了碳达峰、碳中和目标，并在全球供应链上采取减碳措施。国际物流作为全球供应链的重要一环，必然加入供应链减碳的行列。因此，推动国际物流绿色发展，降低运输对环境的影响，是非常必要的。同时，绿色物流运输还能够减少能源消耗，提高能源利用效率，从而降低运营成本，提高企业竞争力。国际物流产业相关的许多企业已逐渐意识到了绿色发展的重要性。为了体现企业的责任意识和环保意识，许多国际物流企业逐渐实施绿色物流战略。这些企业通过改变自身的物流流程，使用环保材料和能源，以及构建可持续的供应链，以实现绿色发展。

第二节　国际物流的概念与特点

一、国际物流的概念

国际物流是指货物在两个或两个以上国家（地区）间的物理性流动。具体来说，国际物流是指根据国际分工协作原则，依照国际惯例，利用国际化的物流网络、物流设施和物流技术，实现货物跨境流动与交换，以促进区域经济发展和世界资源优化配置。国际物流的本质是物流活动的国际化运作，是活动范围更广阔的"物的流通"（见图1-1）。国际物流有狭义和广义之分。

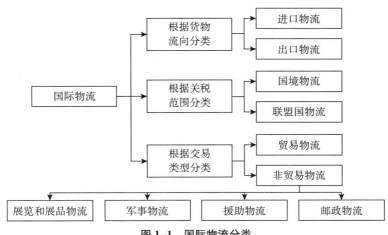

图1-1 国际物流分类

狭义的国际物流主要指国际贸易物流。它是当供给和需求分别在两个或两个以上的国家（地区）独立进行时，为了克服供给和需求之间的空间距离与时间间隔，对原材料、再制品、半成品和制成品进行物理性移动从而完成国际商品交易的最终目的的一种国际贸易活动。

广义的国际物流除了包括狭义的国际贸易物流外，还包括非贸易国际物流等领域。非贸易国际物流是指国际展览与展品物流、国际援助物流、国际军事物流、国际邮政物流等活动。

二、国际物流的特点

国际物流是国内物流的延伸，两者往往是不可分割的且有许多相似之处，都具有现代物流的共性特点，但是它们也存在一些差异性。国际物流与国内物流系统相比，具有复杂性、烦琐性和风险性等特点。

（一）物流环境复杂

国际物流最显著的特点是运作环境涉及多样化的经济社会发展情况。每个国家都有自身适用的法律法规、技术标准、风俗习惯，造成跨境物流接轨困难，物流运作受到很大局限。例如，世界各国法定工作时间可谓千差万别，时长从每天的4个小时到8个小时不等，周末及传统节假日差异更大，中东、非洲一些国家周五和周六休息，周日上班，这对物流时效与沟通会造成一定的影响。环境的差异迫使国际物流系统经常需要在不同运作情境下切换衔接，系统复杂性无疑增加了物流的运营难度和成本。

（二）物流操作烦琐

国际物流既包含一般物流系统的功能要素，如运输、仓储、包装、装卸搬运、流通加工、信息管理等，又涉及报关、检验检疫、国际结算等事项。不像国内物流通常只用一份发票和一份提单就可以，国际物流基本上需要大量有关货物交易、货物流转、货物通关、费用结算等方面的单证资料。另外，国际物流的地域空间更为广阔，所以单位成本相对低廉的海运是主要运输方式，但是海运的劣势是无法实现门到门服务，往往需要多种运输方式联合完成货运过程。货物需要经过多次装卸搬运、接驳运输，与单一运输方式相比，操作更为烦琐。

（三）物流标准严格

国际物流标准化是降低物流成本、提高物流效益的有效措施。随着经济全球化的发展，各个国家越来越重视本国物流与国际标准的衔接。特别是物流新兴领域，在建设初期就力求与国际标准体系一致。物流标准化可以为国际物流提供有效的衔接方式和手段，如减少装卸搬运时间、压缩运输周转环节、降低货损货差等，由此能明显地节约成本。目前，全球在国际物流标准化方面已经取得了显著成效，基本实现了物流工具、设施设备的统一技术标准，如托盘采用 $1m \times 1.2m$ 规格，集装箱采用 20ft（$1ft = 0.3048m$）规格等。国际标准化组织 ISO 对国际物流标准设置了统一规定，相关术语包括物流模数、物流托盘、EDI 标准等。

（四）物流风险较高

国际物流涉及的参与方和环节多，运输距离长，使得复杂的外部环境产生了各种高风险，包括战略风险、政治风险、市场风险、信用风险、金融风险、操作风险、法律风险等。如运输沿途国际形势的变化、社会动乱存在政治风险，国际海运或空运价格波动存在市场风险，跨国交易很可能不了解对方资信情况存在信用风险，结算货币汇率突发变动存在金融风险。长距离运输导致操作风险增大，如在途时间较长，更容易遇到恶劣天气、特殊线路、海盗等，可能造成货物灭失及短缺。为了应对国际物流较长的交货周期，企业需要增加仓储节点和库存数量，同样会增加货物操作风险。国际物流法律体系尚不健全，各国法律规则差异大，稍有不慎，容易出现纠纷，从而带来法律风险。

（五）物流协调困难

国际物流涉及两个以上国家与地区的众多参与主体，利益协调难度较大，矛盾冲突时有发生。特别是国际物流运作中关联多类政府主管部门，物流协调更加充满不确定性。以建设国际物流铁路通道为例，各国对于融资渠道、应承担的融资比例可能会有不同看法，需要协调机制解决。同时，新建通道往往需要对各国原有铁路系统进行改造，改造成本的承担主体以及项目进度都存在协调难度。此外，国际物流通道穿越多个国家时，如果政府地方保护主义色彩过于浓厚，各种隐性壁垒就会使物流互联互通大打折扣。这就需要参与国际物流基建项目的企业不仅具有强大的经济能力，还要具有过硬的国际公关能力。

第三节 国际物流的构成要素

一、国际物流功能要素

（一）运输

国际物流功能要素中，运输环节占比较重。由于运距长，耗时久，跨国管理复杂，运输环节往往是国际物流管理的重点。主要管理内容包括运输方式比选、货物交接、在途监管、运输单据处理，以及保险办理等。国际运输方式很多，有海上运输、铁路运输、航空运输、管道运输等。其中，海上运输具有运输量大、运费低廉、不受道路和轨道限制等优点，因此成为国际物流中重要的运输方式，承担了2/3的国际物流总运量。

无论是国际海运、陆运还是空运，如何有效地衔接多式联运都是管理者必须解决的问题。目前，集装箱运输是国际物流中高效的运输组织方式。集装箱运输有很多优点，如有利于工作的机械化和自动化，提升装卸搬运的效率，缩短船舶在港时间，提升船舶存货周转率，节省包装成本，降低货损货差概率，方便多式联运等。

（二）仓储

国际仓储作业一般包括拣选、整理、加工、装配、备货、出入库等。仓储设施必须方便进出口货物的拼箱、装柜、商检、验货等。仓库一般设置在码头、车站、机场、集装箱堆场附近。国际贸易买卖双方距离远，导致相关仓储节点分布呈零散状，增加了仓储管理难度和库存成本。此外，由于国际仓储作业量淡旺季波动较大，以及报关时效具有不确定性，导致企业不得不增加存货量以保证商品正常流通，从而增加了库存成本。为了确保物流服务水平，加速货物流转，降低库存数量，企业需要不断改进仓储管理，解决服务与成本之间的矛盾。

随着国际贸易日益增长的多样化、个性化需求，企业对国际仓储提出了更高的要求，精益生产、海外仓、预售等先进管理方式不断普及应用。目前，越来越多的企业将仓储业务外包，把主要资源集中在核心业务上，以应对激烈市场竞争下对仓储管理的高标准要求。

（三）包装

包装是国际物流的重要环节之一。由于跨境运输在途时间长，装卸搬运次数多，遇到恶劣天气的概率大，在国际贸易合同中，企业一般都会订立包装条款，对货物包装的耐磨性、耐温性、防水性、防潮性、轻便度等进行详细规定。随着科技进步，新的包装技术、方式和材料不断出现。如可降解塑料被使用后，可在自然环境条件下降解为对环境无害的物质。植物纤维材料以农作物废弃物、草本植物和废纸为主要原料，可形成资源循环利用等。近年来，随着世界范围内对环保的呼声逐渐高涨，物流包装除了采用可循环利用材料外，共享模式也是大势所趋。一些企业已经开始探索包装共享模式，推出"共享包装盒""循环盒"等包装回收服务。传统包装材料与新材料对比，见表1-1。

表1-1 传统包装材料与新材料对比

对比主体	材料类别	优势	劣势
传统材料	纸质类	成本低、轻便	韧性低、易变形、易破损、回收利用率低、防潮性
	塑料类	透明度好、韧性强、可回收、防水、不易锈蚀	耐温性差、易变形、无法自然降解
	金属类	光泽度好、延展度大、耐磨、塑性强、硬度高	易导电、易导热、成本高、重量大
新材料	复合材料类	塑性好、耐磨性好、可回收	成本高、技术要求高
	可降解塑料类	可回收、防水、不易锈蚀	耐温性差、成本高、易变形
	植物纤维类	原材料可再生、环保	易变形、技术要求高
	陶瓷类	可回收、高熔点、高硬度、耐磨、耐氧化	成本高、易碎、自重大

国际物流对于包装也有很多特殊要求。如一些国家对未经过加工的原木包装有严格的规定，要求必须在原出口国进行熏蒸并出示有效的熏蒸证，方可接受货物进口，否则，进行罚款或将货物退回原出口国。

（四）搬运装卸

搬运装卸是衔接物流活动的桥梁，但是常常被忽视或者被看作运输、仓储、包装等物流功能要素的组成部分。由于搬运装卸的交叉衔接特点，导致其极易成为整个物流系统的"瓶颈"。因此，搬运装卸是国际物流各功能之间形成有机联系和紧密衔接的关键要素之一。搬运装卸作业在各国情况差异较大，有的国家已经基本实现了机械化或者自动化，然而在一些发展中国家，搬运装卸还在大量采用人工作业，效率低且功能弱，并且人工搬运装卸存在灵活性差、费时费力、成本高、危险性大等问题。在工业技术飞速发展的今天，搬运装卸自动化是必然趋势。例如，集装箱吞吐量名列世界第一的上海洋山港使用自动化双箱轨道吊，配合自动化双箱岸桥作业，有效释放岸线空间，提高了50%的装卸工作效率。

国际物流的货物一般件大量多，搬运装卸过程中应保证物料完好不受损坏，杜绝野蛮式作业以及重复作业，同时确保作业人员的人身安全。在使用搬运装卸设施设备时，要注意设施设备的负荷率，严禁超额、超限使用。

（五）流通加工

流通加工是为了促进销售、提升物流效率、提高物资利用率、维护产品质量，采取的能使物资发生一定性质或形状变化的加工过程。国际物流中的流通加工具体内容包括两方面：①进出口商品交易服务，如装袋、贴标签、配装、挑选、混装、刷唛等。②生产性外延加工，如剪断、平整、套裁、打折、折弯、拉拔、组装、改装、检验、烫熨等。其中，生产性外延流通加工更容易带来货物增值。

流通加工已成为我国主要国际物流增值服务之一，在吸纳就业、促进技术进步、优化产业结构、增进国际一体化经济合作，以及推动区域社会发展等方面作出了积极的贡献。流通加工按需定制生产，可减少库存成本，提高仓库等物流空间的利用率，体现生产性服务价值。另外，物流服务需求方往往会对流通加工活动进行指导和培训，从而使国际物流企业直接获得适应国际市场的技术管理知识，洞察国际市场行情。这有助于进一步促进供应链的深度紧密合作，在更大范围、更广阔的领域开展国际分工。

（六）信息管理

国际物流各种活动会产生知识、资料、图像、数据、文件等信息，如货物流转信息、进出口单证填报信息、支付结算信息、客户资料信息、市场行情信息等。物流信息管理是指对这些信息进行收集、整理、储存、加工、传输和服务的活动。

通过将物流数据、客户需求、商品交易等信息进行系统处理，企业可以精准计算出最优库存量和运输路径等，使国际物流决策和执行效率大大提高。由于国际物流信息来源较多，交换频繁，信息精度要求高，因此，需要建立先进的信息管理系统。

随着互联网、物联网、大数据、云计算、人工智能等信息技术与物流行业深度融合，智慧物流建设正在全球范围内加快推进，成为国际物流发展的新趋势。越来越多国家出台鼓励政策和发展规划，积极推动智慧物流发展。未来，物流信息管理将深度融入物流设施设备与运作流程，形成全方位覆盖的信息网络，实现跨越国界的"万物互联"发展局面。

（七）出入境检验检疫

出入境检验检疫是指政府行政部门以法律、行政法规、国际惯例或进口国法规要求为准则，对出入境货物、交通工具、人员及其他事项等进行管理和认证，并提供官方检验证明、民间检验公证和鉴定完毕的全部活动。出入境检验检疫的目的是保护国家整体利益和社会利益，同时检验检疫也关系到国家形象和对外声誉。

国际物流基本功能要素中，包装与检验检疫关系最为密切。很多情况下，货物包装质量需要出具相应的鉴定结果证明文件。例如，《出境危险货物运输包装使用鉴定结果单》用于证明出口的危险货物所用的包装容器是否恰当，包装外观是否清洁、标记是否清晰正确，内外包装容器是否出现危险品渗漏，包装容器与货物是否会发生化学反应，危险特性分类鉴别结果是否符合要求等。再如，检验检疫部门出具的各种"出入境检验检疫证书"，是用于证明出入境货物符合本国法律法规和相关标准的要求。它是检验检疫人员通过对企业的日常检验监管和抽样检测后出具的产品合格证明。

（八）通关

通关是国际物流中一种比较独特的功能要素，既涉及大量的法律法规及制度，又需要专业的技术和技能。货物通关程序可分为申报、查验、缴税、放行四个步骤。

申报是指货物进出口过程中通过海关监管的口岸时，向海关报告货物真实情况，如收发货人、申报单位、运输方式、贸易方式、贸易国别以及货物的属性等，同时提交物流及商业单据，申请海关审查放行。

查验是指海关在接受报关申请后，对货物实施检查的行政执法。查验内容主要是确定进出境货物的性质、原产地、状况、数量和价值是否与报关单上填写的内容相符。

缴税是指根据海关法的有关规定，进出口货物除国家另有规定外，应征收关税。进出口货物如果申报的成交价格明显与相同或者类似货物不符，海关可以根据国内外市场价格或者其他合理的方法估定完税价格。

放行是指海关对出口货物做出结束现场监管决定的行为。一般货物缴纳税款和有关规费后，海关签盖"海关放行章"。对于需要出口退税的货物，在向海关申报出口时，增附一份浅黄色的出口退税专用报关单。

二、国际物流运作参与者要素

国际物流涉及两个以上国家或地区间的货物流动，物流作业环节较复杂，参与者众多。从出口发货到进口收货，需要经过一系列周转流通。国际物流运作流程，如图1-2所示。

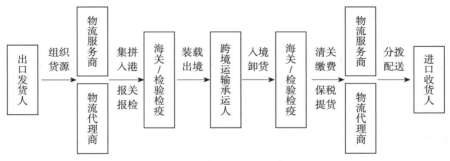

图1-2　国际物流运作流程

（一）出口发货人

出口发货人是指依法办理了工商登记或者其他执业手续，经过对外贸易主管部门及其授权单位批准，具备出口经营资格的从事对外贸易经营活动的法人、其他组织或者个人。其中，个人是指注册登记为个体工商户、个人独资企业或合伙企业。没有出口经营资格，委托出口的生产企业也属于出口方范畴。

近年来，我国出口贸易额逐渐递增，国际贸易第一大国地位非常稳固。国内有进出口业绩的企业已经超过50万家，特别是民营企业在出口贸易中发挥着越来越重要的作用。目前，机电产品占出口总额的一半以上。其中，汽车、手机、笔记本电脑、家用电器、集成电路、医疗仪器及器械出口额较高。高新技术产品出口额增长较快。从事纺织品、服装、鞋类、箱包、玩具、家具、塑料制品七类劳动密集型产品生产的出口企业数量较多。

（二）国际货运代理人

国际货运代理人是指接受进出口货物收货人或发货人的委托，以委托人或自己的名义，为委托人办理国际货物运输及相关业务的服务方式或经济组织。国际货运代理人的存在是国际物流分工日益专业化的体现。代理人的身份属于中间人的性质，在出口方与承运人之间起到桥梁作用。货运代理人一方面为出口方租船订舱，另一方面为承运人揽货，同时也可以从事如仓储、报关、报检、收款等业务，甚至可以用自有车辆、船舶、飞机、仓库及装卸工具等提供物流服务，从中收取差价或者佣金。

对于货运代理的法律地位及责任，应视其承担的角色进行划分。当货运代理人以纯粹代理人身份进行牵线搭桥时，由托运人和承运人直接签署运输合同。若货物发生灭失或损坏，托运人可以直接向承运人索赔。当货运代理人以承运当事人或者多式联运经营人身份与托运人签订合同时，需承担相应的运输责任。

（三）承运人

承运人指本人或者委托他人以本人名义与托运人订立货物运输合同并承担运输责任的当事人。承运人对货物在运输过程中发生的灭失、短少、污染、损坏等负责。承运人的责任期间一般从货物由托运人交付承运人时起，至货物由承运人交付收货人止，法律有特别规定或当事人有特别约定的除外。承运人的基本义务包括运输工具适宜义务、货物管理义务、线路合理义务、按时交付义务等。承运人的基本权利包括拒绝运输包装违约的货物、留置未支付运费的货物、处置无法认领的货物等。

近年来，随着互联网经济的发展，承运服务开始出现一些新业态。如无车承运人，指不拥有货运车辆，以承运人身份与托运人签订运输合同，承担承运人责任和义务，并委托实际承运人完成运输服务的道路货物运输经营者。再如无船承运人，是指不拥有、不经营船舶，但以承运人的身份接受托运人委托，签发自己的提单或其他运输单证，向托运人收取运费并承担承运人责任，通过与有船承运人签订运输合同，完成海上货物运输经营活动的经营者。

（四）报关企业

报关企业，是指经海关准予注册登记，接受进出口货物收发货人的委托，以进出口货物收发货人名义或者以自己的名义，向海关办理代理报关业务，从事报关服务的境内企业法人。报关企业的核心业务包括报关咨询、代理报关、商检申报、加工贸易合同申报、税费结算、货物查验结关等一系列报关所需服务。

报关企业的类型分为专业报关企业、代理报关企业、自理报关企业。专业报关企业是指经海关批准设立的专门从事进出口货物报关事宜的具有境内法人地位的经济实体。专业报关企业必须在名称中冠以"报关行"或者"报关服务公司"字样。代理报关企业是指经营国际货物仓储运输代理、国际运输工具代理等业务，兼营报关事宜的境内法人。自理报关企业是指有进出口经营权的国有、集体和外商投资企业。自理报关企业只能办理本企业进出口货物的报关手续，不能代理其他单位报关。国际货物报关涉及大量单据和文件处理工作，内容非常烦琐。再加上不同国家的通关流程、进出口政策存在很大差异，交由专业报关企业办理这些手续的情形更为多见。

（五）进口收货人

进口收货人是指从事进口贸易的企业或组织，可以是货运代理企业、国际贸易企业、货物所有人。进口收货人从国外购买生产或消费所需的原材料、产品、服务等，然后出售给所在国的制造企业、商贸企业、个人。由它们进行加工或稍作贮存，再转口输出到其他国家或地区销售。进口的目的往往是获得更低成本的生产投入，或者是谋求本国没有的产品与服务的垄断利润。

进口收货人需要在海关注册登记，并获得进口许可证。通过对进口商品实行许可证管理，国家可以调节进口商品结构，稳定国内市场。但是，当进口许可程序透明度不高或签发过程产生不必要的延误时，它又成为贸易保护的工具。

第四节　国际物流网络

网络时代、网络经济、网络空间……提到网络，大家首先想到的是互联网，也就是信息网络。在物流领域，也经常用到"网络"一词，本节主要内容是学习国际物流网络的概念、构成要素、发展过程。

一、国际物流网络的概念

物流活动除了需要大家熟知的信息网络，更需要实体网络。从时空角度观察国际物流，我们可以发现它由许多在线路上的移动与节点上的停顿组成。由此可以很容易理解国际物流网络的含义：国际物流网络是由多个收发货的"节点"和它们之间的"线路"所构成的物理网络，以及与之相伴随的信息网络组成的有机整体。

二、国际物流网络的构成

国际物流网络在结构上一般由物流园区、配送中心、货运场站、仓库等节点和五种运输方式的线路构成，并通过运输子系统、包装子系统、装卸搬运子系统、流通加工子系统、信息子系统等联结起来，形成相互作用的网络系统。既然国际物流的主要构成要素是节点与线路，接下来详细介绍这两个要素的具体内容。

（一）国际物流节点

1. 国际物流节点的概念

国际物流节点是进行仓储、装卸搬运、包装、流通加工和信息处理等物流活动的场所，包括物流园区、物流中心、配送中心和传统的货物集散点（如仓库、车站、机场、码头、港口、货运站等）。随着国际物流的快速发展，国际物流网络节点的范围越来越广泛，一个城市甚至一个区域都可以称为物流节点。

2. 国际物流节点的类型

按照节点的功能，它可以分为转运型节点、储存型节点、流通型节点和综合型节点。转运型节点是以连接不同线路或者运输方式为主要功能的节点，实现运输组织活动的无缝切换。储存型节点是以存放货物为主要功能的节点，它能克服生产与消费之间的时间差问题，带来物流的时间效益。流通型节点是面向物流终端的节点，根据需要对货物进行包装、分割、组装、检验等作业。综合型节点有机会集了两种以上节点的属性，有效地衔接和协调各个物流功能，适应国际物流大批量与复杂化的特点，使国际物流运作更为高效。以上四类节点虽然偏重的功能不同，但是一些基本属性相似，例如都具备衔接、保管、调度、吞吐等属性。

（二）国际物流线路

1. 国际物流线路的概念

线路广义上指所有可供运输工具移动的通道，是运输工具赖以运行的物质基础；狭义上指公路、铁路、航空、水运、管道五种运输方式形成的线路。国际物流需要跨越国家或地区的边境，物流线路相对于国内物流，会面临更多特殊的挑战和困难。

2. 国际物流线路的类型

按照不同的运输方式，国际物流线路分为公路线路、铁路线路、航空线路、海运线路、管道线路五种。

公路线路与铁路线路统称陆运线路。陆运线路是连接两个或多个国家之间跨境物流的重要方式，特别是邻国之间的国际物流活动，通过陆运线路运输很便捷。陆运交通工具一般使用卡车、火车完成跨境货物运送。但陆运线路存在公路线路状况不稳定且运输成本高、铁路线路不灵活等不利因素，对物流整体运营能力提出了很高的要求。

航空运输是一种快捷、高效的国际物流远途运输方式。它除了运价高之外，受天气影响较大，载货量较小，适用于对物流时效性要求较高的商品，如生鲜、医药等冷链商品。

海运运输是国际物流主要的运输方式，各个国家都大量利用海运线路完成国际贸易。海运线路成本较低，但是运输周期较长，装卸搬运及海关流程较复杂。

管道线路可以使能源生产国与消费国之间建立紧密的联系，它也是一种相对环保的能源运输线路，比其他运输线路产生的废气和污染更少。为满足日益增长的全球能源需求，国际管道线路近年来发展较快。但是当国际管道线路穿越多国领土时，需要进行多边谈判磋商，因此，国际政治风险一定程度上限制了管道线路的发展规模。

三、国际物流网络的全球发展概况

（一）海洋运输网络

海运网络主要包括航线与港口。航线是指船舶在两个或多个港口之间，从事海上运输的线路。港口由一定范围的水域和陆域组成，是能为船舶进出、停靠，以及货物装卸、储存等提供服务的场所。全球港口中比较重要的是基本港，基本港指班轮定期或经常靠泊的港口，大多是航线上较大的枢纽，货载多而稳定。

1. 太平洋航线

太平洋航线是亚洲与美洲之间的主要运输通道。该航线分为北线与南线。北线东端主要为北美各港口，西端主要为亚洲东岸各港口。南线东端主要为南美各港口，西端主要为澳洲各港口。太平洋航线中的部分线路经由巴拿马运河，可与美国、西欧的北大西洋航线相连，在世界航运中占据重要地位。太平洋航线中较为繁忙、重要的区际航线如下。

（1）东北亚—北美西海岸航线。从中国、日本、韩国等东北亚港口，以及俄罗斯东部港口，至加拿大、美国、墨西哥等北美西海岸港口。

（2）东北亚—北美东海岸航线。从东北亚各国及地区的沿海港口，经夏威夷群岛、巴拿马运河，至北美东海岸港口。

（3）东北亚—南美西海岸航线。从东北亚各国及地区的港口，经夏威夷群岛南部穿越赤道，至南美西海岸港口。

（4）东北亚—东南亚航线。从东北亚各港口至东南亚，或者经马六甲海峡至印度等南亚国家及地区。

（5）东南亚—北美航线。东南亚国家沿海港口与北美各港口之间的航线。

（6）亚洲—大洋洲航线。亚洲沿太平洋各港口与大洋洲港口之间的航线。主要运输中国、韩国、日本、新加坡等亚洲国家与澳大利亚、新西兰之间的货物。

（7）美洲—大洋洲航线。主要是北美东西海岸各港口与大洋洲的澳大利亚和新西兰各港口之间的运输线路。

（8）美洲近海航线。由北美至南美太平洋沿海地区之间的航线。

2. 大西洋航线

大西洋航线主要指欧洲和非洲的港口通往美洲港口之间的航线。它可分为北大西洋航线与南大西洋航线。

（1）北大西洋航线。北大西洋航线连接着欧洲与北美两个世界上工业发达的地区，是全球最繁忙的航线之一。该航线从美国、加拿大海岸出发，横跨北大西洋直至欧洲西海岸后，分为两个流向：①入波罗的海，连接东北欧。②入地中海到达南欧、北非各国。

（2）南大西洋航线。该航线从欧洲或者非洲港口出发，跨越大西洋到达南美洲东海岸的巴西里约热内卢、阿根廷布宜诺斯艾利斯等地，或者经巴拿马运河到达南美洲西海岸各港口。

3. 印度洋航线

印度洋航线指经过孟加拉湾与阿拉伯海沿线国家港口的航线，它的大宗货物过境运输量较高。沿线国家有印度和巴基斯坦，也包括马尔代夫、斯里兰卡以及孟加拉国等。阿拉伯海和波斯湾是石油运输的重要区域，波斯湾地区主要石油进出口国家和地区包括伊朗、科威特、沙特阿拉伯、阿联酋等。印度洋航线上的石油运输主要分为东西两个方向，分别运往欧美与亚洲。

（1）波斯湾—欧洲航线。该航线主要行驶超级油轮，是世界石油运输的主要海运线路之一。从这条航线继续向西航行，可以抵达美洲港口。

（2）波斯湾—亚洲航线。主要连接石油生产国与中国、日本、韩国之间的港口。马六甲海峡是这条线路上的咽喉要道。

4. 北冰洋航线

北冰洋航线是连接亚洲和欧洲的重要海上通道。航线位于北冰洋，穿越了北极圈附近的海域。随着全球气候变暖，北极冰层减少，北冰洋航线适航性逐渐提高。目前，北冰洋航线分为东北航道与西北航道。

（1）北冰洋东北航道。这一航线大部分处于北极圈内，西起西欧和北欧港口，经西伯利亚与北冰洋毗邻海域，过白令海峡到达韩国、中国、日本等亚洲港口。北冰洋东北航道一年中大多数时候结着厚厚冰层，货船行驶往往需要借助破冰船。

（2）北冰洋西北航道。指由北大西洋格陵兰岛经加拿大北极群岛进入北冰洋，再到阿拉斯加北岸的航道，是大西洋和太平洋之间最短的航道。西北航道在北极圈以北800km，是世界上最险峻的航线之一。

（二）航空运输网络

飞机线路起讫点、经停点跨越本国国境，通达其他国家或地区的航线称为国际航线。五大洲均有航空货运线路，其中东亚、北美、欧洲三个区域的航空货运量约占全球总量的80%，这三个区域的航线组成了国际物流中主要的航空运输网络。国际航空线路主要分布在北半球，大致形成了一个环绕纬圈的航空带。在纬向航空带的基础上，由航线密集区向南北辐射，形成了一些经向航线分布。

（1）欧洲—北美航空线。该航线主要连接巴黎、伦敦、法兰克福等欧洲国家的航空枢纽城市，以及纽约、芝加哥、蒙特利亚等北美国家的航空枢纽城市。

（2）欧洲—东亚航空线。该航线主要连接欧洲的航空枢纽城市，以及北京、香港、东京等东亚航空枢纽城市。该航线上的伊朗被制裁，新德里、曼谷等亚洲城市也是重要的停靠点。

（3）东亚—北美航空线。该航线主要连接东亚与北美西海岸之间的航空枢纽城市，部分线路延伸至北美东海岸。

（三）大陆桥运输网络

大陆桥运输是指衔接两个互不毗连的海域之间的陆上通道，其利用横贯大陆的铁路（公路）线路避开海上绕行，是跨海运输的"桥梁"。

1. 北美大陆桥

北美大陆桥指从亚洲的东海岸出发，利用海洋运输到北美洲西海岸，经由横贯北美大陆的公铁线路抵达北美洲东海岸，再由海运到欧洲的"海—陆—海"运输组织方式。北美大陆桥包括美国和加拿大两国的大陆桥运输路段。北美大陆桥分为两条走向：①从西部太平洋沿岸至东部大西洋沿岸的线路。②从西部太平洋沿岸至东南部墨西哥湾沿岸的线路。

2. 亚欧大陆桥

亚欧大陆桥是将欧洲与亚洲两侧联结起来的便捷陆运通道。亚欧大陆桥覆盖陆地面积广阔，可分为南北两线：北线是以俄罗斯为起点的西伯利亚大陆桥，南线是以中国为起点的新亚欧大陆桥。

（1）西伯利亚大陆桥。西伯利亚铁路跨越亚欧大陆，将太平洋和大西洋联结起来，全长13000km。它以俄罗斯东部的海参崴（符拉迪沃斯托克）为起点，过绥芬河入境中国东北后由满洲里出境，再由西伯利亚铁路横穿俄罗斯，通向中亚及欧洲7个国家，终点为荷兰的鹿特丹港。

（2）新亚欧大陆桥。东起亚洲东海岸以中国为主的港口群，西至欧洲西海岸以荷兰鹿特丹为主的港口群，全长1万余km，将东亚经济圈与欧洲经济圈联系在一起。目前，新亚欧大陆桥经济走廊已辐射30多个国家和地区，在共建"一带一路"倡议的推动下，其影响力还在不断增加。

（四）管道运输网络

管道运输适宜长距离油气资源的运输，它将油气田、炼油厂、港口、铁路、公路和用户连接起来，形成地下线路网络。目前，全球在役管道总里程已超过200万km，其中天然气管道占比约67%，原油管道占比约20%，成品油管道占比约13%。从全球各国管网密度来看，美国$0.052km/km^2$、欧洲$0.023km/km^2$、俄罗斯$0.010km/km^2$、中国$0.009km/km^2$、印度$0.006km/km^2$。

1. 北美管道网络

北美地区经济较为发达，油气资源丰富，管道总里程占全球总里程的45%左右，原油、成品油以及天然气管网完善，出口通道发达。随着北美地区对油砂资源、页岩气的开发，油气产能增长迅猛。北美地区管道公司目前已有100余家，运营高度市场化。北美地区管网规划主要聚焦扩建或新建能源出口渠道，美国主要将页岩气产地与天然气出口港相连，加拿大主要是为出口石油修建与美国之间的国际管道。

2. 欧洲管道网络

欧洲地区管道总里程约占全球总里程的30%，以欧盟国家的天然气管道联络线、进口通道为主。欧洲地区的管道网络已较完善，且对油气的需求量增长不明显，在建管道和拟建管道数量较少。欧洲国家为寻求能源供应多样化，管网规划主要围绕天然气进口管道以及欧洲各国联络线进行建设，以期逐步推进欧洲供气格局更加多元化。随着环保意识的增强，天然气管道已取代石油成为欧洲重要的能源网络。

3. 亚洲管道网络

亚太地区管道总里程约占全球总里程的10%，是全球管道建设较快的地区，其中中国和印度天然气管道建设处于高速发展期。亚太地区管道线路布局呈现3个特点：①管道工程在建规模大，存在超过1000km的管道工程。②跨国管道建设持续推进，主要与邻国共同修建，管道走向趋于东进和南下。③资源调配型管道建设增加，如亚太地区的澳大利亚天然气资源储量丰富，管道建设主要用于连接天然气产地和出口港。

四、我国的国际物流网络发展概况

（一）陆运为主时期

我国的国际物流网络发展历程，可以追溯到西汉丝绸之路形成时期。在漫长的历史长河中，这条沙漠丝绸之路不断扩展延伸，逐渐成为我国古代国际运输通道的代名词，衍生出了多条线路。其中一条是草原之路，它由中原出发，越过长城沿线、蒙古高原、中西亚北部，直达地中海欧洲地区。另一条是穿行于横断山脉的运输线路，沟通了印度和中亚地区，被称为西南陆地丝绸之路。这些古老隐秘的通道，共同构筑了中国自古以来的开放格局。

由丝绸之路衍生形成的古代国际物流网络从中国经中亚向西到达地中海地区，向南延伸至南亚次大陆，途经阿富汗、乌兹别克斯坦、印度、巴基斯坦、土耳其、罗马尼亚、荷兰等40多个国家，100多个城市，分布于横跨亚欧大陆东西长约10000km、南北宽约3000km的区域内，是人类历史上交流内容最丰富、线路规模最大的洲际运输线路。

（二）海运为主时期

陆上丝绸之路繁盛了一千多年，后来由于战争以及运输成本的影响，唐宋以后，海上丝绸之路兴起，并逐渐取代了陆上丝绸之路，成为重要的国际运输通道。中国的茶叶、瓷器等商品源源不断地运往海外，东南沿海聚集了来自拜占庭、大食、波斯、印度等世界各地的客商，对外贸易成为宋元时期朝廷的主要财政来源之一，宋朝的一半财政收入依赖于对外贸易。随着造船及航海技术的进步，元朝时海运事业发展迅速，远洋航运线路最远可以抵达红海之墨迦。海运设施也逐渐充实，航线均立标导航，以保安全。到了明朝，海运发展又向前迈进一大步。特别是永乐、宣德年间，郑和七下西洋，谱写了我国航海史上的光辉篇章。

（三）多式联运时期

新中国成立后，我国物流运输事业发展迅速，运输基础设施建设取得了举世瞩目的成就。一条条公路、铁路，一座座桥梁、隧道，一个个机场、码头……它们见证着神州大地上的历史变迁，诠释着中国物流网络的发展历程。

目前，我国建成了全球最大的高速铁路网、高速公路网、世界级港口群，航空线路通达全球，原有的"站到站"物流服务扩展为"门到门""门到仓"，"物畅其流"已初步实现。强大的物流网络缩短了时空距离，加速了物资流通。铁路、公路、水运、民航四类运输方式的货运周转量，以及邮政快递业务量等主要物流指标连续多年位居世界前列。我国已成为世界上运输线路最繁忙的国家之一，一个流动的中国正彰显出繁荣昌盛的活力。规模巨大、内畅外联的物流网络有力支撑着我国成为世界第二大经济体和世界第一大货物贸易国。

（四）我国国际物流网络发展前景

1. 总体发展目标

未来，我国的国际物流网络建设也是一片向好之势。《交通强国建设纲要》提出，到21世纪中叶，分两个阶段推进交通强国建设。到2035年，我国基本建成交通强国，基本形成全球123快货物流圈，即国内1天送达、周边国家2天送达、全球主要城市 3 天送达，货物多式联运高效经济。智能、平安、绿色、共享交通发展水平明显提高。

2. 网络主骨架布局

为实现以上物流网络规划目标，未来十年，国家综合立体交通网实体线网建设总规模合计 70 万 km 左右，其中建设铁路 20 万 km 左右，公路 46 万 km 左右，高等级航道 2.5 万 km 左右。如此庞大规模的线网，从功能与性质上可划分为不同类型。例如，重要的主骨架布局可以归纳为 6 条主轴、7 条走廊、8 条通道。

其中，6 条主轴指京津冀、长三角、粤港澳大湾区、成渝地区双城经济圈 4 极之间的连接线。规划将它们建设为综合性、多通道、立体化、大容量、快速化的交通主轴。同时，拓展 4 极的辐射空间，提高交通资源配置能力，打造国内国际交通衔接转换的关键平台，充分发挥它们促进全国区域发展，以及南北互动、东西交融的重要作用。

7 条走廊指 4 极与各组群和组团之间的联系。规划建设京哈、京藏、大陆桥、西部陆海、沪昆、成渝昆、广昆等多方式、多通道、便捷化的交通走廊，优化完善多中心、网络化的主骨架结构。

8 条通道是衔接主轴与走廊，即协调组群与组团之间、组团与组团之间的联系。规划建设绥满、京延、沿边、福银、二湛、川藏、湘桂、厦蓉等交通通道，加强资源产业集聚地、重要口岸的连接覆盖，促进内外连通、通边达海，扩大中西部和东北地区交通网络覆盖。

3. 综合枢纽节点布局

以上 6 条主轴、7 条走廊、8 条通道搭建起了物流骨干线路，还需要建设物流节点共同组成物流网络。国家规划建设"三位一体"的物流节点系统，包括综合交通枢纽集群、枢纽城市以及枢纽港站。首先，建设 4 个国际性综合交通枢纽集群：京津冀、长三角、粤港澳大湾区、成渝地区双城经济圈。其次，建设 20 个左右的国际性综合交通枢纽城市：北京、天津、上海、杭州、南京、广州、深圳、成都、重庆、沈阳、大连、哈尔滨、青岛、厦门、郑州、武汉、海口、昆明、西安、乌鲁木齐。同时，建设 80 个左右的全国性综合交通枢纽城市。最后，建设沿海主要港口 27 个，内河主要港口 36 个，民用运输机场 400 个左右，邮政快递枢纽 80 个左右。

国际物流方面，着力形成功能完备、立体互联、陆海空统筹的运输网络，重点打造新亚欧大陆桥、中蒙俄、中国—中亚—西亚、中国—中南半岛、中巴、中印尼和孟中印缅7条陆路国际运输通道，发展以中欧班列为重点的国际货运班列。同时，完善经日韩跨太平洋至美洲，经东南亚至大洋洲，经东南亚、南亚跨印度洋至欧洲和非洲，以及跨北冰洋的冰上丝绸之路4条海上国际运输通道，构建四通八达、覆盖全球的空中货运网络，建设互利共赢、协同高效的国际干线邮路网。

　　随着我国运输网络的编织完善，国际物流网络互联互通能力更为强大，开放合作程度更为广泛。这将为物流产业发展注入蓬勃活力，为国家新发展格局增添强劲动力。

本章小结

　　本章首先梳理了国际物流的产生与发展历程，展现了国际物流与经济社会发展之间的关联。其次，介绍了国际物流的概念，辨析了狭义国际物流与广义国际物流的区别，分析了国际物流的特点。再次，列出了国际物流的系统构成，详细阐述了国际物流功能要素与参与者要素的具体内容。复次，介绍了国际物流网络的节点与线路，按照运输方式将国际物流网络分为海洋运输网络、航空运输网络、大陆桥运输网络、管道运输网络。最后，引入国家物流发展规划，展示了我国国际物流发展的目标与前景。

即测即练

复习思考题

1. 总结国际物流的发展历程。
2. 分析国际物流的发展趋势。
3. 简述国际物流的特点。
4. 概述国际物流活动的参与者。
5. 试划分国际物流节点类型。
6. 查找太平洋海运主要线路。

第二章 国际物流与国际贸易

🔍 学习目标

1. 了解国际贸易与国际物流的关系。
2. 掌握与国际物流运作相关的常用贸易术语。
3. 掌握国际物流中贸易单证的种类及作用。
4. 熟悉几种国际贸易结算的方式。

🔍 能力目标

1. 了解国际贸易的内涵和作用,帮助学生深入理解国际贸易的重要性。

2. 熟悉国际贸易方式,使学生能进行简单的国际贸易磋商,会根据交易磋商的内容拟制外贸合同,并运用所学知识合理选择贸易的结算方式。

3. 掌握国际贸易术语的含义、作用和有关的国际惯例,明确国际贸易惯例在国际贸易中的重要性,让学生学会在国际贸易实践中灵活运用贸易术语。

思维导图

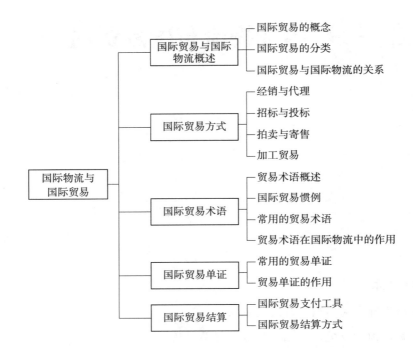

导入案例

案例标题：海南自贸港，造福全世界

教学微视频

第一节　国际贸易与国际物流概述

国际贸易比国内贸易要复杂很多，具体交易业务必须解决以下问题：①卖方在什么地方发货，以什么方式发货，卖方的货款如何支付。②由谁负责办理货物的运输、保险和通关过境的手续。③买卖双方需要交接哪些单据。④货物发生损失或灭失的风险何时由买方转移给卖方。⑤由谁承担各项费用。这些问题的解决离不开人们对国际物流知识的深刻认知，同时这也是国际物流服务的重要内容。所以，相关从业人员必须掌握国际贸易的基础知识，如进出口贸易的基本业务环节、信用证、贸易术语、外贸合同、国际惯例和公约等。

一、国际贸易的概念

国际贸易是指世界各国（地区）之间的商品以及服务和技术交换的活动，包括出口和进口两个方面。从一个国家的角度可称为该国的对外贸易，从国际角度可称为国际贸易，也称世界贸易。国际贸易发展，能加强各国经济联系，促进经济发展，优化国内产业结构，提高国民福利水平。

二、国际贸易的分类

（一）按商品流向划分

（1）出口贸易，指将本国的商品或服务输往国外市场销售。

（2）进口贸易，指将外国的商品或服务购进本国市场销售。

（3）过境贸易，指甲国的商品经过乙国境内运至丙国销售，对乙国而言就是过境贸易。

（二）按贸易关系划分

（1）直接贸易，指商品直接从生产国输入消费国，没有第三国参与交易过程。

（2）间接贸易，指商品生产国与消费国通过第三国进行商品交易。生产国和消费国开展的是间接贸易，而第三国开展的是转口贸易。

（三）按商品形态划分

（1）有形贸易，指具有物质形态的商品进出口。如粮食、机器、家具等看得见和摸得着的商品。

（2）无形贸易，指不具有物质形态的技术和服务进出口。如旅游、运输、保险、技术转让、文化娱乐等方面的服务。

（四）按境界标准划分

（1）总贸易，是指以国境为标准统计的进出口贸易。它又可分为总出口和总进口：①总出口指一定时期内（如一年内）跨境出口的总额。②总进口指一定时期内（如一年内）跨境进口的总额。

（2）专门贸易，是指以关境为标准统计的进出口贸易。它又可分为专门进口和专门出口：①专门进口指一定时期内（如一年内）跨关境进口的总额。②专门出口指一定时期内（如一年内）跨关境出口的总额。

三、国际贸易与国际物流的关系

随着国际贸易的不断发展，国际物流应运而生并随之发展，如今已成为推动国际贸易进一步发展的关键因素。国际贸易和国际物流之间存在着非常紧密的关系。

（一）国际贸易是国际物流的基础

国际贸易是国际物流存在和发展的前提与基础。如果没有国际贸易，就不存在该种商品在国与国之间的流动和转移问题，也不会涉及围绕该种商品流动所需要的跨国运输、仓储、包装、报关、装卸、流通加工等一系列的国际物流活动。因此，国际物流得以产生的前提就是存在国际贸易。两国或地区间的国际贸易越活跃，对国际物流的运作能力和技术水平的要求也就越高。国际贸易产生了国际物流，并且促进了其朝向现代化发展。

（二）国际贸易促进物流国际化

第二次世界大战以后，各国积极研究和应用新技术、新方法，促进生产力迅速发展，繁荣和兴旺世界经济，国际贸易发展也因此极为迅速。同时，由于一些国家和地区的资本积累达到了一定程度，本国或本地区的市场已不能满足其进一步发展的需要，加之交通运输、信息处理及经营管理水平的提高，出现了为数众多的跨国公司。跨国经营与国际贸易的发展，促进了货物和信息在世界范围内的大量流动和广泛交换。物流国际化成为国际贸易和世界经济发展的必然趋势。

（三）国际物流对国际贸易起保障作用

世界范围的社会化大生产必然会引起不同的国际分工，任何国家都不能够包揽一切，因而需要国际合作。国际的商品和劳务流动由商流和物流组成：前者由国际交易机构按照国际惯例进行，后者由物流企业按各个国家的生产和市场结构完成。为了克服它们之间的矛盾，就要求推进与国际贸易相适应的国际物流发展。出口国企业只有把物流工作做好了，才能将国外客户需要的商品按时、保质、保量、低成本地送到，从而提高本国商品在国际市场上的竞争力，扩大对外贸易。可以说，国际物流对国际贸易起保障作用。

（四）国际贸易对国际物流提出新的要求

1. 质量要求

国际贸易的结构正在发生巨大变化，传统的初级产品、原料等贸易品种逐步让位于高附加值、精密加工的制成品。由于高附加值、高精密度的商品流量增加，企业对物流的质量提出了更高的要求。同时，随着国际贸易需求的多样化，物流行业呈现出多品种、小批量的趋势。这一变化要求国际物流朝向优质服务和多样化发展。

2. 效率要求

国际贸易活动的集中表现就是合约的订立和履行。国际贸易合约的履行很大部分是由国际物流活动来完成的，因而要求物流有很高的效率。从输入方面的国际物流来看，提高物流效率最重要的是高效率地组织所需商品的进口、储备和供应。也就是说，对订货、交货，直至运输仓储、配送分拨的整个过程，都应加强物流管理。

3. 安全要求

由于社会分工和社会生产专业化的发展，大多数商品在世界范围内分配和生产。国际物流所涉及的国家多，地域辽阔，在途时间长，受气候、地理等自然因素和罢工、战争、政局等社会政治经济因素的影响。因此，在组织国际物流，选择运输方式和路线时，企业要密切注意所经地域的气候条件、地理条件，还应注意沿途所经国家和地区的政治局势、经济状况等，以防不可抗拒的自然力和人为因素造成货物灭失。

4. 经济要求

国际贸易的特点决定了国际物流的环节多、储运期长。在国际物流领域，控制物流费用、降低成本具有很大潜力。对于国际物流企业来说，选择最佳物流方案，提高物流经济性，降低物流成本，保证服务水平，是提高企业竞争力的有效途径。

（五）国际贸易与国际物流相辅相成

从上述分析可以看出，国际贸易与国际物流存在相辅相成、互相促进的关系。国际贸易的进一步发展需要国际物流的支持，如果国际物流的发展无法跟上国际贸易发展的脚步，将会大大阻碍国际贸易的纵深发展。因此，除了政策支持、全球合作等促进国际贸易的传统方法以外，企业还必须大力发展国际物流，以适应国际贸易发展的需要，促进国际贸易的持久发展。

第二节　国际贸易方式

国际贸易方式是指国与国之间商品流通的做法或形式。随着国际贸易的发展，进行贸易的具体方式日趋多样化。除了常见的逐笔售定的单边进口方式外，还有诸如独家销售、寄售、展卖、拍卖、期货交易、对销贸易、加工贸易等做法。

一、经销与代理

（一）经销

经销指进口商即经销商根据其与国外出口商即供货商达成的协议，在规定的期限和地域内购销指定商品的一种做法。

经销方式按经销商权限的不同分为两种：①独家经销，也称包销，指经销商在协议规定的期限和地域内，对指定的商品享有独家专营权的经销方式。②一般经销，也称定销，指经销商不享有独家专营权，供货商可在同一时间、同一地区内，确定几个商家经销同类商品。

（二）代理

代理指代理人按照委托人的授权，代表委托人与第三人订立合同或实施其他法律行为，而委托人直接承担由此产生的权利与义务的贸易方式。

按照委托人授权的大小，国际贸易中的代理分为以下3种。

（1）总代理，是委托人在指定地区的全权代表，其有权代表委托人从事一般商务活动和某些非商务性事务。

（2）独家代理，是指定地区和期限内单独代表委托人从事代理协议中规定的有关业务的代理。

（3）一般代理，又称佣金代理，是指不享有独家经营权的代理，即在同一地区和期限内可以有几个代理人同时代表委托人从事有关业务。

代理按照行业性质的不同又可分为销售代理、购货代理、运输代理、广告代理、诉讼代理、仲裁代理、银行代理和保险代理等。

（三）独家销售代理与独家经销的区别

在出口业务中，独家销售代理与独家经销有着相似之处，但从当事人之间的关系来看，两者却有着本质区别。独家经销商与供货人之间是买卖关系，经销商完全是为了自己的利益购进货物后转销，自筹资金，自负盈亏，自担风险。

在代理方式下，代理人只是代表委托人从事有关行为，两者建立的契约关系属于委托代理关系。代理人一般不以自己的名义与第三者订立合同，只居间介绍，收取佣金，不承担履行合同的责任，履行合同义务的双方是委托人和当地客户。

二、招标与投标

（一）招标与投标的特点

招标和投标是一种传统的贸易方式，在国际工程承包和大宗物资、设备采购业务中普遍采用。招标与投标是一种贸易方式的两个方面，投标是针对招标而来。与其他贸易方式相比，国际招标与投标的特点在于：①不经过磋商。②没有讨价还价的余地。③招标与投标属于竞买方式，即一个买方对多个卖方，卖方之间的竞争使买方在价格及其他条件上有较多的比较和选择余地，从而在一定程度上保证了采购的商品和工程项目的最佳质量，以及相对较低的价格。

（二）国际招标的方式

招标有不同的方式和使用范围，不同的方式各有优势，应视具体情况选用。国际招标方式主要有以下3类。

（1）国际竞争性招标。国际竞争性招标指招标人邀请几个乃至几十个国内外企业参加竞标，从中选择最优投标人的方式。通常有两种做法：①公开招标，即招标人通过国内外报刊、电台等发出招标通告，使多个具备投标资格者有均等机会参加投标。②选择性招标，即招标人有选择地邀请某些信誉好、经验丰富的投标人，经资格预审合格后参加投标。

（2）谈判招标。谈判招标又称议标，是招标人直接同卖方谈判，确定标价，达成交易。

（3）两段招标。两段招标又称两步招标，是在采购某些复杂的货物时，因事先不能准备完整的技术标准而采用的招标方法。第一步,邀请投标人提出不含报价的技术投标。第二步,邀请投标人提出价格投标。

三、拍卖与寄售

(一)拍卖

1. 拍卖的概念和范围

拍卖是指由专营拍卖业务的拍卖行接受货主的委托,在一定的地点和时间按照一定的章程和规则,以公开叫价竞购的方式,最后由拍卖行把货物卖给出价最高的买主的一种现货交易方式。

以拍卖方式出售的商品,主要有烟叶、木材、纸张、艺术品、羊毛、毛皮、蔬菜、水果及鱼类等品质不易标准化或难以久存的商品。

2. 拍卖的形式

(1)增价拍卖。又称英格兰拍卖或买主叫价拍卖,指由拍卖人宣布预定的最低价格,然后由买主争相加价,直至出价最高时,由拍卖人接受并以击槌动作宣告成交。

(2)减价拍卖。又称卖方叫价拍卖或荷兰式拍卖,指由拍卖人先开出最高价,然后由拍卖人逐渐降低叫价,直至有人表示接受而成交。

(3)密封递价拍卖。又称招标或拍卖,指由拍卖人事先公布每批商品的具体情况和拍卖条件,然后由竞买者在规定时间内将密封标书递交拍卖人,由拍卖人选择条件最合适者表示接受而成交。

(二)寄售

寄售是一种委托代售的贸易方式。出口商作为寄售人,将准备销售的货物先行运往国外,委托当地代销人按照寄售协议规定的条件在当地市场上销售。商品售出后,代销商扣除佣金和其他费用后,将货款交付给寄售人。采用寄售方式,出口商应在寄售地区选定代销人,签订寄售协议,然后将货物运往寄售地点由代销人现货销售。寄售的一般流程如图 2-1 所示。

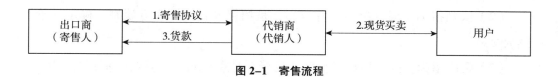

图 2-1　寄售流程

寄售是一种先发运后销售的现货买卖方式。一般逐笔成交的国际贸易，买主往往对出口方的产品有所了解，批量成交，远期交货。以寄售方式销售，可以让商品在市场上与用户直接见面，按需要的数量随意购买，而且是现货现买，有利于把握销售时机，节约交易成本。所以，对于开拓新市场，特别是消费品市场，寄售是一种行之有效的方式。

四、加工贸易

加工贸易是通过进口原材料和半成品，经加工、装配后再返销出口的商品贸易方式。在这一方式中，企业不但可以充分利用加工出口国丰富的劳动力资源，而且有利于促进相关部门提高生产技术和管理水平。因此，加工贸易方式在发展中国家经济发展起步阶段被广泛采用。

我国加工贸易的形式主要有来料加工、来样加工和进料加工。来料加工是指外商提供全部原材料、辅料、零部件、元器件、配套件和包装物料，必要时提供设备，由承接方加工单位按外商的要求进行加工装配，成品交由外商销售，承接方收取工缴费，外商提供的作价设备价款，承接方用工缴费偿还的业务。来样加工即由加工方根据国外客户提出的成品式样、规格、图案等要求，用加工方国内的原材料加工为制成品，然后向对方交货并收取加工和原材料费用。进料加工是指用自有外汇在国际市场购买原材料、元器件或零部件，按自己的设计加工装配成成品再行出口销往国外市场。这种做法又称"以进养出"。

第三节 国际贸易术语

一、贸易术语概述

（一）贸易术语的含义

贸易术语又称价格条件或价格术语，它是用一个简短的概念或三个字母的英文缩写，来概括说明买卖双方在交易中交货的地点、价格的构成以及货物交接的责任、风险和费用的划分等诸方面的特殊用语。

（二）贸易术语的作用

贸易术语是在长期的国际贸易实践中产生和发展起来的。在国际贸易中，买卖双方在签订一笔具体交易时，首先需要明确：①在何地办理交接货物。②由谁承担运输途中的货损、货差和灭失。③上述风险在何时何地转移。④由谁租船订舱，办理货物运输、保险和申领进出口许可证。⑤由谁支付上述责任所产生的费用及其他开支，如运输费、保险费、装卸费等。贸易术语以简略的文字说明了商品的价格构成和交货条件，对于简化交货手续、节约时间和费用，都具有重要的作用。所以，贸易术语的出现促进了国际贸易的发展。

（1）有利于解决双方履约中的争议。买卖双方在履约中产生的争议，如果不能依据合同的规定解决，可援引有关贸易术语的一般解释来处理。这是因为贸易术语的一般解释已成为国际惯例，被国际贸易界从业人员和法律界人士所接受，成为国际贸易中公认的一种类似行为规范的准则。

（2）有利于有关机构业务的开展。国际贸易离不开银行、保险公司和船公司等机构，而贸易术语及有关解释贸易术语的国际惯例的相继出现，为这些机构开展业务活动和处理业务实践问题提供了客观依据与有利条件。

（3）有利于买卖双方核算价格和交易成本。因为贸易术语表示了商品的价格构成因素，所以，买卖双方在确定成交价格时，必然会考虑所采用的贸易术语中包括的有关费用，从而有利于买卖双方进行比价和成本核算。

（4）有利于买卖双方洽商交易和订立合同。因每个贸易术语都有其特定含义，并且一些国际组织对每个贸易术语都做了统一的解释与规定，在国际上已被广泛接受，并成为惯常奉行的做法或行为模式，因此买卖双方在洽商交易时，只要商定按哪个贸易术语成交，即明确彼此在货物交易过程中应承担的责任、费用和风险。这就简化了交易手续，缩短了洽商的时间，从而有利于买卖双方迅速达成交易。

二、国际贸易惯例

国际贸易惯例是指在长期的国际贸易实践中所形成的具有普遍意义的一些习惯性做法和规定。它是国际组织以及权威机构为了减少贸易争端，规范贸易行为，在长期、大量贸易实践的基础上制定出来的。其中，在国际上影响较大的主要是前3种。

（一）《1932年华沙—牛津规则》

此规则由国际法协会制定。该协会于1928年在波兰华沙举行会议，制定了有关成本、保险费加运费（……指定目的港）(CIF)买卖合同的统一规则，共22条，称为《1928年华沙规则》。之后，由1930年纽约会议、1931年巴黎会议和1932年牛津会议修订为 21 条,更名为《1932 年华沙—牛津条约》,一直沿用至今。该规则比较详细地对 CIF 买卖合同的性质做了说明,同时对 CIF 合同中买卖双方所承担的费用、责任和风险做了具体的规定。

（二）《1941 年美国对外贸易定义修正本》

1919 年,美国 9 个商业团体制定了《美国出口报价及其缩写条例》。1940 年,美国举行的第 27 届全国对外贸易会议对该定义做了修订,而后在 1941 年 7 月 31 日经美国商会、美国进口商协会和美国全国对外贸易协会所组成的联合委员会通过,称为《1941 年美国对外贸易定义修正本》。该修正本解释的 6 种贸易术语分别为:产地交货（EX）,运输工具上交货（FOB）,运输工具旁交货（FAS）,成本加运费（cost and freight，C&F）,成本加保险费、运费（cost，insurance and freight，CIF）,以及目的港码头交货（delivered ex quay，DEQ）。

（三）《2000 年国际贸易术语解释通则》

国际商会自 20 世纪 20 年代初即开始对重要的贸易术语进行统一解释和研究。1936 年,在巴黎制定了《1936 年国际贸易术语解释通则》。之后,为了适应国际贸易实践的不断发展,先后对该通则进行了 5 次修改和补充。

《2000 年国际贸易术语解释通则》沿用 1990 年版本的贸易术语划分方法,将贸易术语归纳为 13 种,并将其按不同的性质、不同的交货地点,以及卖方承担责任、费用、风险的程度,划分为 E、F、C、D 四个组。较多采用的有 FCA、FOB、CFR、CIF、CPT 和 CIP 6 种术语。在有关贸易术语的国际贸易惯例中,《2000 年国际贸易术语解释通则》是包含内容最多、适用范围最广和影响最大的一种。

（四）《2010 年国际贸易术语解释通则》

2010 年,国际商会正式推出新版国际贸易术语解释通则。考虑到世界上保税区的增加、电子通信的普遍使用,以及货物运输安全性的提高,2010 年版本删除了 2000 年版本中 D 组的 4 种术语:DDU、DAF、DES、DEO。同时,新增加了 2 种术语:DAT（delivered at terminal）与 DAP（delivered at place）,贸易术语由 13 种减为 11 种,分为适用于各种运输的 CIP、CPT、DAP、DAT、DDP、EXW、FCA 和只适用于海运及内河运输的 CFR、CIF、FAS、FOB,具体见表 2-1。

此次修订,将术语的适用范围扩大到国内贸易,赋予电子单据与书面单据同样的效力,增加了对出口国安检的义务分配,要求双方明确交货位置,将承运人定义为缔约承运人。这些都在很大程度上反映了国际货物贸易的实践要求。

表 2-1 《2010 年国际贸易术语解释通则》中的 11 种贸易术语

术语	交货地点	风险转移界限	出口海关责任、费用承担者	进口海关责任、费用承担者	适用方式
EXW	货物产地/买方所在地	买方处置货物后	买方	买方	所有方式
FCA	出口国内地或港口	承运人处置货物后	卖方	买方	所有方式
FAS	装运港船边	货物交于船边后	卖方	买方	水上运输
FOB	装运港船上	货物交付船舶后	卖方	买方	水上运输
CFR	装运港船上	货物交付船舶后	卖方	买方	水上运输
CIF	装运港船上	货物交付船舶后	卖方	买方	水上运输
CPT	出口国内地或港口	承运人处置货物后	卖方	买方	所有方式
CIP	出口国内地或港口	承运人处置货物后	卖方	买方	所有方式
DAT	进口国运输终端	买方处置货物后	卖方	买方	所有方式
DAP	进口国指定目的地	买方处置货物后	卖方	买方	所有方式
DDP	进口国国内指定目的地	买方处置货物后	卖方	买方	所有方式

（五）《2020 年国际贸易术语解释通则》

目前，最新的版本《2020 年国际贸易术语解释通则》共包含 11 种贸易术语。按照费用阶段区分，可以分为四组，分别是："E"组（起运）、"F"组（主要运费未付）、"C"组（主要运费已付），以及"D"组（到达）。按照运输方式区分，可以分为两类：适合任何运输方式和适用于水上运输（即海运、内河运输）。具体见表 2-2。

表 2-2 《2020 年国际贸易术语解释通则》中的术语

分组	术语	英文全称	中文名称	适用方式
E 组	EXW	EX works	工厂交货	任何运输方式
F 组	FCA	free carrier	货交承运人	任何运输方式
	FAS	free alongside ship	船边交货	仅水上运输
	FOB	free on board	船上交货	仅水上运输
C 组	CFR	cost and freight	成本 + 运费	仅水上运输
	CIF	cost, insurance and freight	成本 + 保险 + 运费付至	仅水上运输
	CPT	carriage paid to	运费付至	任何运输方式
	CIP	carriage and insurance paid to	运费 + 保险费付至	任何运输方式
D 组	DPU	delivered at place unloaded	运输终端交货	任何运输方式
	DAP	delivered at place	目的地交货	任何运输方式
	DDP	delivered duty paid	目的地完税后交货	任何运输方式

《2020年国际贸易术语解释通则》对《2010年国际贸易术语解释通则》进行了修订，比较大的变化有以下4点。

（1）《2010年国际贸易术语解释通则》的FCA术语中存在一个主要问题，是该术语的效力在货物装船前就已经随货交承运人而截止了，这就导致卖方无法获得已装船提单。但在一般情况下，已装船提单是银行在信用证项下的常见单据要求。《2020年国际贸易术语解释通则》中的FCA术语规定，买方和卖方同意买方指定的承运人在装货后向卖方签发已装船提单，然后再由卖方向买方做出交单。因此，2020年版本对FCA规则的修订充分考虑了国际贸易中的实际情况。

（2）《2020年国际贸易术语解释通则》对CIF和CIP术语中最低保险范围的规定进行了修订。CIF术语继续要求卖方购买符合《协会货物保险条款》（C）条款要求的货物保险。在适用CIP术语的贸易中，最低保险范围要求卖方购买符合《协会货物保险条款》（A）条款的要求（即"一切险"，不包括除外责任）。

（3）FCA货交承运人术语下添加已装船批注。

（4）《2020年国际贸易术语解释通则》将DAT终点地交货术语改为DPU卸货地交货，并且规定货交承运人（FCA）、目的地交货（DAP）、卸货地交货（DPU）、完税后交货（DDP）术语下可用自有运输工具安排拖车。

三、常用的贸易术语

在我国的对外贸易中，最常使用的贸易术语为FOB、CIF、CFR。下面将对这三种贸易术语进行介绍。

（一）FOB

1. 贸易术语的含义

FOB（free on board），装运港船上交货。它是指卖方必须在合同规定的期限内在指定的装运港将货物交付至买方指定的船上，并承担货物越过船舷以前的一切费用和货物灭失或损坏的一切风险。使用该术语时，后面要注明装运港名称。如FOB Qingdao，含义是在青岛港的船上交货，它仅适用于海运或者内河运输。

2. 买卖双方的责任划分

FOB术语买卖双方的责任划分，具体见表2–3。

表 2-3 FOB 术语买卖双方的责任

卖方	买方
交货（按合同规定）、移交单据	付款、接单、提取货物
办理出口清关手续、支付费用	办理进口清关手续、支付费用
	租船订舱、支付运费
	办理保险、支付保险费
承担货物越过装运港船舷前的一切风险和费用	承担货物越过装运港船舷后的一切风险和费用

3. 使用时应注意的问题

（1）"船舷为界"的含义。严格地讲，以船为界是说明买卖双方风险划分的界限，而不能确切地作为划分买卖双方承担的责任和费用的界限。现行通则不再以船作为 FOB 术语下卖方交货点和买卖双方风险分割点，而是将卖方的交货点规定为"装运港船上"（on board the vessel at port of shipment）。不设定一个明确的风险临界点，只强调卖方承担货物装上船为止的一切风险，买方承担货物自装运港装上船开始起的一切风险。这样，买卖双方的风险以货物在装运港装上船时为界，更加符合装船作业的实际情况。

（2）船货衔接问题。在 FOB 成交合同中，规定由买方负责租船订舱，并将船名、装船地点和装船时间通知卖方，而由卖方负责在合同规定的时间和装运港，将货物装上买方指定的船只，于是便存在一个船货衔接的问题。按照有关法律和惯例，如果船只按时到达装运港，而卖方货未备妥，卖方应承担由此而造成的空舱费或滞期费。反之，如果买方延迟派船或未经卖方同意提前派船到装运港，卖方有权拒绝交货，由此引起卖方增加的仓储费用和因迟收货款而造成的利息损失，均将由买方负责。因此，在 FOB 合同中，买卖双方对船货衔接事项，除了合同中做出明确规定外，在订约后尚需加强联系，密切配合，防止船货脱节。另外，采用 FOB 术语时，买卖双方可以协商，由买方委托卖方安排运输，办理租船订舱，但这是代办性质，运费仍由买方负担。若卖方租不到船或订不到舱位，不承担违约责任。

（3）FOB 术语解释不同。不同的国家和惯例对 FOB 术语的解释并不完全统一。例如，《1941 年美国对外贸易定义修正本》将 FOB 概括为 6 种，其中前 3 种是在出口国国内指定地点的内陆运输工具上交货，第 4 种是在出口地点的内陆运输工具上交货。因为第 4 种和第 5 种术语在交货地点上可能相同，因此在使用时应特别加以注意。例如，都是在旧金山交货，如果买方要求在装运港口的船上交货，则应在 FOB 和港口之间加上 Vessel（船）字样，变成 "FOB Vessel San. Francisco"，否则，卖方有可能按第 4 种，在旧金山市的内陆运输工具上交货。

（4）出口手续问题。在 FOB 条件下，"若可能的话，卖方应当自担风险和费用，取得任何出口许可证或者其他官方授权，并办妥一切货物出口所必需的海关手续"。但是，按照美国的定义解释，卖方只是"在买方请求并由其负担费用的情况下，协助买方取得由原产地及/或装运地国家签发的、为货物出口或在目的地进口所需的各种证件"，即买方要承担一切出口捐税及各种费用。这表明办理出口手续问题也存在分歧。

因此，鉴于上述问题，在我国对美国、加拿大等北美洲国家的业务中，采用 FOB 术语成交时，避免发生误会，应对有关问题做出明确规定。

（二）CIF

1. 贸易术语的含义

CIF 是 Cost, Insurance and Freight（...named port of destination）的缩写，即成本、保险费加运费（……指定目的港）。它是指卖方在指定装运港将货物装上船，支付货物自装运港至指定目的港运费和保险费，但风险从货物在装运港装船后由卖方转移给买方。该术语仅适用于海运或内河运输。

2. 买卖双方的责任划分

CIF 术语买卖双方的责任划分，具体见表 2-4。

表 2-4 CIF 术语买卖双方的责任

卖方	买方
交货（按合同规定）、移交单据	付款、接单、提取货物
办理出口清关手续、支付费用	办理进口清关手续、支付费用
租船订舱、支付运费	
办理保险、支付保险费	
承担货物越过装运港船舷前的一切风险和费用	承担货物越过装运港船舷后的一切风险和费用

3. 使用时应注意的问题

（1）保险问题。按《2000 年国际贸易术语解释通则》中 CIF 的解释，卖方只需投保最低的险别，投保的金额应按 CIF 价再加成 10%，并应采用合同中的币制。如买方有要求，并由买方承担费用的情况下，可加保战争险、罢工、暴乱和民变险。

（2）风险承担问题。按 CIF 术语成交时，卖方必须在装运港履行交货义务，并负担货物从装运港至指定目的港的运费和保险费，而货物风险的转移，自从货物在装运港装船后已经由卖方转移到买方。由此可见，买卖双方风险和费用的划分地点是不一致的，即风险划分地点是在出口国家的装运港，而费用划分地点却在进口国家目的港。这一点和 CFR 术语存在两个分界点的情况是一样的。

（三）CFR

1. 贸易术语的含义

CFR（cost and freight），成本加运费。它是指卖方在装运港将货物装船，并支付将货物运至指定目的港所需的运费，就完成了交货义务。买方则需承担交货后货物灭失或损坏的风险，以及由于各种事件产生的任何额外费用。该术语仅适用于海运或内河运输。

2. 买卖双方的责任划分

CFR 术语买卖双方的责任划分，具体见表 2-5。

表 2-5　CFR 术语买卖双方的责任

卖方	买方
交货（按合同规定）、移交单据	付款、接单、提取货物
办理出口清关手续、支付费用	办理进口清关手续、支付费用
租船订舱、支付运费	
	办理保险、支付保险费
承担货物越过装运港船舷前的一切风险和费用	承担货物越过装运港船舷后的一切风险和费用

3. 使用时应注意的问题

（1）风险承担问题。在 CFR 条件下，卖方必须在指定的装运港履行交货义务，并负担货物从装运港至约定目的港的运费，而风险从货物在装运港装船后已经由卖方转移到买方。由此可见，买卖双方风险划分和费用划分的地点并不一致,即风险划分地点是在出口国家的装运港,而费用划分地点是在进口国家目的港。

(2)装船通知问题。按照 CFR 术语成交,需特别注意,卖方在货物装船之后货物从舱底卸到码头的费用,必须及时向买方发出装船通知,以便买方办理投保手续。否则,货物在海运过程中遭受的损失或灭失由卖方负担。

(3)卸货费用问题。大宗商品按 CFR 术语成交,容易在由谁承担卸货费用的问题上引起争议。因此,买卖双方应在合同中写明由谁承担卸货费用。为解决由谁承担卸货费用的问题,产生了 CFR 变形。常见的用法有三种:① CFR liner terms(班轮条件),买方不负担卸货费。② CFR landed(卸至岸上),指由卖方负担卸货费,包括船费和码头费。③ CFR ex ship's hold(舱底交货),指货物运到目的港后,由买方自行启舱,并负担货物由舱底卸至码头的费用。

四、贸易术语在国际物流中的作用

贸易术语不仅关系进出口双方的切身利益,还影响着国际物流的服务水平和效率。对于国际物流经营者来讲,国际贸易术语规定了包括国际物流选用的运输方式、物流费用的结算对象,以及采用的运输线路等整个国际物流过程的内容,在国际物流中发挥着重要作用。

(一)贸易术语规定了国际物流中的运输方式

当国际贸易的买卖双方在合同中规定成交方式为 FOB 等适用于水运的贸易术语时,买卖双方只能以海运或内河作为国际物流运输方式,而不能选择空运或陆运等其他方式。如果选择适用于任何运输方式的贸易术语,那么,国际物流经营人在国际物流操作中就会更加灵活,选择合适的运输方式来降低物流成本,从而提升进出口商的国际竞争力。

(二)贸易术语决定了国际物流的运输线路

每种贸易术语的后缀都为"指定地点"。当国际贸易买卖合同中确定了贸易术语后面的地点,在选择运输线路时,就必须以该地点为出口商国际运输的始发地或最终交货地。例如"FOB 青岛",需要出口商在青岛港把货物装上船完成交货,"青岛港"就决定了企业选择国际物流线路时只能选择以青岛港为出口地始发港的航线。

（三）贸易术语明确了物流费用的结算对象

贸易术语明确规定了买卖双方各自承担的责任、费用和风险的地理界限。第三方国际物流服务提供商在不同区段的费用应向进出口双方的哪一方结算，取决于进出口双方在国际贸易合同中选用的贸易术语。例如，进出口双方选择 FCA 术语，出口商只要将货物在出口地交给第一承运人就算完成交货，出口清关费用由出口商承担。进口商需要承担从第一承运人运输到进口国最终目的地的责任和清关费用。所以，在 FCA 的情况下，从出口商所在地到第一承运人之间发生的物流成本和出口清关费用，第三方国际物流提供商应向出口商进行结算，从第一承运人运至进口商最终目的地的费用应向进口商进行结算。

综上，在签订国际贸易合同前，进出口商应与国际物流运营商进行有效沟通。在选择贸易术语及贸易术语后面的指定地点时，应充分考虑国际物流成本和服务水平，积极与国际物流运营商沟通，在满足物流服务水平的前提下，使国际物流成本最低。

第四节　国际贸易单证

一、常用的贸易单证

（一）装箱单

装箱单（packing list），是发票的补充单据。它列明了信用证（或合同）中买卖双方约定的有关包装事宜的细节，便于国外买方在货物到达目的港时供海关检查和核对货物，通常可以将其有关内容加列在商业发票上。当信用证有明确要求时，就必须严格按信用证规定制作。

因缮制单据的出口公司不同，装箱单包括的内容也不相同，但主要包含包装单名称、日期、编号、运输标志（又称唛头）、货名、件数、规格、每件的货量、毛净重，以及包装方式、包装单位、包装材料、包装规格和签章等。

（二）商业发票

商业发票（commercial invoice），简称发票，是出口公司对国外买方开立的载有货物名称、数量、单价、规格、总金额等方面内容的清单，供国外买方凭以收货、支付货款和报关完税使用，是所装运货物的总说明。发票虽不是物权凭证，但如果出口单据中缺少发票，就不能了解该笔业务的全部情况。

商业发票包含的主要内容有：发票编号、合同号、信用证号、日期、地点、收货人/抬头人、起运及目的地、数量及货物描述、单价、总值、运输标志及件数、声明文句、出单人签名或盖章。

商业发票在国际贸易中起着重要作用。它是交易的合法证明文件，是货运单据的中心，也是装运货物的总说明；是出口人缮制其他出口单据的依据，是买卖双方收付货款和记账的依据，是买卖双方办理报关、纳税的计算依据。在信用证不要求提供汇票的情况下，发票可以代替汇票作为付款依据。

（三）形式发票

形式发票（proforma invoice），也称估价发票或预开发票，是指在货物未成交前，买方要求卖方将拟出售成交的商品名称、单价、规格等条件开立的一份参考性发票。卖方凭此预先让买方知晓，如果双方将来以某数量成交之后，卖方要开给买方的商业发票大致的形式及内容。它是一种试算性质的货运清单。在某些国家，形式发票可以供买方作为申请进口许可证或外汇额度的证件，还可作为买方向银行申请向卖方支付货款、开立信用证等的依据。

形式发票最主要的是列清楚以下几个要约，包括货物品名、数量、装运期、成交价格方式（FOB、CIF 还是 CFR 等）、运输方式、付款方式、公司详细的银行资料。以上所列的几点只是基本要约，一般小额贸易国外客户很少签正式出口合同，因此，形式发票往往就起着约定合同基本内容以实现交易的作用。我们有必要将可能产生分歧的条款一一详列清楚，要求买方签回确认条款，便于以后真正执行合同时有所依据。

如果形式发票被用来做信用证，信用证上的条款便应与形式发票上的一致。形式发票不是一种正式发票，不能用于托收和议付。它所列的单价等内容，仅是进口商根据当时情况所做的估计，对交易双方都没有最终约束力。所以说，形式发票只是一种估价单，正式成交发货后，还要另外重新缮制商业发票。

（四）提单

提单（bill of lading，B/L），在对外贸易中，是运输部门承运货物时签发给发货人的一种凭证。提单也是一种货物所有权凭证，承运人据以交付货物。提单持有人可据以提取货物，也可凭此向银行押汇，还可在载货船舶到达目的港交货之前进行转让。

提单内容由正面事实记载和提单背面条款两部分组成。各公司所制作的提单，其主要内容基本相同，包括货物的品名、标志、件数或包数、重量或体积，以及运输危险货物时对危险性质的说明，船舶名称、承运人名称和主要营业所，托运人名称、收货人名称、装货港和在装货港接收货物的日期、卸货港、提单的签发、日期、地点和份数，多式联运提单增列接收货物地点和文件货物地点，运费的支付，承运人或者其代表。

在国际贸易中，提单主要承担三项功能。首先，提单是证明承运人已接管货物和货已装船的货物收据，对于将货物交给承运人运输的托运人，提单具有货物收据的功能。其次，提单是承运人保证凭以交付货物和可以转让的物权凭证，对于合法取得提单的持有人，提单具有物权凭证的功能。最后，提单是证明海上货物运输合同有效的文件，提单上印制的条款规定了承运人与托运人之间的权利、义务。提单也是法律认可的处理货物运输纠纷的依据，因此提单经常被认为等同于运输合同。

提单主要包括以下5种。

（1）直达提单（direct B/L）。直达提单是货物自装货港装船后，同一船将货物从起运港运至目的港，中途不经换船直接驶到卸货港卸货而签发的提单。

（2）联运提单（through B/L）。联运提单是货物经海/海、陆/海或海/陆联运，承运人在装货港签发的，中途得以转船运输而至目的港的一张包括运输全程的提单。

（3）多式联运提单（multimodal transport B/L）。多式联运提单指货物由公路、铁路、海上、内河、航空等两种或多种运输方式进行联合运输而签发的适用于全程运输的提单。

（4）班轮提单（liner B/L）。班轮是在一定的航线上按照公布的时间表，在规定的港口间连续从事货运的船舶。班轮可分定线定期和定线不定期两种。班轮提单是指由班轮公司承运货物后签发给托运人的提单。

（5）已装船提单（shipped or board B/L）。已装船提单是承运人向托运人签发的货物已装船的提单。

（五）保险单

保险单（insurance policy），简称保单，是保险人与被保险人订立保险合同的正式书面证明，必须完整地记载保险合同双方当事人的权利、责任及义务。保险单是保险合同成立的证明，记载的内容是合同双方履行的依据。但根据我国保险法规定，保险合同成立与否并不取决于保险单的签发与否，只要投保人和保险人就合同的条款协商一致，保险合同就成立。即使还未签发保险单，保险人也应负赔偿责任。此种情况除外：保险合同双方当事人在合同中约定以出立保险单为合同生效条件。

保险单是被保险人在保险标的遭受意外事故而发生损失时，向保险人索赔的主要凭证，同时也是保险人收取保险费的依据。保险单必须明确、完整地记载有关保险双方的权利和义务，主要载有保险人和被保险人的名称、保险金额、保险期限、保险标的、保险费、赔偿或给付的责任范围，以及其他规定事项。保险单根据投保人的申请，由保险人签署，交由被保险人收执。

（六）出口许可证

出口许可证（export licence），指在国际贸易中，根据一国出口商品管制的法令规定，由有关当局签发的准许出口的证件。出口许可证制是一国对外出口货物实行管制的一项措施。一般而言，某些国家对国内生产所需的原料、半制成品，以及国内供不应求的畅销物资和商品实行出口许可证制。通过签发许可证，国家对物资进行控制，限制出口或禁止出口，以满足国内市场和消费者的需要，保护民族经济。此外，某些不能复制再生的古董文物也是各国保护对象，严禁出口。根据国际通行准则，鸦片等毒品或各种淫秽品也禁止出口。

根据国家规定，凡是国家宣布实行出口许可证管理的商品，不管任何单位或个人，也不分任何贸易方式（对外加工装配方式，按有关规定办理），出口前均须申领出口许可证。非外贸经营单位或个人运往国外的货物，不论该商品是否实行出口许可证管理，价值在人民币1000元以上的，一律须申领出口许可证。属于个人随身携带出境或邮寄出境的商品，除符合海关规定自用、合理数量范围外，也都应申领出口许可证。

（七）进口许可证

进口许可证（import licence），指进口国家规定某些商品进口必须事先领取许可证，才可以进口，否则一律不准进口。进口许可证分为自动许可证和非自动许可证。自动许可证不限制商品进口，它的设立目的是进行进口统计，而不是对付外来竞争。非自动许可证是须经主管行政当局个案审批才能取得的进口许可证，主要适用于需要严格控制数量、质量的商品。非自动许可证有这些作用：管制配额项下商品的进口，连接外汇管制的进口管制，以及连接技术或卫生检疫管制的进口管制。只有取得配额、外汇或通过技术检查和卫生检疫才能取得许可，进口许可证极易被乱用而成为贸易壁垒。

二、贸易单证的作用

在国际贸易中，涉及银行、海关、税务、保险、外汇等诸多部门和行业的众多参与方处理各类单证。国际贸易单证在贸易活动中具有极其重要的作用。

（一）贸易单证是国际贸易合同履行的基础

国际货物买卖，无论是对外合同的履行，还是对内各环节、各部门的衔接，无论是货物的托运和交付，还是货款的结算和支付，每个环节都要缮制相应的单证，以满足企业、运输、保险、商检、海关、银行及政府管理机构等对外贸易工作上的需要。国际贸易合同的履行过程，实际上就是各种贸易单证的制作及流转过程。贸易单证工作是外贸企业日常工作的一部分，也是国际货物买卖的一项基础性工作。

（二）贸易单证是国际结算的基本工具

国际商品贸易，虽然买卖的标的是货物，但是在货款的结算中，主要表现为单证的买卖。在信用证结算方式下，各有关方面处理的是单证，而不是有关的货物。银行通过审核单证表的真实性来决定其付款责任。国际海洋货物运输中，海运提单不仅是货物的运输单证，还是可以转让的物权凭证。国际贸易货款的结算，贸易单证是基础，也是依据。

（三）贸易单证是重要的涉外法律文件

贸易单证贯穿进出口贸易的全过程。它的编制、交换、流转和使用，不仅反映合同履行的进程，也体现货物交接过程中所涉及的有关当事人，例如出口商与进口商、保险人与被保险人、银行与客户、承运人与托运人、海关与进出关境人、商检机构与委托人之间的权责利益关系。

在国际贸易领域，企业关注的是对贸易全过程实现监控和管理，及时更正贸易过程中的错误或不符点，加快单证处理、流转的时间，降低贸易单证的处理成本和管理费用，保障交易安全，降低贸易欺诈的可能性。通过加快向银行交单，企业可以缩短平均收汇天数，加速营运资金的流动，最终提升供应链管理效能。

第五节　国际贸易结算

一、国际贸易支付工具

在国际贸易中,支付工具主要是货币和票据。票据是国际通行的结算和信贷工具,是可以流通转让的债券凭证,包括本票、支票和汇票三种。

（一）本票

本票是出票人对收款人承诺无条件支付一定金额的票据,具体是指出票人签发的,承诺自己于见票日或指定日或可以确定的将来时间,对收款人或其指定人或持票人无条件支付一定金额的书面承诺。它分为商业本票和银行本票。

（二）支票

支票是银行存款户签发的,授权银行对特定的人或其指定的人或持票人,在见票时无条件支付一定金额的书面命令。它可分为现金支票和转账支票、划线支票和未划线支票、记名支票和不记名支票。

（三）汇票

汇票是一个人向另一个人签发的一张无条件的支付命令,要求在见票日或指定的或可以确定的将来时间,向特定的人或其指定的人或持票人无条件支付一定金额的书面命令。

汇票的主要内容包括:①写明"汇票"字样。②无条件支付命令。③出票人。④付款人（又称受票人）。⑤收款人。⑥汇票金额。⑦出票日期。⑧出票地点。⑨付款期限。⑩付款地点。除此之外,有时还包括利息和利率、禁止转让等内容。

汇票可从以下角度进行分类。

（1）按出票人的不同,分为银行汇票和商业汇票。银行汇票指由银行开出的汇票,出票人和付款人都是银行。商业汇票指由工商企业或个人开出的汇票。

（2）按承兑人的不同,分为商业承兑汇票和银行承兑汇票。商业承兑汇票指以工商企业为付款人所承兑的汇票。银行承兑汇票指以银行为付款人承兑的汇票。二者都属于商业汇票。

（3）按付款时间的不同,分为即期汇票和远期汇票。即期汇票指在汇票上规定见票后立即付款的汇票,即期汇票无须承兑。远期汇票（time bill）指在汇票上规定付款人,于一个指定的日期或将来一个可以确定的日期付款的汇票。远期汇票的付款日期通常有以下几种规定:见票后若干天付款、出票后若干天付款、提单签发后若干天付款和某一特定日付款。

（4）按是否随附货运单据分为光票和跟单汇票。光票指不附带任何货运单据的汇票。跟单汇票指开出汇票时附有提单、发票、保险单、商检证等货运单据的汇票。在国际贸易结算中，大多数使用跟单汇票，它具有物权保证。

二、国际贸易结算方式

国际贸易结算有信用证、托收和汇付三种方式，其中使用最多的是银行信用证。

（一）信用证

信用证（letter of credit，L/C）是指银行出具的一种有条件的付款保证文件。具体操作是一家银行（即开证行）应其客户（即开证申请人）的要求和指示，凭符合信用证规定的汇票和单据向出口方（即受益人）付款，或承兑并支付受益人出具的汇票，或授权另一家银行付款，或承兑并支付该汇票，或授权另一家银行议付。

信用证的当事人有开证申请人、开证行、通知行、受益人、议付行和付款行。信用证常见的种类有光票信用证和跟单信用证、即期信用证和远期信用证、可撤销信用证和不可撤销信用证、保兑信用证和非保兑信用证、可转让信用证和不可转让信用证。

因不同种类的信用证具有不同的业务程序，但它们都要经过申请开证、开证、通知、交单、付款、赎单等基本环节。下面以常见的议付信用证为例，简要介绍信用证的支付程序，如图2-2所示。

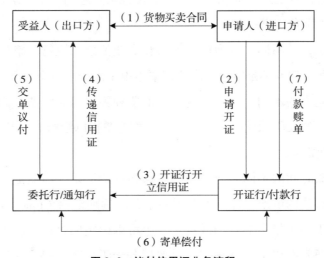

图2-2　议付信用证业务流程

信用证是常用的一种结算方式,具有以下 3 个特点。

(1)信用证是一种银行信用。信用证方式是开证行以自己的信用做保证,只要出口人按信用证的要求提交单据,银行即保证付款。开证行的付款依据是单证相符、单单一致,只要出口人向开证行提交符合信用证条款的单据,即使进口人在开证后失去偿付能力,开证行也要负责付款,付款后若发现有误,也不能向受益人和索偿行进行追索。

(2)信用证是一种自助文件。信用证的开立虽然是以买卖合同为基础的,但信用证一经开出,就成为独立于买卖合同的另一种契约,不受买卖合同约束。信用证和合同是相互独立的两个契约,银行向受益人付款的依据是与信用证相符的单据。

(3)信用证是一种纯单据业务。信用证业务中,银行处理的是单据业务,只要受益人提交符合信用证条款的单据,开证行凭相符的单据就会向出口人付款。不管货物的状况如何,银行处理信用证业务时,只凭单据,符合信用证条款,便会支付货款。

(二)托收

托收(collection)是指出口人(委托人)委托银行向进口人(付款人)收取货款的一种结算方式。具体做法是,出口人在货物装运后,备妥有关单据(主要是海运提单、发票和保险单等),并开具以进口人为付款人的汇票,委托出口地银行(托收行)通过其在进口地的分行或代理行(代收行)向进口人收取货款。托收业务流程如图 2-3 所示。

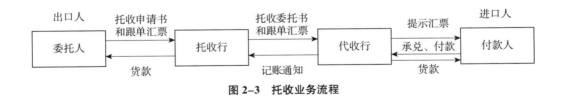

图 2-3 托收业务流程

托收是出口人给予进口方一定优惠的一种付款方式,主要有以下两种类别。

(1)跟单托收。跟单托收是指用汇票连同商业单据向进口行收取款项的一种方式。它主要有 3 种:①即期付款交单(D/P at sight),指出口方开具即期汇票,进口方见票,只有货款付清,进口方才能拿到商业票据。②远期付款交单(D/P after sight or after date），指出口方开出远期汇票，进口方向银行承兑，于汇票到期日或到期日前付款赎单。③承兑交单（D/A），指代收行在进口方承兑远期汇票后向其交付单据，汇票到期日再付款。

（2）光票托收。光票托收是指汇票不附带货运单据的一种方式。它主要用于收取货款的尾数、佣金、代垫费用、样品费用、索赔、贸易从属费用及非贸易款项。

托收方式对进口方比较有利，风险小，费用低，资金负担小。对出口方来说，即使是即期付款交单方式，因货物已发运，万一对方因市场低落或财务状况不佳拒付，出口方将遭受往返运输的费用损失和货物转售的损失。远期付款交单和承兑交单时，出口方承担的资金负担很重，承兑交单风险更大。但托收并不是对进口方没有一点风险，如进口人是在付款后才取得货运单据领取货物。如果领取后发现货物与合同规定不符，或者是假的，就会因此蒙受损失。因此，对于交易双方而言，做决策必须慎重考虑其中的风险。

（三）汇付

汇付是指付款人通过银行将货款汇交收款人的一种结算方式。在国际贸易中采用汇付结算时，可以预付货款，也可以货到付款，但无论采取哪种方式，风险和资金负担都集中在一方。预付货款指买方向卖方提供信用并融通资金，而货到付款是指卖方向买方提供信用并融通资金。

汇付业务所涉及的当事人有 4 类：汇款人、收款人、汇出行和汇入行。

根据汇出行向汇入行发出汇款委托的方式，汇付可分为以下 3 种方式。

（1）电汇（telegraphic transfer，T/T）。电汇是指汇出行接受汇款人委托，电传或发电报给收款人当地的汇入行，委托它将一定金额的款项解付给指定收款人。电汇使用最广，交款迅速，但费用较高。

（2）票汇（demand draft，D/D）。票汇是以银行即期汇票为支付工具的一种汇付方式。汇出行应汇款人的申请，开立以其代理行或其他往来银行为付款人的银行即期汇票，列明指定收款人的名称、汇款金额等，交由汇款人自行寄给收款人，由收款人凭票向汇票上的付款行取款。

（3）信汇（mail transfer，M/T）。信汇与电汇相似，但不使用电讯，而是由汇出行向汇入行邮寄信汇委托书或支付通知书，指定收款人当地的汇入行解付一定金额的款项给指定收款人。信汇因人工手续较多，速度较慢，目前欧洲银行已不再办理信汇业务。

本章小结

本章首先介绍了国际贸易的概念和不同角度的分类方式,随后梳理总结了国际贸易和国际物流的关系。其次,详细介绍了几种主要的国际贸易方式。再次,对贸易术语的含义和作用进行界定,梳理了有关贸易术语的几种国际贸易惯例,并对常用贸易术语的含义、买卖双方的责任划分和使用时应注意的问题进行了详细阐述。复次,详细介绍了国际贸易中常用的几种单证,并分析了贸易单证的作用。最后,介绍了国际贸易支付工具,并对国际贸易结算的方式和具体业务流程进行了分析。

即测即练

复习思考题

1. 简述国际贸易与国际物流的关系。
2. 试分析拍卖的基本程序。
3. 我国加工贸易的形式主要有哪些?
4. 在国际贸易中,提单主要承担哪些功能?
5. 在国际贸易中有哪些常用的贸易单证?
6. 信用证有哪些特点?

第三章 国际海洋运输

🔍 学习目标

1. 了解国际海运物流的基础知识和其业务运作。
2. 熟悉国际海运提单以及国际海运组织与公约。
3. 掌握国际海运物流货运事故的成因与处理方法。

🔍 能力目标

1. 了解班轮运输业务和租船运输业务的特点及运作模式,培养学生的国际物流战略规划能力。

2. 熟悉国际海运物流组织与公约的构成,培养学生对国际海运物流法律法规遵从性。

3. 掌握国际海运物流货运事故的处理方式,培养学生的国际海运物流风险管理能力。

思维导图

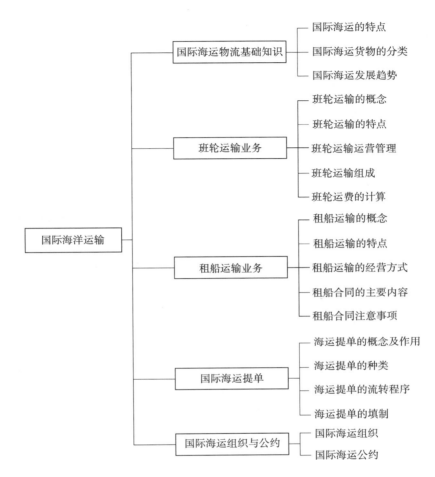

导入案例

案例标题：通八方　贯古今——十年间海上丝绸之路焕发新生机

教学微视频

第一节　国际海运物流基础知识

一、国际海运的特点

国际海洋货物运输，简称国际海运，是指使用船舶通过海上航道在不同国家和地区的港口之间运送货物的一种方式。海洋运输的特点，使它基本上满足绝大多数货物的运输需求，国际贸易总运量中的 2/3 以上通过海运方式来完成。因此，海运物流是国际物流的主要方式。

（一）国际海洋货物运输的优点

1. 货物运输量大

与航空运输或陆上运输等其他方式相比，船舶货舱与船舶机舱的比例较大，可以供作货物运输的舱位及载货量都大于陆运和空运。目前，世界上最大的集装箱船每次可装载集装箱 24346 TEU（TEU 是用于量化集装箱船和码头货物容量的标准计量单位，以 20 尺集装箱的容量为基准），最大的铁矿石船载重量达 40 万 t，一般的杂货轮的装载量也多在 5 万 ~6 万 t。

2. 单位运输成本低

由于海洋货物运输的航道主要利用的是天然水域，除了建设港口和购置船舶外，水域航道几乎不需投资。海洋货物运输还能节约能源，加上运载量大，运程较远，其单位成本较低。因此，海运适合运输费用负担能力较弱的原材料及大宗货物。

3. 对货物的适应能力强

海上运输货船能够适应固体、液体和气体等多种货物运输的需要。各种专业化运输船舶，如油船、液化气船和集装箱船等，为国际贸易货物采用海运的方式提供了有利条件。同时，海运轮船的货舱容积大，可装载体积大、重量重的货物，对于超长、超大、超重货物的运输有很强的适应性。

4. 续航能力强

一艘商船出航，所携带的燃料、粮食及淡水，可历时数十日，是其他运输工具难以企及的。商船具有独立生活的各种设备，如发电机、制造淡水机、储藏大量粮食的粮仓、油槽等。

5. 劳动生产率高

由于船舶载运量大，配备船员少，因而其劳动生产率高。一艘 20 万 t 的油轮一般只需配备 20 名左右的船员，平均每人运送货物 1 万 t。

（二）国际海洋货物运输的缺点

1. 速度慢

一方面，海运受港口、水位、季节、气候影响较大；另一方面，由于船舶的体积大，受水流的阻力大，加之运输中换装、交接等中间环节多，装卸时间长，海运的速度比较慢。

2. 风险高

在海上货物运输中，船舶长时间地在远离海岸的海洋上航行，再加上受海洋环境复杂、气象多变的影响，行驶过程中，随时都有可能遭遇到狂风巨浪、暴雨、雷电、海啸、浮冰等人力不可抗衡的海洋自然灾害的袭击。加之近年来一些海域海盗出没频繁，船舶遭遇危险的机会增加。此外，国际海上货运船舶一旦遭遇危险，给船舶和货物所造成的损失可能是巨大和惊人的。

3. 不能提供门到门服务

海洋货物运输受自然条件的影响很大，难以保证全年通航，因此，其安全性和准确性相对较差。同时，海洋货物运输受航道和港口的限制，可及性差，一般需要其他运输方式的配合和衔接，才能实现"门—门"运输。

（三）国际海洋货物运输的国际性特点

尽管同属于水上运输方式，但与国内沿海运输和江河运输所不同的是，国际海上货物运输是跨国间的货物运输，因此在经营、运价等方面表现为对国际海运市场的较强依存性。而且，无论是适用的法律，还是使用的运输单证，都具有国际统一性特点。

1. 船公司的业务经营对国际海运市场存在高依存性

一个国家的国际海运船舶会承担本国进出口货物的运输，也就是说，海运业务量直接取决于国际贸易量，需求产生供给。所以，船公司的业务经营效果，与国际海运市场的总体供求息息相关。

2. 主要货运单证具有较强的国际通用性

国际海上货物运输中所使用的货运单证繁多，其作用各不相同。为促进国际贸易的发展，减少由于各国运输单证的不统一带来的手续和监管上的不便，提高国际货物运输的顺畅性，降低运输成本，各个与运输相关的国际组织致力于从语言、格式、内容、编码等方面统一国际货物运输中的主要单据，取得了丰硕的成果。所以，发展到现阶段，就一些主要的货运单证而言，它们在名称、作用和记载内容上大多是大同小异，均可以在国际上通用。

3. 在适用法规方面具有国际统一性

国际海上货物运输主要服务于国际贸易，属于跨境货物运输。若各国之间对于国际运输过程中赔偿责任的解释所适用的法规不同，则对同一件事买卖双方各有不同的解释，势必阻碍贸易的发展。只有探寻出各国所承认的国际海运公约，才能在责任义务的划分等方面取得公平合理的、双方都认可的认识和解释。所以，海运在适用法规方面具有国际统一性。

二、国际海运货物的分类

货物种类繁多，具有不同的特质，在运输中，必须区别对待。作为与运输有关的承运人、托运人、收货人等必须熟悉运输对象，掌握其特性、结构和包装种类。

（一）按货物含水量区分

可以把货物分为干货和湿货。干货是指基本上不含水分或含水分很少的货物，有包装的件杂货大都属于此类。湿货是指散装液体货，如石油及其制品、植物油、化学液态货物等，金属桶或塑料桶装的液态货物都属于此类。

（二）按包装形式区分

可以把货物分为包装货、裸装货和散装货。包装货是指货物本身被包装材料全部包装不能直接看见的货物，如香烟、饼干和电视机等生活消费品货物。裸装货物是指货物本身关键部位被包装材料包装完好，但其他部分没有包装，甚至货物整体都未包装，能直接看见货物本身的此类货物，如机床、钢材等生产资料货物。散装货是指货物本身呈自然形态且没有任何包装物的货物，如散装的粮食、矿石和煤炭等初级产品货物。

（三）按货物件数区分

可以把货物分为件杂货和大宗货。件杂货是指有包装、可分件点数、单件物重较小的货物。大宗货是指数量比较大、规格较统一的初级产品，它们在运输时大多是散装的，故又称散装货。

（四）按货物价值区分

可以把货物分为高值货、低值货。高值货是指高价、贵重的货物，如金、银、历史文物、名画、高档艺术品、精密仪器和设备等。低值货是指价值较低的货物，大宗货物大多属于此类。

（五）按货物重量和体积区分

可以把货物分为重货和轻泡货。以 $1m^3$ 为计算标准，凡 1t 货物体积大于 $1m^3$ 或 $40ft^3$，可称为轻泡货，也叫轻货，反之，则称为重量货物，也叫重货。这种区分，对于货物积载和计收运费都有重要意义。因为货物积载时，是重货在下，轻货在上，轻重货物分布均匀。在计收运费时，重货是按货物重量计收运费，轻货是按货物体积计收运费。

（六）按货物度量适度程度区分

可以把货物分为超长货、超重货、超重超长货。这些货物是指它们的重量或长度超过了承运人承运货物时对货物重量或长度的限定。

（七）按集装箱区分

可以把货物分为整箱货、拼箱货。整箱货是指托运人将货物装满一个集装箱交付承运人托运的货物。拼箱货是指托运人的货物不能够装满一个集装箱，而将货物交付承运人用集装箱托运，由承运人将其货物与其他货主的货物拼装于同一个集装箱交付托运的货物。

（八）按货物特殊性质或危险性区分

可以把货物分为危险货物和普通货物。危险货物是指具有易燃、易爆、有毒、有害、放射性、感染性、传染性、腐蚀性、污染性等特殊性质的货物。危险货物是特殊货物的一种，特殊货物还有如易腐货物、活动物等。普通货物是指不具有上述某种特殊性质的各类货物。

三、国际海运发展趋势

国际经济交往的逐步扩大和国际市场的进一步开放，一方面，导致物流走向国际化的趋势迫在眉睫；另一方面，也为物流走向国际化提供了稳定的基础保障。从"一带一路"倡议发起至 2023 年，中国与"一带一路"共建国家进出口总额累计超过 21 万亿美元，对共建国家直接投资累计超过 2700 亿美元。2023 年，我国货物贸易进出口总值达到 41.76 万亿元人民币，同比增长 0.2%。其中，与共建"一带一路"国家进出口规模达到 19.47 万亿元，同比增长 2.8%，占我国外贸总值的 46.6%，规模和占比均为"一带一路"倡议提出以来的最高水平。

水上货物运输业的主要方式是海上运输，路线涵盖沿海、远洋等区域，相关服务包括运输服务、货物运输代理、港口业务、船舶代理等。由于全球资源分布不均衡，且不同地区的经济发展水平不平衡，因此，全球存在着大量的贸易需求。水上货物运输具有成本低、运量大和运距长的特性，相较空中运输与陆路运输等其他运输方式具有明显优势，全球 90% 以上的贸易量是通过水上运输完成的。

第二节　班轮运输业务

一、班轮运输的概念

班轮运输（liner shipping），又称定期船运输，是指在一定的航线上，按照公布的船期表，以既定挂靠港口顺序进行规则的、反复地航行和运输的船舶营运方式。班轮运输是目前海运货物的主要形式，特别是传统件杂货运输和集装箱运输基本采用班轮运输。这是因为该营运方式给货方带来了很大的便利。

（一）杂货班轮运输

最早的班轮运输是杂货班轮运输。杂货班轮运输的货物以件杂货为主，也会运输一些散货、重大件等特殊货物。对货主而言，杂货班轮运输具有以下优点。

（1）承运的货物在数量和货种上一般无特殊限制，特别符合零星小批量货物的运输需求。

（2）承运人负责装货、卸货、离舱等作业，并将其费用全部计入班轮运费中，货方只需一次付费即可。

（3）承运人与货主之间在货物装船前不需签订运输合同或租船合同，只在货物装船后由船公司或其代理签发提单作为承托运双方处理运输问题的依据。

（4）一般承担班轮运输的公司拥有技术性能较好的船舶、较安全的设备、业务水平较高的船员和严格的管理制度，因此班轮运输不仅能满足各种货物对运输的要求，而且能较好地保证运输质量。

（二）集装箱班轮运输

20 世纪 60 年代后期，随着集装箱运输的发展，班轮运输中出现了以集装箱为运输单元的集装箱班轮运输方式。由于集装箱运输具有运送速度快、装卸方便、机械化程度高、作业效率高、便于开展联运的优点，到 20 世纪 90 年代后期，集装箱班轮运输已逐渐取代了传统的杂货班轮运输。

对货主而言，集装箱班轮运输除了具有与杂货班轮运输相似的优点外，在运输速度、货运质量等方面，也更具有优势。但是，目前大多数班轮公司不接小批量的拼箱货，因此需要集拼经营人安排小批量的拼箱货运输。

二、班轮运输的特点

班轮运输具有如下特点。

（1）"四固定"——固定船期、固定航线、固定港口和相对固定的运费。

（2）"一负责"——船方负责装卸，运费内已包括装卸费。

（3）班轮公司和货主双方的权利、义务和责任豁免均依据班轮公司签发的提单条款。

（4）同一航线上的船型相似并保持一定的航班密度。

（5）运输货物类别广泛。

班轮运输手续简便，方便货主，运输质量较高，特别适合于一般杂货和小额贸易货物。

三、班轮运输运营管理

从事班轮运输的船舶具有与其他营运方式不同的一些特点。在集装箱班轮运输中，承运人对货物的责任是从装货港接收货物时起至卸货港交付货物时止。通常，班轮公司对集装箱的交接方式是"堆场至堆场"（CY/CY）。

（一）货物出运

班轮公司的货物出运工作包括揽货、订舱及确定航次货运任务等。货运代理人的货物出运工作包括安排货物托运手续、办理货物交接等内容。

船东为使自己所经营的船舶在载重量和载货舱容两方面均能得到充分利用，获得最好的经营效益，会通过各种途径从货主那里争取货源。通常的做法是，在所经营的班轮航线的各挂靠港口及货源腹地通过自己的营业机构或船舶代理人与货主建立业务关系；通过媒体刊登船期表，邀请货主前来托运货物，办理订舱手续；通过与货主、无船承运人或货运代理人等签订货物运输服务合同或揽货协议来争取货源。货运代理人应根据货物运输的需要，综合考虑运输服务质量、船期、运价等后，选择适合的班轮公司。

订舱是托运人（包括其代理人）向班轮公司（包括其代理人）申请货物运输，

承运人对这种申请给予承诺的行为。托运人申请货物运输可视为"要约",即托运人希望和承运人订立运输合同意思的表示。根据法律规定,合同订立采取要约—承诺方式。因此,承运人一旦对托运人货物运输申请给予承诺,货物运输合同则订立。

确定航次货运任务就是确定某一船舶在某一航次所装货物的种类和数量。承运人承揽货载时,必须考虑各票货物的性质、包装和每件货物的重量及尺码等因素。因为不同种类的货物对运输和保管有不同的要求,各港口的有关法律和规章也会有不同的规定。对于货物的数量,船东也应参考过去的情况,预先在各装货港间分配船舶舱位,定出限额,并根据各个港口情况的变化,及时进行调整,使船舶舱位得到合理且充分的利用。

(二)装船与卸船

集装箱班轮运输中,由于班轮公司基本上是以 CY/CY 作为货物的交接方式,所以集装箱货物的装船卸船工作都由班轮公司负责。杂货班轮运输中,除另有约定外,都规定托运人应将其托运的货物送至船边。如果船舶是在锚地或浮筒作业,托运人还应用驳船将货物驳运至船边,然后进行货物的交接和装船作业。

由于在杂货班轮运输中,船舶承运的货物种类多,票数多,包装式样多,挂靠港口多,如果要求每个托运人都将自己的货物直接送至码头船边,就可能会发生待装的货物不能按规定的装船先后次序送至船边的情况,从而使装货现场发生混乱,影响装货效率。由此产生的结果是,延长了船舶在港的停泊时间,延误了船期,也容易造成货损、货差。因此,为了提高装船效率,加速船舶周转,减少货损、货差问题,在杂货班轮运输中,对于普通货物的交接装船,通常采用由班轮公司在各装货港指定装船代理人,由装船代理人在各装货港的指定地点(通常为港口码头仓库)接收托运人送来的货物,办理交接手续后,将货物集中整理,并按次序进行装船的形式,即所谓的"仓库收货,集中装船"。

船方和装卸公司应根据载货清单和其他有关单证认真地组织与实施货物的卸船作业,避免发生误卸的情况,即避免发生原来应该在其他港口卸下的货物卸在本港的溢卸和原来应该在本港卸下的货物遗漏未卸的短卸情况。船东或其代理人一旦发现误卸,应立即向各挂靠港口发出货物查询单,查清后及时将货物运至原定的卸货港。为使船舶在有限的停泊时间内迅速将货卸完,实践中通常由船东指定装卸公司作为卸货代理人,由卸货代理人总揽卸货和接收货物并向收货人实际交付货物的工作。因此,在杂货班轮运输中,对于普通货物,通常采取先将货物卸至码头仓库，进行分类整理后，再向收货人交付的所谓"集中卸船，仓库交付"的形式。

（三）提取货物

在集装箱班轮运输中，大多采用 CY/CY 交接方式。在杂货班轮运输中，实务中多采用"集中卸船，仓库交付"的形式。收货人必须在办妥进口手续后，方能提取货物。所以，在班轮运输中，通常是收货人先取得提货单，办理进口手续后，再凭提货单到堆场、仓库等存放货物的现场提取货物。收货人只有在符合法律规定及航运惯例的前提条件下，方能取得提货单。

在使用提单的情况下，收货人必须把提单交回承运人。该提单必须经适当正确地背书，否则船东没有交付货物的义务。另外，收货人还须付清所有应该支付的费用，如到付的运费、共同海损分担费等。因此，收货人应及时与货运代理人联系，取得经正确背书的提单，并付清应该支付的费用，以便换取提货单，办理进口手续后提取货物。

提单上的卸货港一栏内有时会记载两个或两个以上可供货主选择的卸货港名称，这是因为货主在货物装船前尚未确定具体的卸货港，所以在办理货物托运时提出选择卸货港交付货物的申请，并在船舶开航后从提单上所载明的选卸港范围内选定对自己最为方便或有利的卸货港，最后在这个港口卸货和交付货物。这种由货主选择卸货港交付的货物称为"选港货"（optional cargo）。由于为"选港货"签发的提单中的卸货港一栏内已明示了卸货港的范围（如 option Kobe/Yokohama），所以收货人在办理提货手续时，只要交出一份提单即可。但是货主必须在船舶自装货港开航后，抵达第一个选卸港之前的限定时间以内（通常为 24 小时或 48 小时），把已确定的卸货港通知船东及被选定卸货港船东的代理人，否则船长有权在任何一个选卸港将货物卸下，并认为船东已经履行了对货物运送的责任。

如果收货人认为有必要将货物改在提单上载明的卸货港以外的其他港口卸货交付，则可以向船东提出变更卸货港的申请。但是，所变更的卸货港必须是在船舶航次停靠港口范围之内，并且必须在船舶抵达原定卸货港之前或到达变更的卸货港（需提前卸货时）之前提出变更卸货港交付货物的申请。

四、班轮运费组成

班轮运费包括基本运费和附加运费两部分。前者是指货物从装运港到卸货港所应收取的基本运费,它是构成全程运费的主要部分。后者是指对一些需要特殊处理的货物,或者由于突发事件的发生或客观情况变化而加收的运费。

(一)基本运费(basic freight rate)

基本运费是指货物在预定航线的各基本港口之间进行运输所规定的运价,该运价称为基本运价或基本费率。它是构成全程运费的主要部分,是计收班轮运输基本运费的基础。

(二)附加运费(surcharge of additional)

为了既能保持一定时期内基本费率的稳定,又能正确反映出各港货物的航运成本,班轮公司在基本费率之外,又规定了各种附加运费。班轮运费中附加费的名目繁多,常见的附加费用有以下几种:超重附加费、超长附加费、转船附加费、燃油附加费、直航附加费、港口附加费、港口拥挤附加费、选择卸货港附加费、变更卸货港附加费、绕航附加费、货币贬值附加费等。

(1)超重附加费(heavy lift additional)。一件货物毛重超过运价表中规定的重量即为超重货。我国的轮船公司规定,每件货物不得超过5t。如超过限额,则按每公吨加收一定的超重附加费。

(2)超长附加费(long length additional)。一件货物的长度超过运价表中规定的长度即为超长货。我国规定的长度为12m,如超过,则按每米加收超长附加费。如一件货物既超重又超长,则按高者计收。如需转船,则每转一次,加收一次超重或超长附加费。这类货物在托运时,如有条件最好能拆装,将一大件拆装为几小件便可节省运费。如不能拆装,应在托运时在托运单上注明货物的重量或尺码及其他应注意的事项,以便承运人在装卸时加以注意,以防造成货损。

(3)转船附加费(transhipment additional)。凡运往非基本港口且需转船运往目的地港口的货物,需加收转船附加费,其中包括中转费和二程运费。但有的轮船公司不收转船附加费,而分别另收中转费和二程运费。中转费和二程运费连同一程运费叫作"三道价"。

(4)燃油附加费(bunker adjustment factor,BAF)。在燃油价格上涨时,轮船公司便按基本运价的一定百分比加收附加费,或按每公吨运费加收。

(5)直航附加费(direct additional)。运往非基本港口的货物达到一定数量(如"中远"规定,近洋直航必须达到2000t,远洋直航必须达到5000t),轮船公司才会安排直航,因为直航附加费比转船附加费低。

（6）港口附加费（port additional）。有些港口由于设备条件差或装卸效率低，轮船公司便加收附加费以弥补其因船舶靠港时间延长所造成的损失，一般按基本运价的百分比收取。

（7）港口拥挤附加费（port congestion surcharge）。有些港口由于压港压船，停泊时间较长，一般按基本运价收取附加费。通常此项费用较大，遇有这种费用，卖方应设法让买方负担。

（8）选择卸货港附加费（optional additional）。托运时因不能确定卸货港口，只能预先提出两个或两个以上（最多不得超过三个）的港口作为选卸港。但所选港口必须是班轮的基本港口，货主应在货船到达第一个选卸港之前24小时或48小时（各轮船公司规定不一）通知船方最后确定的卸货港口，否则船方有权将货物卸在所选港口中的任何一个港口。

（9）变更卸货港附加费（alteration of destination additional）。货主要求改变原定卸货港口，如有关当局（海关）准许、船方又同意时，便要加收变更卸货港附加费。如因倒舱困难或使船舶停留时间过长，船方也可拒绝。此项费用应由货主负担。

（10）绕航附加费（deviation surcharge）。当正常航道不能通行，需绕道才能将货物运至目的港时，轮船公司便要加收此项费用。

（11）货币贬值附加费（currency adjustment factor，CAF）。当运价表中规定的计费货币贬值时，轮船公司为弥补其损失便按基本运价加收一定百分比的货币贬值附加费。

除上述各种附加费外，还有一些附加费须由船、货双方临时议定，如洗舱费（cleaning charge）、熏蒸费（fumigation charge）、冰冻费（ice surcharge）等。

五、班轮运费的计算

班轮运费的具体计算方法是：先根据货物的英文名称从货物分级表中查出有关货物的计费等级及其计算标准，然后从航线费率表中查出有关货物的基本费率，最后加上各项须支付的附加费率，所得的总和就是有关货物的单位运费（每重量吨或每尺码吨的运费），再乘以计费重量吨或尺码吨，即得该批货物的运费总额。如果是从价运费，则按规定的百分率乘FOB货值即可。

（一）运费计算公式

班轮运费计算标准不同，运费计算公式也不相同。通常，杂货班轮运费的计算公式为

$$总运费 = 基本运费 + \Sigma 附加费$$

（1）当班轮运费按照货物的体积或重量标准来计算时，在没有任何附加费的情况下，班轮运费计算公式为 $F=f\times Q$，其中，F 为总运费，f 为基本费率，Q 为货运量。

（2）当班轮运费按照货物的体积或重量标准来计算时，在有附加费且附加费按基本费率的百分比收取的情况下，运费的计算公式为 $F=f\times Q\times(1+S_1+S_2+\cdots+S_0)\times C$，其中，$S_1+S_2+\cdots+S_0$ 为各项附加费的百分比。

（3）当班轮运费按照货物的体积或重量标准来计算时，在各项附加费按绝对数收取的情况下，运费的计算公式为 $F=f\times Q+(S_1+S_2+\cdots+S_0)\times C$，其中，$S_1+S_2+\cdots+S_0$ 为各种附加费的绝对数。

（4）当班轮运费按照货物的 FOB 价格标准来计算时，运费的计算公式为 F=（Ad. Val.）×PFOB，其中 Ad. Val. 为从价费率，PFOB 为商品的 FOB 价格，因为从价运费是按照货物 FOB 价格的某一百分比计算的，但一些贸易合同可能以 CIF 价格或 CFR 价格成交。因此，我们需要先将 CFR 或 CIF 价格换算成 FOB 价格，然后再计算出从价运费。

CFR 与 FOB 的价格换算公式为

$$PCFR=PFOB+F=PFOB+（Ad. Val.）\times PFOB=（1+Ad. Val.）\times PFOB$$

因此，

$$PFOB=PCFR/（1+Ad. Val.）$$

按照一般贸易习惯，CFR 价格是以 CIF 价格的 99% 计算的，因此可以得出 CIF 与 FOB 的价格换算公式为

$$PFOB=0.99\, PCIF/（1+Ad. Val.）$$

（二）运费计算基本步骤

运费计算主要有如下基本步骤：第一步，查明货物所属航线。第二步，了解货物名称/特性等。第三步，根据货名查货物分级表，确定计算标准。第四步，查所属航线等级费率表。第五步，查附加费率表。第六步，计算运费。

第三节　租船运输业务

一、租船运输的概念

租船运输，是相对于班轮运输（定期船运输）的一种海洋运输方式，其既没有固定的船期，也没有固定的航线和挂靠的港口。因此，在租船运输方式下，船期、航线及港口都按租船人和船东双方签订的租船合同中规定的条款来明确。根据租船合同，船东将船舶出租给租船人使用，以完成特定的货运任务，并按双方在租船合同中约定的租金率来收取租金。与租船运输相关的概念如下。

（一）租船运输

租船运输又称不定期船运输，是指船舶所有人为了赚取运费，把船舶按照事先商定的条件签订合同租给租船人，租船人支付租金，以完成特定的海洋货运任务。我国大宗货物的进出口通常采用租船运输方式。

（二）承租人

承租人是指货物所有人，是租用船舶的一方，因此被称为承租人或租船人。

（三）船东

租船运输的经营人有两种情况：一种是将自有船舶用于租船运输的船舶所有人，另一种是将以定期租船或光船租船形式租用的船舶再次用于租船运输的船舶经营人。前者被称作船东，后者被称为二船东。

（四）租船经纪人

帮助双方公布信息、选择合同相对方及订立合同的中介人被称为租船经纪人。他们熟悉租船市场行情，精通租船业务，主要工作是为委托人提供市场信息、资信调查及其他信息咨询服务，促成合同顺利签订，减少委托人事务上的烦琐手续，以及为当事双方调解纠纷等。

（五）租约

承租双方所签订的租船合同被称为租约。

（六）标准租船合同范本

承租双方在谈判时所参照的范本，在租船实务中被称为标准租船合同范本。

二、租船运输的特点

租船运输区别于班轮运输，具有以下特点。

（1）按照船舶出租人与承租人签订的租船合同安排船舶与航线，没有类似于定期班轮运输的固定船期表和航线，部分船舶公司有固定航线。

（2）适合大宗散货运输，货物的特点是批量大、附加值低、包装相对简单。因此，租船运输的运价（或租金率）相对班轮运输较低。

（3）舱位的租赁有提供整船或部分舱位两种形式，主要是根据租船合同来定。另外，承租人一般可以将部分舱位或整船再租与第三人。

（4）船营运中的风险以及有关费用的责任分担根据租船合同的规定执行。

（5）租船运输中的提单性质不完全与班轮运输中的提单性质相同，它一般不是一个独立的文件，对于租船人和船舶出租人而言，仅相当于货物收据。这种提单要受租船合同约束，所以银行一般不愿意接受这种提单，除非信用证另有规定。当承租人将提单转让给第三人时，提单起着权利凭证作用。在第三人与船舶出租人之间，提单则是货物运输合同的证明。

（6）租船人与船舶出租人之间的权利和义务是通过租船合同来确定的，其中涉及法律的条款较少，大多数为技术性的条款。

（7）租船运输中，船舶的港口使用费、装卸费及船期延误赔偿，按租船合同规定由船舶出租人和租船人分担、划分及计算，而班轮运输中船舶的一切正常营运支出均由船方负担。

租船运输与班轮运输的主要区别如表 3-1 所示。

表 3-1　租船运输与班轮运输的主要区别

项目	租船运输	班轮运输
市场形态	完全竞争的市场	寡头垄断的市场
宏观管理	私人运输，管理相对宽松	公共运输，管理相对严格
航线与时间	航线、港口和时间由双方约定	定线、定港、定船期
服务对象和承运货物	特定的大货主，多为批量较大、价值低廉、运费负担能力较低、无须快速运送的货物	非特定的众多货主，多为批量小、价值较高、要求快速运送的货物
运输合同	双方必须签署书面合同，并辅以提单	双方不签署书面合同，多以提单来证明合同真实性
运费、租金	运价或租金由双方根据市场供求状况协商确定，具有秘密性和不稳定性	运价由船公司事先公布并登记备案，具有公开性、稳定性和费率较高的特点

续表

项目	租船运输	班轮运输
港内作业与有关费用	由双方根据合同条款确定	作业费用通常包含在运价之中
滞期费和速遣费	通常有此费用	无此费用
接收货地点	船至船	非集装箱货：船至船 集装箱货：港至港

三、租船运输的经营方式

租船运输的主要经营方式包括航次租船、定期租船、光船租船、包运租船以及航次期租船五种。

（一）航次租船

航次租船又称"航程租船"或"程租船"，是指由船舶所有人向承租人提供船舶在指定的港口之间进行一个或几个航次的指定货物运输的租船运输方式。航次租船是租船市场上一种最活跃、最普遍的租船方式，对运费水平的波动最为敏感。航次租船中，根据承租人对货物运输的需要，人们采取不同的航次数来约定航次租船合同。它可分为下列三种方式。

（1）单航次租船，是指船舶所有人与承租人双方约定，前者为后者提供船舶完成一个单程航次货物运输的租船方式。船舶所有人负责将指定的货物从启运港运往目的港，货物运抵目的港卸船后，船舶所有人的运输合同义务即告完成。

（2）往返航次租船，是指船舶所有人与承租人双方约定，前者为后者提供船舶完成一个往返航次的租船方式。但是，返航航次的出发港及到达港并不一定与往航航次的相同。即同一船舶在完成一个单航次后，会根据货物运输需要在原卸货港或其附近港口装货，返回原装货港或其附近港口。卸货后，往返航次租船结束，船舶所有人的合同义务完成。

（3）连续航次租船，是指船舶所有人与承租人约定，前者为后者提供船舶连续完成几个单航次或几个往返航次的租船运输方式。被租船舶在相同两港之间连续完成两个以上的单航次，或两个以上往返航次运输后，航次租船合同结束，船舶所有人的合同义务完成。

（二）定期租船

定期租船又称"期租船"，是指由船舶所有人将特定的船舶，按照租船合同的约定，在约定的期间租给承租人使用的一种租船方式。这种租船方式以约定的使用期限为船舶租期，而不以完成航次数多少来计算。在租期内，承租人利用租赁的船舶既可以进行不定期货物运输，也可以投入班轮运输，还可以将船舶转租，以取得运费收入或谋取租金差额。租期的长短完全由船舶所有人和承租人根据实际需要约定，少则几个月，多则几年或更长的时间。

定期租船的承租人既有一些大型企业或实力较强的贸易机构，利用租赁船舶进行自有货物运输，也有一些航运公司，利用租赁船舶从事货物运输，以便弥补自身船队运力不足。大型企业或实力较强的贸易机构往往拥有稳定的货源，有着长期的运输需求，对租船市场的租金水平有着一定影响。定期租船方式下，被租船完全处于承租人的使用和控制下。所以，除因船舶不能处于适航状态外，其他情况所造成的营运风险一般均由承租人承担。

（三）光船租船

光船租船，又称船壳租船，是指在租期内，船舶所有人只提供一艘空船给承租人使用，船舶的配备船员营运管理、供应以及一切固定或变动的营运费用皆由承租人负担。这种租船方式实质上是一种财产租赁方式，船舶所有人不具有承揽运输的责任。在租期内，船舶所有人只提供一艘空船给承租人使用，由承租人为船舶配备船员，负责营运管理和供应，以及负担一切固定或变动的营运费用。船舶所有人在租期内除了收取租金外，对船舶及其经营不再承担任何责任和费用。

光租船方式在近几年内有所增加，其背景是船舶信贷的发展和船籍开放登记制度的广泛应用。光租船舶的船舶所有人往往是运力过剩或缺乏船舶管理经验的一些经营人。其经营效率较直接经营船舶运输业务要低，还存在着租金支付风险。

（四）包运租船

包运租船是指船舶所有人向承租人提供一定吨位的运力，在确定的港口之间，按事先约定的时间、航次周期和每航次较为均等的运量，完成合同规定的全部货运量的租船方式。以包运租船方式所签订的租船合同称为"包运租船合同"，或称"运量合同"。包运租船实质上具有"连续航次租船"的基本特征。包运租船运输时，船舶每个航次的货物运输除受包运合同的限制，还受其中明确规定的每航次租船合同的限制。

对船舶所有人而言，包运租船时货运量大，较长时间内有充足的货源，基本保障了稳定的运费收益。而且，包运租船中，船舶所有人可根据自有的船舶运力灵活地安排船舶在保证按合同规定完成货物运输的前提下，船舶所有人通过对船舶的适当调度，利用航次间的多余时间装运其他货物，提高运力利用率，从而获得更大经营效益。对承租人而言，包运租船可以保证在较长时间内满足货物的运输需求，而且在较大程度上摆脱租船市场行情的变动所带来的影响，确保运力将货物运往最终市场，从而保障生产或销售活动的正常进行。

（五）航次期租船

目前，国际上还经常使用"航次期租"的租船方式。航次期租是没有明确的租期期限，而只确定了特定的航次。这种租船方式以完成航次运输为目的，按实际租用的时间（一般以天数为单位）和租金率计算租金，费用和风险则按照定期租船方式的基本原则来处理。这种租船方式减少了船舶所有人因各种原因造成的航次时间延长所带来的船期损失，从而在很大程度上将风险转嫁给了承租人。

因为航次期租是建立在定期租船和航次租船两种租船方式基础上的一种边缘型的租船方式，对于航次期租的处理方法，在法律上往往是依据具体航次持续的时间长短来确定其性质：整个航次持续时间较长的通常被认为具有较多的定期租船的性质，而更多地按定期租船的办法予以处理。租期较短的往往被认为更多地具有航次租船的性质，尽管船舶出租人收取的不是运费而是租金，也往往会考虑航次租船的一些要求。总的看来，一般还是认为这种租船方式仍以期租为基础，融合了航次租船的性质。

四、租船合同的主要内容

国际物流企业或货运代理与船方订立租船合同时，必须注意租船合同与进出口合同有关装运时间的一致性。租前必须了解和熟悉贸易合同中的有关贸易条件，要做到租船条款与贸易条款相衔接。要了解货物的品名、性质（易燃、易爆、易腐等）、包装、尺码、重量，以及其他一些情况，如卡车的重量和尺寸、冷冻货所需的温度、超长超重货的重量和长度等；要了解装卸港口情况、装卸率、价格条件（船边交货还是舱底提货）、备货通知期限等。

租船合同用得较多的是航次租船合同和期租合同。期租船租赁时间长，且租期内由租方经营管理。期租合同与航次租船合同在内容上有所不同。期租合同的主要内容有七项，分别为船舶说明、租期、交船、租金、停租与复租、还船、转租。

航次租船合同的内容因具体业务的货类、航线、贸易条件等而不同，使用的标准租船合同格式的条款也不同。我国海商法第93条规定："航次租船合同的内容，主要包括船舶所有人和承租人的名称、船名、船籍、载货重量、容积、货名、装货港和目的港、受载期限、运费、滞期费、速遣费以及其他有关事项。"通常认为航次租船合同的主要内容有9项，分别为合同当事人、船舶概况、装卸港、受载期与解约日、货物、装卸费用分担、装卸时间、滞期与速遣、运费。本书选择有关装卸费用分担、装卸时间、滞期与速遣三大条款的内容进行阐述。

（一）装卸费用分担

装卸费用是指将货物从岸边（或驳船）装入舱内和将货物从船舱内卸至岸边（或驳船）的费用。如果租船合同中没有做出约定，则由船舶所有人负担，但关于装卸费用及风险如何分担的问题，一般租约都会做出约定，此时应完全依据合同条款的具体约定。常见的约定方法有以下四种。

（1）船方负担装费和卸费，又称"班轮条件"。在这种条件下，费用划分的界限一般在船边，承租人把货物交到船边的吊钩下，船方负责把货物装进舱内并整理好。卸货时，船方负责把货物从舱内卸到船边，由承租人或收货人提货。所以，责任和费用的划分以船边为界，由船舶所有人负责雇用装卸工人，并负担货物的装卸费用。这种条款多用于包装货或木材，而不适用于散装货。

（2）船方管装不管卸。它是指在装货港由船舶出租人支付装货费，在卸货港由承租人支付卸货费。

（3）船方管卸不管装。它是指在装货港由承租人支付装货费用，在卸货港由船舶出租人支付卸货费用。

（4）船方不管装和卸。此种方法使用较多，即船舶出租人既不管装也不管卸。采用这一方法，还应明确谁负担理舱和平舱费。一般规定由承租方负担，即船方不负担装卸、理舱和平舱费。

（二）装卸时间

装卸时间是指合同当事人双方约定的船舶所有人使船舶适于装卸货物，无须在运费之外支付附加费的时间，也可以说是承租人和船舶所有人约定的，承租人保证将合同货物在装货港全部装完，以及在卸货港全部卸完的时间总和。租船合同对装卸时间的确定最为常见的有三种方法。

（1）分开确定装卸时间，即对装货确定一个"允许装货时间"，对卸货确定一个"允许卸货时间"。

（2）确定总的装卸时间。总的装卸时间又称"装卸共用时间"，即对装货和卸货确定一个"允许使用的总时间"，如"许可装卸时间共 20 天"。

（3）许可装卸时间用装卸率表示，如"每天装或卸 1000t"。

双方当事人确定装卸时间的主要依据是货物种类、货物数量，以及船舶所到港的日常装卸率。装卸时间一旦在合同中确定，对双方当事人均有约束力。由于装卸时间直接影响到船舶的使用周期，对船东来说，在由货方承担装卸责任时，装卸时间无法控制，为保证船期，通常规定在多长时间内货方应完成装卸作业。在租船合同中，装卸时间往往是用天数来表示的。

（三）滞期与速遣

滞期费是指承租人如不能在合同约定的许可装卸时间内将货物全部装完或卸完，必须按照合同规定向船东支付的罚款。如果承租人在约定的装卸货时间之前完成装卸作业，船东给承租人的奖励叫速遣费。一般滞期费定为每天若干金额，不足一天按比例计算，等于滞期时间和约定的滞期费率的乘积。根据国际航运惯例，速遣费率通常是滞期费率的一半，除非合同另有明确规定。

在租船合同中，如无相反规定，还应遵循"一旦滞期，永远滞期"的原则，也就是只要发生滞期，原本可以扣除的星期天、节假日和坏天气等均不能扣除。在计算速遣时间的问题上，出租人和承租人容易发生争议的问题是在节省的时间中是否扣除星期日、节假日，以及因不良天气停止工作的时间。为了防止争议，租船合同也常常采用一些含义明确的用语，表明速遣时间的计算，即"节省全部时间"和"节省全部工作时间"。当合同中没有明确约定采用哪一种用语来计算速遣时间时，通常解释是按"节省全部工作时间"计算，因为按这种方式计算比较合理，实践中采用也较多。

滞期时间与速遣时间的计算，是通过对比实际装卸时间与合同允许装卸时间，然后计算出两者之间相差的数值。如果实际装卸时间减去允许装卸时间的结果是正数，则表明产生了滞期时间。反之，如果计算结果是负数，则产生了速遣时间。

五、租船合同注意事项

（1）船舶所有人任命船长，承租人可以就船舶使用、代理和货运活动做出安排。承租人向船长所发的指示必须符合合同规定，不得带有欺诈性或要求船长运输走私货物等,船长有权拒绝接受承租人的此类指示。船长因服从承租人的指示而造成船舶损害,或使出租人出现其他经济损失,包括对第三者的赔偿责任,由发出指示的承租人负责。

(2)出租人提供的船舶在交船时和租期内都应处于可有效使用的状态,否则,出租人应及时采取合理措施予以保证。货物装船、积载、平舱、运输事项和卸船等事务由承租人负责。合同一般规定船长负责监督由承租人雇用的装卸工人进行合理的作业。

(3)承租人可以指示船长按规定签发提单,也可让其货运代理人以船东名义签发提单,所有提单签发不应影响合同的地位。若提单条款与合同内容有冲突,引发的责任问题及损失由承租人承担。

(4)承租人或其在港口的代理人在航次开始前应向出租人发出航次指示文件,出租人接到有关指示后应及时通知船长执行航次任务。航行过程中,由于船员过失或低效率造成船期损失,以及非货物原因而绕航至其他港口出现时间、燃油损失等,承租人有权要求出租人赔偿并在支付租金时相应减扣。但船舶因恶劣天气而驶至避难港,或在装卸港发生非船舶自身不适航的滞留,有关船期损失与费用一般由承租人负责。

第四节　国际海运提单

一、海运提单的概念及作用

(一)海运提单的概念

国际海运提单,又称海运提单(ocean bill of lading),简称"提单",是在海上运输(主要是班轮运输)方式下,由承运人或其代理人签发的确认已经收到(或已装船)某种货物,并且承诺将其运到指定地点交给提单持有人的一种具有法律效力的证明文件。

(二)海运提单的性质与作用

1. 提单是证明承运人接收货物的收据

承运人不仅对已装船货物负有签发提单的义务,而且根据托运人的要求,即使货物尚未装船,只要货物已被承运人接收,承运人也有签发一种被称为"收货待运提单"的义务。所以，提单一经承运人签发，即表明承运人已将货物装船或确认接收。提单作为货物收据，不仅证明收到货物的种类、数量、标志、外表状况，而且还证明收到货物的时间，即货物装船的时间。

2. 提单是承运人保证凭以交付货物的物权凭证

提单的物权凭证功能，意味着它能够代表货物，并使其持有人有权要求承运人交付货物，同时意味着持有该凭证即有权支配货物。提单是货物占有权的象征，它的转让就象征性地转让了对货物本身的占有权。

3. 提单是海上货物运输合同的证明

提单上条款的主要内容是规定承运人与托运人之间的权利、责任和义务。一旦出现货物运输纠纷，提单是非常重要的法律仲裁文件。但是从严格的法律概念来看，提单并不具备经济合同应具有的基本条件，它不是双方意思表示一致的产物。约束承托双方的提单条款是承运人单方拟定的，它履行在前，而签发在后。早在签发提单之前，承运人就开始接受托运人托运货物和将货物装船的有关货物运输的各项工作。所以，与其说提单本身就是运输合同，还不如说提单只是运输合同的证明更为合理。

二、海运提单的种类

按照记载内容的不同，人们可将海运提单做多种分类。以下为几种常见的分类。

（一）按货物是否已装船划分

（1）已装船提单（on board B/L），是指通过预先印就或装船批注方式表明货物已经装于具名船只的提单。根据有关法律，货物装船后，应托运人要求，承运人应当签发"已装船提单"。在国际贸易中，一般也要求卖方提供已装船提单。

（2）待运提单（received for shipment B/L），是指承运人在收到货物等待装船时，向托运人签发的提单。这种提单没有表明货物已经装船，更没有装船日期，往往也不注明装运船舶的名称，将来货物能否装运不确定，对提单受让人无保障，因此，买方和银行一般不接受这种提单。

（二）按收货人记载方式划分

（1）记名提单（straight B/L），是指在"收货人"栏内填写具体收货人名称的提单。多数国家法律规定，记名提单只能由提单上所记载的收货人提货，不能通过背书转让，除非记名收货人与提单受让人另立转让协议。记名提单可避免提单转让可能带来的风险，但也丧失了它的可流通性。在美国等一些国家，记名提单下提取货物时不必出示正本提单，仅凭记名收货人的身份证明即可。但我国海商法规定，记名提单下提取货物时也需要出示正本提单，否则承运人要承担无单放货的责任。

（2）指示提单（order B/L），是指在"收货人"栏内填写"凭指示"或"凭某人指示"的提单。前者称为不记名指示，此种指示应视为凭托运人指示；后者称为记名指示，承运人应当按照记名人的指示交付货物。不论哪种指示，指示提单可以通过背书的方式转让给他人。提单背书有"空白背书"和"记名背书"两种。前者是指仅由背书人在提单的背面签署自己的名字或盖章，并不注明被背书人的名称；后者是指背书人除了在提单的背面签字盖章之外，还应列明被背书人的名称。

（3）持有人提单（blank B/L），也称作不记名提单、空白提单，是指"收货人"栏填写"持有人"的提单。这种提单不需任何背书手续，可以直接凭交付履行转让。不记名提单的转让虽然极为简便，但如果提单遗失或被窃，风险很大。目前，通过银行开出的信用证凭单付款的，或经银行议付的提单，几乎都不采用这种方式。

（三）按对货物外表状况有无不良批注划分

（1）清洁提单（clean B/L），是指未记录承运人对货物外表状况的任何不良批注的提单。通常情况下，收货人和银行都要求卖方必须提交清洁提单。

（2）不清洁提单（foul B/L），是指记录了承运人对货物外表状况的不良批注的提单。承运人的不良批注包括对散装货或裸装货的外表缺陷的批注和对包装货物包装不良状况的批注。买方和银行一般都不接受不清洁提单。在装船货物存在外表不良状况时，为取得清洁提单，发货人往往出具保函，请求承运人签发清洁提单。

（四）按运输方式不同划分

（1）直达提单（direct B/L），是指保证货物在装货港装船后，中途不经过换船而直接运达卸货港的提单。

（2）转船提单（transshipment B/L），是指注明货物将在中途港换装另一船舶运往目的港的提单。海商法第60条规定，承运人将货物运输或部分运输委托给实际承运人履行的，承运人仍然应当对全部运输负责。

（3）联运提单（through B/L），是指采用两种或两种以上运输方式联合运输的货物，托运人在办理托运手续并交纳全程运费之后，由第一程承运人所签发的，包括运输全程并能凭之在目的港提取货物的提单。如同转船提单一样，若使用这种提单，货物在运输途中的转换交通工具和交换工作，均由第一程承运人或其代理人负责向下段航程承运人办理，托运人不需自己办理。

（4）国际多式联运单据（multimodel transport document，MTD），是指国际多式联运形式下由多式联运经营人签发的覆盖全程运输的具有提单性质的一种单据。

（五）按签发人不同划分

（1）船舶所有人提单，是指由船舶所有人或其指定人（如船长、船舶代理）签发的提单。此种提单是最传统的，表明船舶所有人作为承运人承担提单合同义务。

（2）租船人提单，是指在期租船合同下，期租船人以自己的名义签发的提单。此种提单下，提单签发人取代了原船东的法律地位，对提单持有人承担承运人责任。

（3）无船承运人提单，是指由海洋无船承运人签发的提单。此种提单下，无船承运人作为提单承运人对提单持有人承担提单合同义务。由于无船承运人一般具有国际货运代理资格，故人们常将此种提单称为货运代理提单。事实上，没有取得无船承运人业务资格的货运代理是无权作为承运人签发提单的。

（六）特殊提单

（1）倒签提单（backdated B/L），是指记载的货物装船日期早于实际装船日期的提单。判断提单是否被倒签的唯一标准是货物的装船日期是否虚假，而不一定是提单签发日被更改。倒签提单的目的是满足贸易公司或信用证的要求，其特征是提单记载的实际装船完毕日被虚假地提前。由于国际贸易中将提单记载的装船日期视为卖方履行交货义务的日期，提单记载的日期虚假，即为卖方交货日期虚假。虚假的提单会严重损害买方在买卖合同中拒收货物的权利，因此，倒签提单是严重的违法行为，将给承运人带来一定的不良法律后果。

（2）预借提单（advance B/L），是指在货物尚未装船，或装船尚未完毕情况下，所预先签发的已装船提单。其特征是货物没装船，或没完全装船，但提单却表明货物已装船完毕。托运人要求签发这种提单的目的和法律性质与倒签提单相同。承运人签发预借提单，极有可能增加其赔偿责任，要承担更大的法律风险。

（3）交换提单（switch B/L），又称转换提单，指应托运人或承租人要求，以原提单为交换条件而签发的，变换了原提单中托运人和/或装货港的另一套提单。其特征是，原提单中的托运人和/或装货港口被变更了，其他内容与原提单严格一致。签发交换提单主要有以下原因：第一，装卸两港不允许直接通航；第二，实际装货港与贸易合同规定不符；第三，保护商业秘密；第四，规避贸易壁垒。

（4）分提单（separate B/L），是指应托运人要求将同一装货单下的货物分票，分别为它们签发的提单。提单被分割后，每份分提单都构成一份独立的合同，其义务不受其他分提单的影响。对同一装货单下的货物进行分票有两种情况：一种是按不同货种、标志、等级分票，这种分票通常不会产生额外费用和责任；另一种是对大票的同种货物分票，理货分票时会产生额外费用和货差责任。所以，对托运人的第二种分票要求，承运人可以拒绝，或由托运人出具保函，承担费用和责任。分票和出具分提单的目的是方便货物转售。

（5）舱面货提单（on deck B/L），又称甲板提单，指提单上注明"货装甲板"的提单。通常，货物是不能装于甲板上的，只有以下三种情况才可以将货物装于甲板。①承托双方同意的，对此，承运人应得到托运人的书面委托。承运人为自己的利益擅自将货物装于甲板的，即使为此购买了舱面货险，也属违反妥善管理货物义务的行为，需对其后果承担全部责任，而且不得享受赔偿责任限制。②符合航运习惯的。航运业务中，对如原木、锯木、部分桶装货物及其他不怕水湿的货物，习惯上可将它们装于甲板。③法律法规规定的物品，如部分危险品。

（6）租船合同提单（charter party B/L），是指表明合并有租船合同条款的提单。此种提单一般在航次租船（voyage charter）形式下使用。请注意：①租船合同并入提单，必须在提单中明确表示。②租船合同并入提单后，其有关条款便成为提单条款不可分割的组成部分，对提单关系人具有约束力。③国际商会的跟单信用证统一惯例（UCP600）规定：除非信用证另有规定，银行将不接受租船合同提单。④使用这种提单时，尽可能随附一份租船合同副本。

（7）过期提单（stale B/L），是指在贸易结算中向银行交单议付日超过信用证有效期或超过提单签发日21天的提单。需要注意：①所谓过期提单与航运业务无关，而是指在贸易结算中迟期交单导致信用证已丧失效力，该提单在此信用证下已经没有意义，银行将不再接受该提单在此信用证下的议付。②提单本身无是否过期之说，只有是否失效之说。提单在货物交付给提单持有人之前均有效，一经"兑付"，即凭以提货，提单便失去效力。

三、海运提单的流转程序

提单流转环节较多，因贸易方式不同，流转环节也不同。以信用证方式结汇的 CIF 买卖，其提单流转的整个过程如图 3-1 所示。

图 3-1 展示的提单一般流转环节为：起运港承运人或其代理签发→出口商或其货运代理转给托运人→开证银行→收货人（进口商）→目的港承运人或其代理。

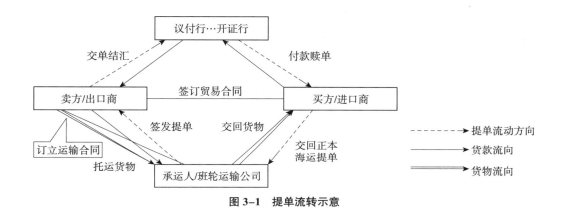

图 3-1 提单流转示意

从流转环节看，收货人要拿到提单提货，必须通过银行，即收货人必须向开证行付款赎单，否则银行不会将提单交给收货人。

值得注意的是：货运代理人只可将提单交给托运人，千万不可将提单随意交给第三人。目前，国外许多收货人在中国设有代表处，有的托运人要求将提单交给收货人的代表，而又缺少必要的委托授权手续，一旦发生贸易纠纷，货运代理人往往需要承担相应责任。在提单流转过程中，提单上的发货人、收货人、受让人都应按要求背书。没有背书的提单，其持有人得到的提单合法性往往会受到质疑。

在目的港，收货人凭一份正本提单提货后，其余正本提单作废。承运人在目的港之外的地点交货的，应收回全部正本提单，否则难以免除在目的港向正本提单持有人交货的义务。

四、海运提单的填制

（一）海运提单填制的主要内容与规范

海运提单既是托运人与承运人之间运输合同的证明，又是物权可以转让的凭证，因此，提单显示的内容涉及托运人、承运人、收货人或提单持有人等各关系人的权益和责任。提单的格式多样，每家船公司都有自己的提单格式，但基本内容大致相同，一般包括以下项目。

（1）托运人（shipper）。托运人一般为出口商。信用证结算方式下，为信用证的受益人。

（2）收货人（consignee）。如签发记名提单，则填上具体的收货公司或收货人名称。如签发指示提单，则依据买卖双方合同视情况而填为记名指示或空白指示。如需在提单上列明指示人，则根据要求填成"凭托运人指示""凭收货人指示""凭某人指示"或"凭银行指示"。空白指示则只显示"指示""听凭指示"。

（3）被通知人（notify party）。被通知人是船公司在货到达目的港时发送到货通知的对象，有时即为进口人。在信用证项下，如信用证对提单被通知人有具体规定，则必须严格按信用证要求填写。非信用证结算时，如果是记名提单，且收货人记载详细地址的，则此栏可填"同收货人"。如果是指示提单，则此栏必须填写被通知人名称及详细地址，否则船方无法与收货人取得联系，可能影响收货人及时报关提货，甚至会导致货物到港时间超过海关规定申报时间而被收取滞报金。

（4）提单号码（B/L No.）。提单号码一般列在提单右上角。为便于联系和核查，提单必须编号。

（5）船名、航次（ocean vessel / voyage No.）。应填写货物所装船舶的名称及航次。

（6）前程运输（pre-carriage by）。前程运输指首程运输工具，可根据实际情况填写火车、卡车等。

（7）收货地点（place of receipt）。可根据实际情况填写承运人接收货物的实际地点，如西安、南京等地名。集装箱多式联运中，前程运输栏和收货地点栏通常用于填写承运人接收货物的地点和前程运输工具名称。

（8）装货港（port of loading）。应填写实际装船港口的具体名称。信用证中有时规定装货港为"任意中国港口"，此时装货港应填写港口名称，而不能填"中国港口"。

（9）卸货港（port of discharge）。填写货物实际卸离船舶的港口名称。

（10）交货地点（place of delivery）。应根据实际情况和信用证的规定填写承运人将货物交付给收货人的地点，如某个城市名称。也有的提单上显示为最终目的地。如遇同名地点，则必须加注州名、国名。例如，美国和新西兰都有奥克兰港，如果不注明国名和州名，货物就可能被错发。

（11）唛头（marks & nos）。如信用证有规定，必须按规定填写，否则应按发票上的唛头填写。

（12）件数和包装（number of containers or packages）。应按货物实际包装情况填写，如"3000t""18个托盘"等。

（13）货名（description of goods）。在信用证项下，货名必须与信用证上的规定完全一致。非信用证结算时，打出货物的统称即可。

（14）毛重（gross weight）。填写货物的毛重总数，一般以"kg"为计量单位。

（15）尺码（measurement）。尺码即货物的体积，一般以"km^3"为计量单位，通常要保留三位小数。

（16）集装箱号码和铅封号码（container No. & seal No.）。如果货物以集装箱装运，则须填写装载货物的集装箱号码和铅封号码。集装箱号码可根据装箱人提供的号码填写，铅封号码应根据实际资料填写。

（17）大写件数和包装（total number of containers and/or packages in words）。用英语打出货物的件数及包装，必须与小写的件数和包装相一致。

（18）运费和费用（freight & charges）。运费支付情况的说明，一般显示运费预付和运费到付，以明确运费由谁支付。此栏一般可不填写实际运费，但如信用证规定提单须列明运费，则应在此栏打出运费率及运费总额。

（19）正本提单的份数（number of original B/L）。提单可分为正本和副本。正本提单可以流通、议付，副本则不行。正本提单的份数须按信用证要求出具，如显示为"Full Set of B/L"，则按三份出具。

（20）提单的签发地点及日期（place and date of issue）。提单的签发地点一般应为货物装运地点，如托运人有特殊要求，也可在第三地签发。提单日期为装船日期。

（21）船公司或其代理人的签章（signed for the carrier）。每张正本提单都须经船方或其代理人签署方始有效。签署方法有签章、电子签名和手签。

（二）填制海运提单时的其他注意事项

（1）信用证如无特殊规定，提单上的托运人应为信用证的受益人。当信用证规定以第三者为托运人时，可以以国内运输机构或其他公司为托运人，如信用证规定以开证人为托运人时则不能接受。

（2）提单的收货人习惯上被称为抬头人。绝大多数信用证要求做成指示抬头，这种提单必须经发货人背书，方可流通转让。也有极少数信用证要求做成"凭开证银行指示"或"凭收货人指示"，这种提单无须托运人背书。提单抬头还分记名和不记名，对这两种提单，托运人均不背书。不可转让提单，无须背书。

（3）提单上的背书又分空白背书和记名背书。凡空白抬头，必须是空白背书。空白背书由发货人在提单背面加盖印章，无须加任何文字。记名背书除加盖印章外，还应注明"交付给"字样。

（4）提单的抬头与背书直接关系到物权归谁所有和能否转让等问题，因此一定严格按照信用证要求办理。需要注意的是，如果目的地是法国或阿根廷，托运人必须在提单正面签署。

（5）信用证上如果要求加注被通知人名称，应遵守规定。例如，规定只通知某人，则通知栏内不能省去"Only"字样。如果规定在提单上需要写清楚买方名称，则应在提单上加注买方具体名称。如来证未要求加注被通知人，则在正本提单上的被通知人一栏留空不填，但应在副本提单的被通知人一栏内加注开证申请人的名称，以便货到目的港时，船方通知其办理提货手续。

（6）提单上的唛头必须与其他单据上的记录一致。如果信用证规定有唛头，则应按信用证上的规定制作。

（7）提单上的货物名称，可做一般概括性的描述，不必列出详细规格。有时同一货物使用不同货名可以节约运费。因此，应尽可能事先通知对方在来证中采用收取运费较低的货名，或使对方在来证中加注"提单使用货名可以接受"的字句。

第五节　国际海运组织与公约

一、国际海运组织

国际海运组织在保证海运安全、建立国际公约和提供海运服务等方面有着重要作用。主要的海运国际组织有国际海事组织、国际海事委员会、波罗的海国际海事协会、班轮公会与国际航运联营体。

(一)国际海事组织

国际海事组织(International Maritime Organization,IMO),是联合国负责海上航行安全和防止船舶造成海洋污染的一个专门机构,总部设在英国伦敦。该组织最早成立于1959年1月6日,原名"政府间海事协商组织"。1982年5月,更名为国际海事组织。国际海事组织的作用是创建一个监管公平和有效的航运业框架,并普遍采用实施。其工作涵盖船舶设计、施工、设备、人员配备、操作和处理等方面,确保这些方面的安全、环保、节能。该组织的宗旨是促进各国间的航运技术合作,鼓励各国维护海上安全,提高船舶航行效率,并且通过制定统一标准来防范和控制各个国家发生的有关海上安全、海洋污染方面的一系列问题。

(二)国际海事委员会

国际海事委员会(Committee Maritime International,CMI)是通过各种方式和活动促进国际海商法、海事惯例和实践做法统一的非政府性国际组织。该机构成立于1897年,由各国海商法协会组成,如国内无海商法协会,则可由类似组织或个人参加,但无表决权。现有会员52个,总部设在比利时安特卫普。委员会通常每4年召开一次国际会议,审议其起草的国际公约草案或建议。主要工作是就各类国际海事公约提出建议、制定草案、参加审议,国际上现行的不少公约均出于此委员会。它有利于促进各国海商法协会的成立,并与其他具有相同宗旨的国际性协会或组织进行合作。具体包括:①促进海商法的实施,及国际海事安全发展。②建立海事仲裁委员会,研究处理成员国家间的争端问题。③制定海商法案。国际海事委员会自创立以来,草拟了不少国际海事公约,其制定的《约克·安特卫普规则》《海上避碰规则》《船舶碰撞中民事管辖权方面若干规定的国际公约》《维斯比规则》等已被国际社会接纳、生效。

(三)波罗的海国际海事协会

波罗的海国际海事协会(Baltic and International Maritime Conference,BIMCO)成立于1905年,是世界上最大的航运组织,会员遍布120多个国家和地区,有船东、经纪人及保险协会三种正式会员和包括船级社、船厂等在内的副会员。现有约1000家船东会员,控制了世界61%的船舶运力。通过发行杂志、开展讲座、举行研讨会等形式,向成员提供全世界港口和海运方面的信息、咨询和培训等服务,颁布体现国际航运总体利益的新法规、政策,制定规范的标准单证,联合船东和有关海运组织,采取一致行动促进航运业发展。它制定的航运合同、技术标准和行业标准经常被全球各地的船舶拥有人和货运代理人使用。波罗的海国际海事协会还定期发布研究报告，为全球航运业提供相关政策分析和市场运营建议。

总之，波罗的海国际海事协会是一个重要的航运行业贸易组织，它旨在促进航运业的稳定和可持续发展，并在航运合同、技术标准和行业标准方面提供服务。

（四）班轮公会

班轮公会是指两个或两个以上国际船舶运输经营者，在特定的地理范围内，在同一条或数条航线上提供国际班轮的货物运输服务，再根据达成的协议，按照统一的或共同的运费率及其他的运输条件从事经营活动的组织。

班轮公会成立，一方面，是为了限制和调节班轮公会内部会员相互间竞争的业务活动，主要工作有协定费率、统一安排营运统筹分配收入、统一经营等；另一方面，是为了防止或对付来自公会外部的竞争以达到垄断航线货载的目的，主要制定了忠诚协议、延期回扣制、合同费率制、联运协议等规则。

随着航运市场发展，特别是班轮集装箱化，服务质量差别缩小，船公司单独介入航线运输并提供高附加值的服务已成为可能，班轮市场垄断的局面日渐削弱。此外，许多国家纷纷制定对公会不利的法律政策。例如，美国《1998年航运改革法》规定，公会不得限制成员独立签订服务协议的权利等。

（五）国际航运联营体

国际航运联营体，又称国际航运联盟，是不同船舶所有人或船舶经营人基于共同的商业目标与利益，将其所有或管理的船舶通过联营合同方式联合在一起，组建一个独立的航运联盟体，由其进行统一战略部署和经营管理。国际航运联营体负责船舶商业经营，各船东仍负责联营体所属的船舶的技术管理。在联营合同期间，联营体取得的收入在扣除联营体费用后，在联营体各成员之间分配。其经营模式是以联营合同为商业法律基础、以松散或紧密型运营管理组织为组织架构的新型航运运营和管理组织形式。联营合同拟定众多条款，界定各方权利义务，维系联营体运营。

二、国际海运公约

由于海运提单的利益相关方经常属于不同国籍，提单的签发地和目的港也经常位于不同国家，一旦发生提单争议，就会产生相关的法律问题。因此，涉及海运提单的有关各方都努力寻求统一的国际法规和公约。目前，已经生效并对提单做出规定的主要有《海牙规则》《维斯比规则》和《汉堡规则》三项国际公约。

（一）《海牙规则》

为统一限制承运人滥用权利立法，国际法协会所属的海洋法委员会于1921年5月在荷兰的海牙召开会议，制定提单规则，并于1924年8月25日在布鲁塞尔召开的有26个国家代表出席的外交会议上，通过了《关于统一提单若干法律规定的国际公约》，简称《海牙规则》。《海牙规则》于1931年6月2日起生效，现参加国有80多个。美国没有加入该公约，其相关立法是《哈特法》和《1936年海洋货物运输法》。我国也没有加入该公约，但在海商法中部分采纳了该公约的有关规定。

（二）《维斯比规则》

随着国际政治、经济形势的变化和运输形式的发展，《海牙规则》的某些规定越发显得无法适应形势的需要。在第三世界国家的强烈要求下，国际海事委员会决定对《海牙规则》进行修改。1968年2月23日，在布鲁塞尔召开的有53个国家参加的第12届海洋法外交会议上，通过了《修订统一提单若干法律规定的国际公约的议定书》，简称《布鲁塞尔议定书》。因国际海事委员会1963年在瑞典的哥特兰岛区首府维斯比城讨论并签署该议定书草案，故此议定书又称《维斯比规则》，经该议定书修订后的《海牙规则》称为《海牙—维斯比规则》。

（三）《汉堡规则》

对于《海牙规则》和《维斯比规则》实行的承运人部分过错原则，很多发展中国家和代表货主利益的发达国家，如美国、加拿大、法国、澳大利亚等表示不满，要求建立船货双方平等分担海洋货物运输风险制度。为此，联合国国际贸易法委员会组织制定了《1978年联合国海洋货物运输公约》，并于1978年3月6日在德国汉堡召开的联合国海洋货物运输会议上通过，故该公约也被称为《汉堡规则》。

我国虽然尚未加入《海牙规则》《维斯比规则》《汉堡规则》，但是我国海商法基本上是以《维斯比规则》为基础，吸收了其中比较成熟和合理的内容。具体而言，关于适航、管理货物、禁止不合理绕航，以及承运人免责和责任限制等，采纳了《维斯比规则》的规定。承运人责任期间延迟交付、活动物和甲板货运输、提单、托运人责任、实际承运人等，则参照或吸收了《汉堡规则》。因此，我国海商法与国际海商海事实践基本是接轨的。

《海牙规则》共16条。《维斯比规则》是在《海牙规则》的基础上稍作修改而形成的，共17条。《汉堡规则》分7章34条，该公约对以《海牙规则》为基础而建立的船货风险承担制度进行了全面的改进，扩大了承运人的责任。总的来讲，这三个国际公约实质上的区别主要表现在以下几个方面。

（1）公约适用范围不同。《海牙规则》只适用于缔约国所签发的提单。因此，如果当事人各方没有事先约定，那么，对同一航运公司所经营的同一航线上来往的不同货物可能就会出现有的适用《海牙规则》、有的则不能适用《海牙规则》的情况。《汉堡规则》不仅规定公约适用于两个不同缔约国间的所有海上运输合同，而且规定了被告所在地、提单签发地、装货港、卸货港、运输合同指定地点，5个地点之中任何一个在缔约国的都可以适用《汉堡规则》。

（2）承运人的责任基础不同。《海牙规则》对承运人的责任基础采用了"不完全过失原则"。"不完全过失原则"是相对于"过失原则"（即有过失即负责，无过失即不负责）而言的。《海牙规则》总的规定是要求承运人对自己的过失承担责任，但同时又规定"船长、船员、引航员或承运人的雇佣人员在驾驶或管理船舶上的行为、疏忽或不履行契约"可以要求免责，虽然有过失也无须负责，也就是不完全过失原则。《维斯比规则》对承运人的责任基础仍然采用了"不完全过失原则"。《汉堡规则》对承运人的责任基础改为"推定的完全过失原则"，从而大大加重了承运人的责任。具体来说，它不仅以是否存在过失来决定承运人是否负责，而且规定举证责任也要由承运人承担。

（3）承运人的责任期间不同。《海牙规则》规定，承运人的责任期间是自货物装上船舶开始至卸离船舶为止的一段时间，有人称为"钩至钩"。《维斯比规则》规定的承运人的责任期间和《海牙规则》一样。《汉堡规则》则将承运人的责任期间扩大为承运人或其代理人从托运人或托运人的代理人手中接管货物时起，至承运人将货物交付收货人或收货人的代理人时止，包括装货港、运输途中、卸货港、集装箱堆场或集装箱货运站在内的承运人掌管的全部期间，简称"港到港"。

（4）承运人的最高责任赔偿限额不同。从《海牙规则》到《汉堡规则》，依次提高了对每单位货物的最高赔偿金额。《海牙规则》规定，船东或承运人对货物或与货物有关的灭失或损坏的赔偿金额不超过每件或每单位100英镑或相当于100英镑的等值货币。《维斯比规则》将最高赔偿金额提高为每件或每单位10000金法郎或按灭失或受损货物毛重计算，每千克30金法郎，两者以较高金额为准。同时，明确一个金法郎是一个含有 66.5mg 黄金、纯度为 900‰ 的单位。《汉堡规则》再次将承运人的最高赔偿责任增加至每件或每货运单位 835 特别提款权，或每千克 2.5 特别提款权，两者以金额高的为准。

（5）对灭失或损害货物的计量方法不同。《海牙规则》是以每件或每单位来计量货物的。《维斯比规则》和《汉堡规则》都规定，如果以集装箱或托盘或类似集装运输工具运送货物，当提单载明运输工具内货物的包数或件数时，以集装箱或托盘所载货物的每一小件为单位，逐件赔偿。当提单内未载明货物具体件数时，则以一个集装箱或一个托盘作为一件货物进行赔偿。

（6）对货物的定义不同。《海牙规则》对货物定义的范围较窄，将活动物、甲板货都排除在外。《汉堡规则》扩大了货物的定义，不仅把活动物、甲板货列入货物范畴，而且包括了集装箱和托盘等包装运输工具。

（7）对承运人延迟交货责任的规定不同。《维斯比规则》对延迟交货未做任何规定。《汉堡规则》在第 2 条规定："如果货物未能在明确议定的时间内，或虽无此项议定，但未能在考虑到实际情况对一个勤勉的承运人所能合理要求的时间内，在海上运输合同所规定的卸货港交货，即为延迟交付。"承运人要对延迟交付承担赔偿责任。赔偿范围包括滞销损失、利息损失，以及停工停产损失。赔偿金额最多为延迟交付货物所应支付运费的 2.5 倍，且不应超过合同运费的总额。

（8）诉讼时效不同。《海牙规则》的诉讼时效为 1 年。1 年后，在任何情况下，承运人和船舶都被解除对灭失或损害的一切责任。《维斯比规则》规定，诉讼时效经当事各方同意可以延长，在 1 年诉讼时效期满后，仍有 3 个月的宽限期。《汉堡规则》一方面直接将诉讼时效延长至两年，另一方面仍旧保留了《维斯比规则》90 天追赔诉讼时效的规定。

除以上各条外，《汉堡规则》还在海上运输合同的定义、举证责任等方面有别于《维斯比规则》，扩大了承运人的责任范围。

本章小结

本章首先界定了国际海运物流的核心特征、货物分类及国际海运业的发展动向，为理解海运物流奠定了坚实的基础。其次，深入探讨了班轮运输与租船运输的概念和特点，梳理了两种运输业务的运作流程与具体内容。再次，细致阐述了国际海运提单的定义和作用、各类提单的特点、流转程序和填制规范，为海运文件处理提供了详细指南。复次，介绍了国际海运组织的构成和国际海运公约的重要性，强调了国际海运法规和组织的中心地位。最后，系统分析了海运货运事故的种类、原因及其处理方法，为海运事故管理提供了关键的见解。

 即测即练

 复习思考题

1. 简述国际海洋货物运输的国际性特点。
2. 简述班轮运输的特点。
3. 租船运输的相关概念有哪些？
4. 简述计算班轮运费的基本步骤。
5. 简述海运提单的一般流转程序。

第四章　国际航空运输

学习目标

1. 了解国际航空货物运输的特点和工具。
2. 熟悉国际航空运输的经营方式、流程及单证。
3. 掌握国际航空运输的运价与运费计算方法。

能力目标

1. 了解国际航空货物运输的特点,培养学生对国际航空货物运输工具的基本认知。
2. 熟悉国际航空运输的经营方式及各项流程,培养学生的国际航空货运调度能力。
3. 掌握国际航空运输的运价与运费计算方法,增强学生对资金流的把控和认知。

思维导图

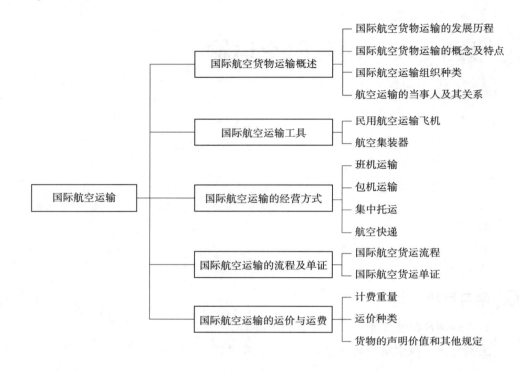

导入案例

案例名称：深圳机场国际业务发展迅速，服务"一带一路"倡议

教学微视频

第一节　国际航空货物运输概述

一、国际航空货物运输的发展历程

第一次世界大战结束后，一些欧美国家开始使用飞机进行人员、邮件、货物的运输。那时的航空货运仅限于一些航空邮件和紧急物资。随后，工业发达国家开始研制新型运输机，从而进行远程、越洋飞行。第二次世界大战期间，喷气技术开始应用于航空领域，军用运输机也取得了巨大的进步，航空运输的设施设备得到不断完善。随着航空工业的不断发展，一些国家和地区已经初步形成了国际航空线网。

第二次世界大战结束后，军用飞机转向民用，宽体飞机和全货机的发展使航空货运的地位日益重要。运输速度快、无地形限制、安全准时、节省费用、手续简便等优势，使航空运输迅速发展。航空运输在国际贸易运输中的地位日益显著，全球定期航线网络也在逐步建立。20世纪50年代初，大型民用运输机相继问世，20世纪60年代，航空运输已进入现代化时代。如今，国际航空运输已成为体量庞大的行业，全球航空网络覆盖了各国主要城市。

在航空货运蓬勃发展的大背景下，我国的民航事业在新中国成立后也重新创办并发展起来。1958年，我国与二十几个国家建立了航空运输线路。然而，我国在很长一段时间内通过航空运输进出口的货物极少。改革开放之后，随着对外贸易和民航业务的同步发展，我国国际航空运输范围不断扩大。截至2023年，我国已拥有5206条定期航班航线，航线总里程按重复距离计算已达到1227.81万km。我国的航空运输网络已成为全球航空运输的重要组成部分。

二、国际航空货物运输的概念及特点

航空货物运输是指使用飞机、直升机及其他航空器运送货物或邮件的运输方式，它是一种商业活动。国际航空货物运输，简称国际航空运输，是指通过航空运输方式在世界进行货物的运输和交付过程。它通常涵盖各种类型的货物，包括但不限于商业商品、工业原材料、农产品、电子设备、医药品和重要文件等，在促进国际贸易、供应链畅通，以及全球经济发展等方面提供了关键推动力。

（一）国际航空货物运输的优势

国际航空货物运输作为实现快捷货运和多式联运的重要方式，其优势有以下几点。

1. 运输速度快

航空货运的工具为飞机，其飞行速度为 600~800 km/h，比其他交通工具要快得多，因此是国际市场竞争的有力手段。

2. 货损率低，安全性好

航空运输的保管制度相对于其他运输方式来说更加严格和完善，使货物破损的情况大大减少，安全性更好，因此，航空运输通常被用来运送价值较高的货物。

3. 节约费用

由于航空运输速度快，货物在途时间短，周转速度快，企业存货减少，仓储、保险和利息等费用得以降低。再加上航空运输安全性高，可以适当简化包装，也降低了包装成本。

4. 受地面条件限制小

飞机不受地面条件限制，受航线条件限制的程度也比火车和轮船小得多，机动性较大，可以连接任意两个遥远地点，在紧急救援等任务中发挥着不可替代的作用。

5. 建设周期短，投资少

相对于修建铁路和公路，发展航空运输在硬件设施上只用修建机场、购置飞机，因此建设周期更短，投资也更少，能够更快投入运营、回收成本。

（二）国际航空货物运输的局限

然而，国际航空货物运输也存在一些局限，概括来看，有以下几点。

1. 载重有限

飞机本身的载重和容积存在限制，世界上最大的全货机 An-225 装载量为 250t，相对于海运几万吨、几十万吨的载重量而言小很多。

2. 运价较高

由于航空货运技术要求高，运输成本高，维护和保养成本高，导致它的运价要高于其他几种运输方式。

3. 受气象条件限制大

航空货物运输易受到天气的影响，如遇狂风暴雨等恶劣天气，航班极有可能被推迟，从而影响收发货物的准时性。

4. 可达性差

仅凭航空运输很难实现"门到门"的物流服务，通常需要与汽车等其他运输工具结合使用。

综上所述，国际航空货物运输适合运送高附加值、低重量、小体积的物品，急快件，以及对时效性和季节性有要求的货物。

三、国际航空运输组织种类

（一）国际民用航空组织

国际民用航空组织（International Civil Aviation Organization，ICAO）是联合国的一个专门机构，成立于1944年，总部位于加拿大蒙特利尔。截至2023年，国际民用航空组织包含193个成员国，常设机构为理事会，成员大会为该组织最高权力机构，每3年开会一次。国际民用航空组织理事会由三类理事国组成：一类理事国由在航空运输方面占主要地位的国家组成，二类理事国由在为国际民用航空的空中航行提供设施方面贡献最大的国家组成，三类理事国由确保世界上各主要地理区域在理事会中均有代表的国家组成。我国于1974年正式加入该组织，在2004年国际民用航空组织第35届大会上当选一类理事国并连任至今。

国际民用航空组织的主要职责是协调世界各国政府在民用航空领域内的各种经济和法律事务，制定航空技术国际标准。该组织通过的文件具有法律效力，各成员必须严格遵守。该组织的宗旨是保障《国际民用航空公约》的实施，制定国际空中航行原则，发展国际航行的原则和技术，促进国际航空运输的规划和发展，防止因不合理的竞争造成经济上的浪费，保证缔约各国的权利得到充分尊重，每个缔约国均有经营国际空运企业的公平机会等。

（二）国际航空运输协会

国际航空运输协会（International Air Transport Association，IATA）是由世界航空运输企业自愿联合组成的非政府性国际组织，代表了120多个国家和地区的约300家航空公司，是全世界航空公司中最大的国际性民间组织。该组织于1945年4月在古巴哈瓦那成立，总部设在加拿大蒙特利尔，其前身是1919年在海牙成立的仅有6家航空公司参加的国际航空交通协会（International Air Traffic Association）。该协会在全球设有5个地区办事处：北亚地区办事处（中国北京），亚太地区办事处（新加坡）、非洲中东地区办事处（约旦安曼）、欧洲地区办事处（西班牙马德里）、美洲地区办事处（美国迈阿密）。

国际航空运输协会的活动一般分为行业协会活动和运价协调活动两大类，主要任务为制定国际航空客货运输价格、运载规则和运输手续,协助航空运输企业间的财务结算。该组织的宗旨是:为了世界人民的利益,促进安全、正常而经济的航空运输,扶持航空交通,并研究与此有关的问题;为直接或间接从事国际航空运输工作的各空运企业提供合作的途径;与国际民航组织以及其他国际组织通力合作。

(三)国际航空电信协会

国际航空电信协会(Society International de Telecommunication Aeronautiques,SITA)是联合国民航组织认可的一个非营利性组织,是航空运输业内世界领先的电信和信息技术解决方案的集成供应商。该组织于1949年12月在比利时布鲁塞尔成立,目前在全世界拥有650家航空公司会员,其网络覆盖全球180个国家和地区。中国民航于1980年5月加入SITA,将通信网络与SITA相联通,实现了大部分城市的自动化订座。

国际航空电信协会经营着世界上最大的专用电信网络,建立、运行着两个数据处理中心:一个是设在美国亚特兰大的旅客信息处理中心,主要提供自动订座、离港控制、行李查询、旅客订座和旅行信息等服务;另一个是设在英国伦敦的数据处理中心,主要负责货运、飞行计划处理和行政事务处理业务。该组织的宗旨是带动全球航空业使用信息技术,提高全球航空公司的竞争能力。

三大国际航空组织缩写及标志见表4-1。

表4-1 三大国际航空组织缩写及标志

名称	缩写	标识
国际民用航空组织	ICAO	
国际航空运输协会	IATA	
国际航空电信协会	SITA	

四、航空运输的当事人及其关系

国际航空货运的当事人包含以下四类：发货人、收货人、航空公司和空运代理。

发货人：指要进行空运的货物的所有者人或发起运输的一方。发货人可以是生产或销售企业，也可以是个人。发货人需要将货物交给航空或货运公司，由其安排运输。

收货人：指空运货物的最终接收人。收货人可以是购买货物的企业或个人，也可以是货主委托的代收机构。航空公司或空运代理会按照货运单和指示将货物交付给收货人。

航空公司：是指实际操作货物空运的企业，又称承运人。航空公司与发货人或空运代理签订运输合同并按照要求提供运输服务。它利用自己的飞机和运力进行货物的收运和交付，大多数航空公司经营定期航班（法航、日航、德航），也有只提供包机服务的公司（卢森堡货运航空公司、马丁航空公司），还有些公司专职代理国外航企的货运行为（美国西北航空公司、美国飞虎航空公司）。

空运代理：指代理货主与航空公司进行货运互动的中介机构，即航空货运公司。空运代理提供货运档案管理、订舱和装箱等始发站服务，也可以提供目的地的收货、报关和转运等服务。需要注意的是，航空货运公司可以是货主的代理，也可以是航空公司的代理，有时也可兼具双功能。

空运当事人的责任划分如图 4-1 所示。

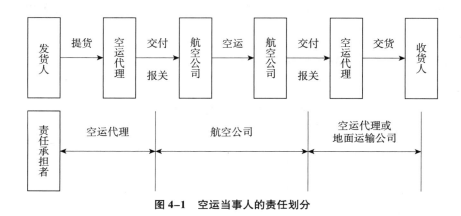

图 4-1　空运当事人的责任划分

第二节　国际航空运输工具

一、民用航空运输飞机

（一）飞机的舱位结构

飞机通常分为两种舱位，分别为主舱（main deck）和下舱（lower deck），如中国大型运输机运-20。但有些特殊机型并不只有两种舱位，如波音747，分为上舱（upper deck）、主舱和下舱三种舱位。

（二）机型的分类

1. 按机身的宽窄划分

（1）窄体飞机。窄体飞机的机身宽仅为3m左右，旅客座位被一条走廊划分开，这类飞机往往只在其下舱装载和运输散货。常见的窄体飞机机型见表4-2。

表 4-2　常见的窄体飞机机型

厂商	机型
Airbus Industries	A318、A319、A320、A321
Boeing	B707、B717、B727、B737、B757
Fokker	F100
McDonnell Douglas	DC-8、DC-9、MD-80series、MD90
Antonov	AN-72/74

（2）宽体飞机。宽体飞机的机身相对较宽，一般大于4.72m，客舱内有三排座椅，间隔两条走廊。由于机身宽，这类飞机通常可以装运散货和集装箱货物，如图4-2所示。

常见的宽体飞机机型见表4-3。

表 4-3　常见的宽体飞机机型

厂商	机型
Airbus Industries	A300-B、A310、A330、A380
Boeing	B747、B767、B777、B787
McDonnell Douglas	DC-10、MD-11
Antonov	AN-124

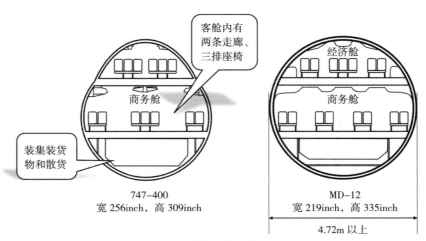

图 4-2 宽体飞机客货舱

2. 按飞机使用用途划分

（1）全货机（all cargo aircraft）。全货机的主舱及下舱全部载货，如 B737-200F。

（2）全客机（passenger aircraft）。全客机的主舱全部装载旅客，只在下舱载货，如 B737-800。

（3）客货混用机（mixed aircraft）。客货混用机在主舱前部设有旅客座椅，后部可装载货物，下舱也可以装载货物，如 B747-357M。

3. 按载货的类型划分

（1）散货型飞机（bulk cargo aircraft）。窄体飞机的下舱属非集装货舱，因此该类机型绝大部分属于散货型飞机。

（2）集装型飞机（ULD cargo aircraft）。全货机及宽体客机均属集装型飞机，可装载集装设备。

4. 按飞行航程划分

（1）短途机（short-haul aircraft）。航程通常在 1000km 以内，如空客 A320。

（2）中途机（medium-haul aircraft）。航程通常在 1000~4000km，如波音 767。

（3）长途机（long-haul aircraft）。航程通常在 4000~12000km，如波音 777。

（4）超长途机（ultra long-haul aircraft）。航程通常大于 12000km，如空客 A380。

5. 按动力系统划分

（1）涡轮螺旋桨发动机飞机（turboprop aircraft）。这类飞机使用涡轮螺旋桨发动机作为动力，如 ATR 72、运 -7，其优点是经济燃料效率高，噪声较低，目前主要用于短距离运输。

（2）涡轮喷气发动机飞机（turbojet aircraft）。这类飞机使用涡轮喷气发动机，如空客 A320 系列、波音 737 系列，其优点是推力大，速度快，是中短程运输的主力机型。

（3）涡轮扇发动机飞机（turbofan aircraft）。这类飞机融合了涡轮螺旋桨与涡轮喷气机的优点，如波音 777、空客 A350，发动机效率更高，主要应用于长航程客机。

（三）飞机的装载限制

1. 重量限制

飞机在设计制造阶段就规定了各个货舱可负载的最大重量限额。窄体飞机运载的货物，每件重量通常小于 80kg。宽体飞机运载的货物，每件重量通常小于 250kg。一旦每件货物重量高于上述限额，则必须确认是否满足机舱地板承受力及相关各个航站的装卸条件，若满足即可收运。

2. 容积限制

由于货舱内可利用的空间有限，因此，容积也是运输货物的条件限制之一。在测量货物尺寸时，无论其形状是否规则，均以最长、最宽、最高边为准，测量结果的单位通常为厘米。通常来说，货物的长、宽、高三边之和不得小于 40cm，且最小的一边不得小于 5cm，不符合上述规定的小件货物应加大包装方可交运。

3. 舱门限制

由于货物只能通过舱门装入货舱，货物的尺寸必然会受到舱门的限制。不同机型的舱门大小不同，所载运货物的最大长、宽、高（包含垫板）尺寸不得超过舱门尺寸限制。

4. 地板承受力

飞机货舱内每平方米的地板只能承受一定的重量，货舱的材料、尺寸、位置等因素都会影响地板承受力。如果载重超过承受限额，地板和飞机结构很有可能受到损害，因此，装载货物时务必注意地板承受力。表 4-4 是空客系列和波音系列机型的地板承受限额。

表 4-4　空客和波音系列机型的地板承受限额

舱位	空客系列	波音系列
下货舱散舱（kg/m^2）	732	732
下货舱集货舱（kg/m^2）	1050	976

地板承受力计算公式为

$$地板承受力（kg/m^2）=\frac{货物重量（kg）}{货物底部与机舱接触面积（m^2）}$$

当货物重量过大时，可加一个 2~5cm 厚的垫板，以增加货物底部与机舱的接触面积，从而减少货物对机舱的单位压力。最小垫板面积的计算公式为

$$最小垫板面积（m^2）=\frac{货物重量（kg）+垫板重量（kg）}{适用机型的地板承受力（kg/m^2）}$$

理论上，垫板本身也有重量，一定程度上会增加对机舱的压力。但在实践中，垫板的重量往往远小于货物重量，因此通常忽略垫板重量以简化计算，最后在得出的最小垫板面积上乘以 120% 以保证安全。

二、航空集装器

（一）航空集装器的概念

航空集装器是指在飞机上用来装载货物、邮件和行李的标准化货运装置，包括各种类型的集装箱、集装板及其网套、锁扣、角绳等。航空集装器实现了货物的标准化、模块化装运，既保护了货物，又简化了货物处理，使得运输质量和效率大幅提高，如今已成为航空货运的重要装备。

（二）航空集装器的种类

1. 组合结构的集装器

（1）飞机集装板和网罩。集装板是一种按机型要求，由铝合金或复合材料制成的货运辅助设备，厚度一般不超过 2.54cm，高度受不同机型货舱高度以及装载位置的限制而有所变化。使用时，将货物集中放在板上并用网罩固定，达到速装速卸、保护货物的目的。常见的集装板尺寸有 224cm×318cm、224cm×274cm、244cm×606cm、244cm×318cm。

（2）飞机集装板、网罩和无结构拱形盖板。无结构拱形盖板是用于覆盖飞机货舱的一种盖板结构，采用航空级高强度铝合金或复合材料制成拱形状，与货舱

壁体严丝合缝地连接，具有较高的刚度和结构强度。无结构拱形盖板与集装板可通用，外面用网罩进行固定。

2. 全结构的集装器

（1）下货舱集装箱。下货舱集装箱是设置在飞机下货舱的一种标准集装设备，只能装在宽体飞机下部集装箱舱内。集装箱有全型和半型两种类型，全型集装箱的长度、宽度和高度均为标准尺寸的整数倍，半型集装箱的长度或宽度为标准尺寸的一半，高度为标准高度。机舱内通常可放入一个全型或两个半型的下货舱集装箱，高度不得超过163cm。

（2）主货舱集装箱。主货舱集装箱是设置在飞机主货舱内的标准集装设备，只能装在货机或客货机的主货舱内，集装箱高度一般超过163cm。

（3）有结构拱形集装箱。有结构拱形集装箱是一种用于飞机货运的集装设备，其结构融合了集装箱和拱形顶盖的特点。当无结构拱形盖板具备前部和底部，并摆脱网罩固定可单独使用时，就变成了有结构拱形集装箱。

（三）航空集装器实例

表4-5列出了中国国际货运航空有限公司常见的集装板和集装箱的类型、图示和规格参数。

表4-5　常见集装板和集装箱的类型、图示和规格参数

类型	图示	规格参数
AKE 集装箱		IATA 代码：LD3 规格尺寸：156cm×153cm×163cm 可用容积：152cu.ft，4.3m³ 净　　重：73kg（布门）/100kg（金属门） 最大毛重：1588kg 适用机型：B747、B747F、B747Combi、B767、B777、A330、A340 等机型下货舱
AMP 集装箱		IATA 代码：AM 规格尺寸：318cm×244cm×163cm 可用容积：11.5m³ 净　　重：200kg 最大毛重：6804kg 适用机型：B747、B747F、B747Combi、B767、B777、A330、A340 等机型下货舱，B747F、B747Combi 主货舱

续表

类型	图示	规格参数
HMJ 集装箱		IATA 代码：HM 规格尺寸：318cm×244cm×235cm 可用容积：18m³ 净　　重：805kg 最大毛重：3800kg 适用机型：B747F、B747Combi 主货舱
PAG 集装板		类　　型：PA 规格尺寸：318cm×224cm 净　　重：120kg 最大毛重：6033kg 适用机型：B747、B747F、B767、B777、A330、A340 等机型下货舱，B747F、B747Combi 主货舱和下货舱
PRA 集装板		类　　型：PR 规格尺寸：498cm×244cm×300cm 净　　重：400kg 最大毛重：11340kg 适用机型：B747F、B747Combi 主货舱

（四）航空集装器代码

每个集装器都有各自的代码，即 IATA 编号，这是由国际航空运输协会制定的集装器编码识别系统，由 9 位字母与数字组成。其代码结构如图 4-3 所示。

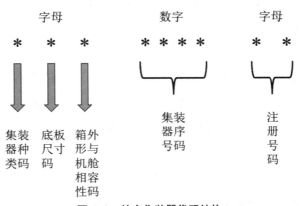

图 4-3　航空集装器代码结构

IATA 编号的首位字母表示集装器的种类，第 2 位字母表示集装器的底板尺寸，第 3 位表示集装器的外形以及与飞机的适配性，第 4~7 位数字表示序号，第 8、9 位字母表示所有人、注册人。例如，某集装器代码是 PAP2233CA，其含义见表 4-6。

表 4-6 集装器代码的含义

位置	字母或数字	含义	说明
1	字母	集装器的种类	P：注册飞机集装板
2	字母	底板尺寸	A：224cm×218cm
3	字母	外形或适配性	P：适用于 B747COMB 上舱及 B747、DC10、L1011、A310 下舱的集装板
4、5、6、7	数字	序号	2233
8、9	字母	所有人、注册人	CA

注：以下是集装器种类的字母代码，其中 A 代表注册的飞机集装器，B 代表非注册的飞机集装器，F 代表注册的飞机集装板，G 代表非注册的集装板网套，J 代表保温的非机构集装棚，M 代表保温的非注册的飞机集装箱，N 代表注册的飞机集装板网套，P 代表注册的飞机集装板，R 代表注册的飞机保温箱，U 代表非机构集装棚。

（五）集装货物的基本原则

1. 大不压小、重不压轻原则

一般情况下，大货、重货装在集装板上，并尽量向集装器下层中央集中码放，重量较大但底部面积较小或底部为金属材质的货物必须使用垫板。体积较小、重量较轻的货物装在集装箱内，放在集装器中上层。对于危险物品或形状特异可能危害飞机安全的货物，应使用绳、带将其捆绑固定或用填充物将集装器塞满。合理码放货物应做到大不压小、重不压轻、木箱或铁箱不压纸箱。同一卸机站的货物应装在同一集装器上，一票货物应尽可能地集中装在一个集装器上，避免分散装在不同的集装器上。

2. 合理利用原则

合理使用集装箱内部空间，货物须进行整齐、紧凑的垂直堆叠，间隙越小越好，以增加货舱搭载量。同理，装在集装板上的货物也要码放整齐，上下层货物之间要相互交错，骑缝码放，避免货物坍塌、滑落。

3. 锁固原则

集装箱要能够将货物牢靠地固定在飞机的货舱内，防止货物移动。如果集装箱内货物的体积小于集装箱容积的 2/3，需要对货物进行捆绑固定。

第三节　国际航空运输的经营方式

一、班机运输

（一）班机运输的定义

班机运输（scheduled airline）是指航空公司根据班期时刻表按规定航线运输乘客和货物的服务，一般有固定的始发站、经停站和到达站。班机运输按照业务对象可分为客运航班、货运航班及客货混合航班，其中客货混装是班机运输的主要形式。

关于班机运输的工具，一般航空公司通常使用客货混合型飞机，上舱搭载乘客，下舱运送小批量货物。一些规模较大的航空公司在一些航线上开辟使用全货机运输的定期货运航班，只进行货物运输。

（二）班机运输的特点

（1）班机运输的航线、时间固定，并且拥有广泛的运输网络，因此国际货物常使用班机运输方式进行流通，能够安全、迅速地到达各目的地。

（2）收、发货人根据预订的航班时间表选择适合的航班，能够确切掌握货物发出和到达的时间，有利于运输贵重商品，以及时效性要求高的货物。

（3）班机运输通常是客货混载，舱位有限，因此不能使大批量的货物及时出运，仅适用于个人旅行或少量货物的运输，费用相对较低。

二、包机运输

包机运输（chartered carrier）是指客户租用整架飞机或货机来满足特定需求的航空运输方式。这种运输方式针对有特定需求的客户，无固定航线和时间，费率灵活，由与收、发货人及航空公司洽谈的包机合同决定一切。包机运输按照包租范围可分为整架包机和部分包机两种形式。与班机运输相比，包机运输更加灵活和定制化，适用于特殊情况或特定需求。

（一）整架包机

整架包机是指航空公司或包机代理公司按照与租机人事先约定的条件和费率，将整架飞机租给客户，包括飞机的所有座位或货舱空间。租机人可以根据自己的需求和预算，完全控制飞机的使用，包括航班时间、路线、经停站等。

包机的费用一次一议，随市场供求情况变化，原则上按每飞行千米固定费率收取,空放费按每飞行千米费用的80%计算。因此,为增加包机运输效益,应争取往返都有货载,否则运费较高。

(二)部分包机

部分包机是由几家航空货运公司或发货人联合包租一架飞机,或者由航空公司把一架飞机的舱位分别租给几家航空货运公司装载货物。部分包机适用于货量较大,但不足载满整架飞机舱位的货物运输。

相对于班机运输,包机运输解决了舱位不足的问题,运输更加灵活,避免中转。货物均由包机运出,避免了多次发货的手续,节省时间,减少货损、货差或丢失的现象。它还解决了海鲜品、活动物的运输问题。然而,为保护本国航空公司利益,各国政府常对外国包机运营商实施各种限制。例如,对包机活动范围、降落地点有限制。若需在指定地点之外降落,必须向当地政府申请并获得批准(如申请入境、领空和降落点)。

三、集中托运

(一)集中托运的定义

集中托运(consolidation)是指航空货运代理公司将若干批单独发运的、发往同一方向的货物集中起来作为一整批,填写一份航空总运单发运到同一目的地,由集中托运人委托到达站的代理收货、报关,并按集中托运人签发的航空分运单分拨给各实际收货人的一种运输方式,它普遍应用在国际航空货运界。集中托运过程如图4-4所示。

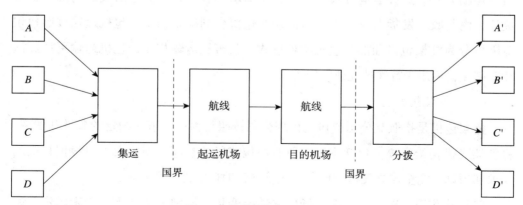

图4-4 航空货物集运过程示意

（二）集中托运的特点

1. 集中托运的优点

（1）节省运费。集中托运可以实现货物的批量化运输，减少了分散托运的成本，因此，航空货运公司集中托运的运价一般都低于航空协会的运价，可以为发货人降低成本。

（2）提高效率。通过集中托运，货物可以在同一时间内集中起来，提高交货的准时性，避免了不必要的运输等待时间。此外，将货物交付航空货运代理后即可取得货物分运单，发货人可持分运单到银行尽早办理结汇。

（3）便于管理。集中托运能够简化物流管理流程，发货人和承运人可以通过集中托运的方式，减少沟通和协调的复杂性。集中托运还有助于跟踪和监控货物的运输状态，提供更好的物流可视化和信息流动服务。

2. 集中托运的弊端

（1）运输对象的限制。根据航空公司规定，集中托运只适合办理普通货物，对于等级运价的货物，如贵重物品、活动物、危险品等，不能采用这种运输形式。

（2）运输地点的限制。只有目的地相同或邻近的货物才能办理集中托运，如运往韩国和加拿大的货物就无法办理集中托运。

（3）运输风险集中。集中托运将多方货物集中在一起，如果发生事故、损失或延误，可能会对多方货物产生影响，在某种程度上增加了风险。

目前，集中托运方式在全球广泛应用，各国组织建立了健全、有效的服务体系，推动国际贸易和科技文化交流。集中托运也成为我国进出口货物的主要运输方式。

四、航空快递

（一）航空快递的定义

航空快递（air express），又称航空快运或航空速递，是指具有独立法人资格的航空或快递公司将进出境货物从发货人所在地通过自身或代理网络运送至收件人的一种快速运输方式。这种运输方式中，被称为"快件"的货物可分为快件文件和快件包裹两大类。快件文件主要包括商务文件、资料、银行单证、合同等，快件包裹则指小型样品、返修零配件等。这种运输方式适用于需要快速递送的货物，以及长距离运输的货物。业务流程如图 4-5 所示。

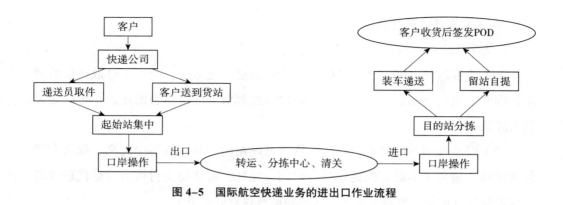

图 4-5　国际航空快递业务的进出口作业流程

（二）航空快递的主要形式

（1）门到门服务（door to door）。发件人发货前联系快递企业说明需求，快递企业随即派员工到发件人处取件，并将需要发运的快件根据不同的目的地进行分拣、整理、核对、制单、报关，再通过航空运输将快件运达至目的地。快件到达中转站或目的地机场后，由所在地快递企业负责办理清关、提货手续，最后将快件送达收货人并将派送信息及时反馈到发件地的快递企业。门到门服务是最方便、最简单，也是如今使用最为普遍的航空快递形式。

（2）门到机场服务（door to airport）。在这种航空快递业务中，快递企业只负责将快件送达目的地机场，再将到货信息告知收件人，由收件人自己或委托其他企业办理清关手续。采用该形式进行航空快递的物品一般为价值较高，或海关当局有特殊规定的物品。

（3）专人派送服务（courier on board）。这种形式又称"手提"，指负责发件的快递企业指派专人携带发货人的快件，采用最快捷的交通方式，在最短的时间内将快件送达收件人。专人派送通常在特殊情况下使用，从而确保货物的安全和交货时间，其费用高于另外两种形式。

（三）航空快递的特点

航空快递和普通的航空货运有许多共同之处，例如运输的程序和相关手续、报关单证基本相同，且都要与收、发货人及承运人办理交、接货物的手续。但航空快递作为一项独立存在的专门业务，亦存在很多其他运输方式所不具备的优势。与普通航空货运业务和国际邮政业务相比，航空快递具有以下特点。

（1）快速性。航空快递是一种专门提供快速货物的服务，且业务一般由专人负责，减少了内部交接环节，缩短了衔接时间。因此，与普通航空货运和国际邮政相比，航空快递运输时间更短，货运速度更快，适用于紧急和时间敏感的货物。

（2）可追踪性。高度的信息化控制使得航空快递在整个运输过程中都处于电脑的监控之下，因此发货人、收货人能够通过在线平台实时追踪货物的运输状态和预计送达时间，提供更好的可视性和可控性。

（3）灵活性。航空快递提供的运输选择方案更加灵活，客户可以根据自身需求，选择不同的快递服务等级和运输方案，来满足其不同的货运要求。

第四节　国际航空运输的流程及单证

一、国际航空货运流程

航空货运流程是指为了满足发货人的需求而对运输全过程进行物流、信息流控制与管理的过程。此处以国际航空货运程序为例，介绍航空货运的出港业务程序和进港业务程序。

（一）航空货运出港程序

航空货运出港操作程序是指自托运人将物品交给航空公司，直到物品装上飞机的整个操作流程。航空货运出港操作程序如图4-6所示。

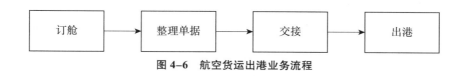

图4-6　航空货运出港业务流程

（1）订舱。在装运航空货物前，托运人需向航空公司预订货机上的运力。根据运输的货物重量、体积、起运地和目的地等信息，航空公司会评估需要的舱位数量和类型，以及相应的运费价格，并根据航线运力情况来决定是否接受订舱请求。一旦双方就舱位数量、价格达成一致，航空公司会签发舱位确认书，并填写订舱单，以便航空公司的吨控、配载部门掌握情况。

（2）整理单据。在订舱确定后，托运人会收集装箱单、提单、报关单等各类运输单证，核对信息，尤其要检查货物描述、重量、件数等关键信息。同时，还会仔细核对航空公司提供的舱位资料，以及相应的运费价格、交货期限等内容，确保单证一致，顺利出港。

（3）交接。托运人在货物装运前，要在约定时间将提单等单证交给航空公司，以正式交接货物。交接前，托运人会进行最后一次检查，填制交接清单。航空公司工作人员会现场查看货物，确保货物信息和提单等单据相符合，然后签字接收，将物品存入出港仓库。完成交接后，航空公司即对货物负责。

（4）出港。航空公司接收货物后，会进入安检程序，使用X光机等设备检查货物，确保无违禁品。工作人员也会对货物的重量、件数、标记等进行复验，然后按照装载计划将货物装上集装箱或直接搭载飞机。完成后，航空公司会将航班的客货资料提交给机场，以办理机场出港手续。机场对航班进行最后出港放行检查，确保程序完备后即可起飞，完成全部出港流程。

（二）航空货运进港程序

航空货运进港操作程序是指从飞机到达目的地机场，承运人把货物卸下飞机直到交给收件人的物流、信息流的实现和控制以及管理的全过程。航空货运进港业务流程如图4-7所示。

图4-7 航空货运进港业务流程

（1）进港航班预报。当航班抵达目的地机场后，机场流量控制会立即通知地面服务代理公司该航班的具体进港时间。地面服务代理公司接到预报后，会确认该航班的相关货运信息，包括运单号、货物件数、重量等，以及需要使用的装卸设备和车辆数量。这些信息需要在航班实际到站前准备就绪，以保证运作的高效性。

（2）单证处理。进港航班的相关单证资料，包括载货清单、提单等，会在航班到达前送达地面服务公司。工作人员会核对单证信息，在每份货运单的正本上加盖或书写到达航班的航班号和日期。认真审核货运单，注意运单上所列目的港、代理公司、品名和运输保管注意事项，以确保提货交接的顺利进行。若发现任何差异，需要及时通知客户和航空公司以便处理。

（3）发到货通知。当航班实际进港落地后，地面服务公司将立即通知收货客户该批货物已送达，提供详细的航班信息。客户接到通知后，可以按提前约定的时间到场，办理提货手续。快速、准确的到货通知可以帮助客户安排提货的人力和车辆，提高效率。

（4）交接。在最后的交接阶段，地面服务公司会对客户出示的提货相关单证信息进行核验，收货人也会对货件的数量、外观包装等进行检查。若一切正常，客户在提货单上签字确认，地面服务公司交付货物，至此完成整个进港和提货环节。

二、国际航空货运单证

（一）托运书

1. 托运书的概念

托运书（shipper's letter of instruction，SLI）是托运人与承运人或其代理人之间订立的一份法律运输合同文件，它明确了双方就货物运输所应承担的责任和义务，并列有填制货运单所需的各项内容。持有托运书的托运人有权监督货物运输全过程并获得赔偿，而承运人有权决定具体运输方式并获得运费。《华沙公约》第5条第1款和第5款规定，货运单应由托运人填写，也可由承运人或其代理人代为填写。

2. 托运书的构成

托运书所包含的信息如表4-7所示，内容与货运单基本相似，但不如货运单严格。

表4-7　托运书

中国民用航空局
THE CIVIL AVIATION ADMINISTRATION OF CHINA
国际货物托运署
SHIPPER'S LETTER OF INSTRUCTION
货运单号码
No. OF AIR WAYBILL

		供承运人用 FOR CARRIER USE ONLY	
托运人姓名及地址 SHIPPER'S NAME AND ADDRESS	托运人账号 SHIPPER'S ACCOUNT NUMBER	航班/日期 FLIGHT/DAY	航班/日期 FLIGHT/DAY
收货人姓名及地址 CONSIGNEE'S NAME AND ADDRESS	收货人账号 CONSIGNEE'S ACCOUNT NUMBER	已预留吨位 BOOKED	
代理人的名称和城市 ISSUING CARRIER'S AGENT NAME AND CITY		运费 CHARGES	
始发站 AIRPORT OF DEPARTURE			

续表

到达站 AIRPORT OF DESTINATION				另请通知 ALSO NOTIFY	
托运人声明的价值 SHIPPER'S DECLARED VALUE				保险金额 AMOUNT OF INSURANCE	所附文件 DOCUMENTS TO ACCOMPANY AIR WAYBILL
供运输用 FOR CARRIAGE		供海关用 FOR CUSTOMS			
处理情况（包括包装方式、货物标志及号码等） HANDLING INFORMATION（INCL. METHOD OF PACKING IDENTIFYING MARKS AND NUMBERS. ETC.）					
件数 NO. OF PACK- AGES	实际毛重 （kg）ACTUAL GROSS WEIGHT （KG.）	运价类别 RATE CLASS	收费重量 CHARGEABLE WEIGHT	费率 RATE/ CHARGE	货物品名及数量 （包括体积或尺寸） NATURE AND QUANTITY OF GOODS （INCL. DIMENSIONS OR VOLUME）
托运人证实以上所填全部属实并愿遵守承运人的一切载运章程 THE SHIPPER CERTIFIES THAT THE PARTICULARS ON THE PAGE HEREOF ARE CORRECT AND AGREES TO THE CONDITIONS OF CARRIAGE OF THE CARRIER					
托运人签字 SIGNATURE OF SHIPPER	日期 DATE		经手人 AGENT		日期 DATE

3. 托运书的审核

托运书审核又称合同评审，是指货运代理公司的指定人员在签发托运书前，对托运书的内容进行仔细检查与核对的过程。他们主要审核货物名称、数量、重量、体积、包装形式、运输方式、航班日期、收发信息等关键内容，并对运费计价、付款方式等进行核实，还会检查格式与措辞是否符合规则要求。审核人员必须在托运书上签名和写上日期，以确保托运书的合法、有效。托运书审核的目的是确保托运书上的货物信息准确无误，避免因信息错误出现的货物延误、损失，或对运输过程的不利影响。托运书审核有助于维护双方权益，是运输工作的重要环节。

（二）货运单

1. 货运单的概念

航空货运单是航空货运过程中承运人或其代理人根据托运书内容签发的运输证明文件。它是承托双方确立航空货运法律关系的书面合同，明确了双方的权利义务，以及货物运输的基本信息。航空货运单会载明货物名称、重量、件数、起运地和目的地等关键信息，同时规定运费计算标准、付款方式、责任期限，以及索赔限额等内容。航空货运单的签发标志着承运人正式接收货物并承担运输责任，也是托运人追讨损失的重要法律依据。国际航空货物运单包括由航空公司签发的航空主运单和航空货代公司签发给发货人的航空分运单两种。

2. 货运单的构成

航空货运单所包含的信息如表4-8所示。目前，国际上使用的航空货运单少的有9联，多的有14联。我国国际航空货运单一般由3联正本、6联副本和3联额外副本共12联组成。正本单证具有同等的法律效力，副本单证仅是为了运输使用方便。

3. 货运单的作用

航空货运单是航空货物运输合同当事人所使用的重要的货运文件，其作用归纳如下。

（1）运输合同。航空货运单是航空承运人和托运人之间达成的一份运输合同，上面明确了双方在货物运输过程中应当承担的责任和义务。航空承运人签发运单意味着接受了托运人的托运要求，正式接收货物进行运输。托运人接受运单则表示认可运单上的运输条款。因此，货运单的签发标志着双方对运输条件达成一致并建立了合同关系。

（2）收货凭证。货运单可以作为收货人在目的地向航空承运人提货的凭证，收货人只需出示与货物对应的货运单，就可以证明自己是该批货物的合法接收人。承运人会核对货运单信息后放行提货，避免错误发放货物。综上，货运单是收货人行使货权的重要依据。

（3）货权转移证明。货运单持有人在运单背书后交付运单，可以将货物的所有权转移给其他方。背书交付运单即实现了货权的转让，运单的实际持有人就成为该批货物的合法所有权人，因此货运单在转移货权过程中发挥证明作用。

（4）通关单证。货运单上含有货物名称、数量、重量、运输起点和目的地等信息，这些都是海关进行监管和放行的依据。海关会根据货运单对进出口货物的性质和数量进行核查，因此货运单是通关报关的主要证明单证之一。

（5）索赔证据。如果货物在运输中发生延误、灭失或损坏，货运单作为记录货物收发和运输过程的单证，可以为托运人进行追责或提出索赔提供证据。托运人可以依据货运单的信息证明存在货损。

（6）账款结算凭证。货运单上会标注运费金额以及付款方式，这些信息可作为航空承运人与托运人进行运费账款清算的依据。所以，货运单是核对费用、进行结算的重要凭证。

表 4-8 航空货运单

Shipper's Name and Address | Shipper's Account Number

NOT NEGOTIABLE

Air Waybill

Issued by

Copies 1, 2 and 3 of this Air Waybill are originals and have the same validity.

Consignee's Name and Address | Consignee's Account Number

It is agreed that the goods described herein are accepted in apparent good order and condition (except as noted) for carriage SUBJECT TO THE CONDITIONS OF CONTRACT ON THE REVERSE HEREOF. ALL GOODS MAY BE CARRIED BY ANY OTHER MEANS INCLUDING ROAD OR ANY OTHER CARRIER UNLESS SPECIFIC CONTRARY INSTRUCTIONS ARE GIVEN HEREON BY THE SHIPPER, AND SHIPPER AGREES THAT THE SHIPMENT MAY BE CARRIED VIA INTERMEDIATE STOPPING PLACES WHICH THE CARRIER DEEMS APPROPRIATE. THE SHIPPER'S ATTENTION IS DRAWN TO THE NOTICE CONCERNING CARRIER'S LIMITAION OF LIABILITY. Shipper may increase such limitation of liability by declaring a higher value for carriage and paying a supplemental charge if required.

Issuing Carrier's Agent Name and City | Accounting Information

Agent's IATA Code | Account No.

Airport of Departure (Addr. of First Carrier) and Requested Routing

To	By First Carrier (Routing and Destination)	to	by	to	by	Currency	CHGS Code	WT/VAL (PPD / COLL)	Other (PPD / COLL)	Declared Value for Carriage	Declared Value for Customs

Airport of Destination	Flight/Date		Amount of Insurance	INSURANCE - If Carrier offers Insurance, and such insurance is requested in accordance with conditions on reverse hereof, indicate amount to be insured in figures in box marked "Amount of Insurance".

Handling Information

SCI

No of Pieces RCP	Gross Weight	kg / lb	Rate Class / Commodity Item No.	Chargeable Weight	Rate / Charge	Total	Nature and Quantity of Goods (incl. Dimensions or Volume)

Prepaid	Weight Charge	Collect	Other Charges
	Valuation Charge		
	Tax		
	Total other Charges Due Agent		Shipper certifies that the particulars on the face hereof are correct and that insofar as any part of the consignment contains dangerous goods, such part is properly described by name and is in proper condition for carriage by air according to the applicable Dangerous Goods Regulations.
	Total other Charges Due Carrier		
			Signature of Shipper or his Agent
Total Prepaid		Total Collect	
Currency Conversion Rates		CC Charges in Dest. Currency	Executed on (Date) (at) (place) Signature of Issuing Carrier on its Agent
For Carrier's Use only at Destination		Charges at Destination	Total Collect Charges

NO. 3 - ORIGINAL for SHIPPER

第五节　国际航空运输的运价与运费

运价又称费率（rate），是指承运人根据运输货物的重量或体积收取的费用，仅包含机场间的空中费用。运费（transportation charge）是根据适用运价和物品的计费重量计得的每批货物的运输费用，主要包括基础运费、燃油附加费、安全费等。计算航空货物运费时，应主要考虑三个因素，即计费重量、运价种类、货物的声明价值。

一、计费重量

计费重量是指用于计算货物航空运费的重量。航空运费中，货物的计费重量分为实际毛重（actual weight）和体积重量（measurement weight）。飞机所能装载的货物量受到其载重和舱容限制，因此计算运费时，航空公司会选取整批货物实际毛重、体积重量中的较高者作为计费重量，从而避免飞机无法用来装货的载重量或容积造成的损失。计费重量以 0.5kg 为最小单位：重量尾数不足 0.5kg 的，按 0.5kg 计算。0.5kg 以上不足 1kg 的，按 1kg 计算。

（一）实际毛重

实际毛重指的是货物在运输过程中实际产生的总重量，它不仅包括货物本身的重量，还需要把货物的全部包装材料、容器、铺垫、支架等额外增加的重量计算在内。

按毛重计费时，最小计费单位是 0.5kg。重量与体积折算时，1kg 等于 6000cm^3 或等于 366in^3，而 1m^3 等于 166kg。

（二）体积重量

体积重量是根据货物外形尺寸计算出来的重量数值。由于大体积、轻质量的轻泡货物限制了货仓空间的利用效率，因此需要用该重量合理确定运费。体积重量的计算方法如下。

（1）分别测出货物最长、最宽、最高的部分（尾数四舍五入），三者相乘为体积。

（2）将体积折算成重量，1m^3 = 166kg。

二、运价种类

按运价制定的途径，国际航空货物运价可分为协议运价和国际航空运输协会

（IATA）运价。

协议运价是指同行的双方或多方航空公司通过磋商达成协议，并且报请各国政府获得批准后共同使用遵守的运价。

国际航空运输协会运价是指国际航空运输协会在航空货运价手册上公布的运价，如表 4-9 所示。

表 4-9　国际航空运输协会运价划分

公布直达运价 （published through rates）	普通货物运价（general cargo rate）
	等级货物运价（commodity classification rate）
	特种货物运价（specific commodity rate）
	集装货物运价（unit load device rate）
非公布直达运价 （UN-published through rates）	比例运价（construction rate）
	分段相加运价（combination of rates and charges）

上述国际货物运价的使用原则如下。

（1）优先顺序为：协议运价、公布直达运价、非公布直达运价。

（2）如以下几种运价均适用时，首先应选用特种货物运价，其次是等级货物运价，最后是普通货物运价。

（3）使用的运价应为填开运单之日的有效运价。

（4）使用时要注意运输路线的方向性，不得使用反方向运价。

此外，各航空公司都规定有起码运价（minimum rate，MR）。起码运价是航空公司运输一批货物所能接受的最低运费，是航空公司考虑运输小批货物也会产生的固定费用后制定的，不同地区有不同的起码运价。

一批货物计算运费时，若用计费重量乘以适用运价计算所得的运费低于起码运价，则按起码运价收取运费。

三、货物的声明价值和其他规定

航空运输的承运人与其他服务行业一样，向货主承担一定的责任。根据《华沙公约》，承运人失职造成货物损坏、丢失或延误等情况时应承担责任，其最高赔偿限额为 20 美元 /kg 或等值的当地货币。如果货物的实际价值超过上述限额且发货人要求全额赔偿，则发货人在托运货物时就应向承运人或货运代理人声明货物价值。如果发货人未办理声明价值,则应在货运单的相关栏内填写"N.V.D"(no value declared)字样,表示无声明价值,这时承运人的最高赔偿额是毛重每千克不超过 20 美元。

托运人办理货物的声明价值时,须按整批货物办理,不得办理部分货物的声明价值或整批货物中办理两种不同的声明价值。声明价值附加费的计算方法为

声明价值附加费 =(整批货物声明价值 −20/kg)× 声明价值附加费费率

如果根据上述公式计算出来的声明价值附加费低于航空公司的最低收费标准,则航空公司会按照规定的最低收费标准向托运人收取声明价值附加费。

本章小结

本章首先介绍了国际航空货物运输的发展历程、概念和一系列国际航空运输组织,也分析了航空运输涉及的当事人及其关系,展现了中国与国际航空货运发展的关联。其次,对国际航空货物运输使用的运输工具及航空集装器做了简要介绍。再次,介绍了航空公司经营国际货运业务的五种方式:班机运输、包机运输、集中托运、航空快递和联运。最后,梳理了国际航空货运的进出港流程及所涉及单证,并对国际空运的运价与运费进行了简要介绍。

即测即练

复习思考题

1. 简述主要的国际航空运输组织。
2. 航空运输由哪些当事人组成?
3. 飞机有哪些装载限制?
4. 简述托运书和货运单的概念。
5. 简述实际毛重和体积重量的区别。

第五章 国际陆路运输

学习目标

1. 了解国际公路运输、铁路运输和管道运输的基本概念、优缺点和作用。
2. 熟悉国际陆运中几种运输方式的业务流程。
3. 掌握国际陆运中几种运输方式的运费核算。

能力目标

1. 了解国际陆运的特点，培养学生对国际陆运的分析判断能力。
2. 熟悉国际陆运的运输方式和运输路线，培养学生在国际陆运中的组织协调能力。
3. 掌握国际陆运的运费核算和国际公约内容，培养学生解决国际陆运中实际问题的能力。

思维导图

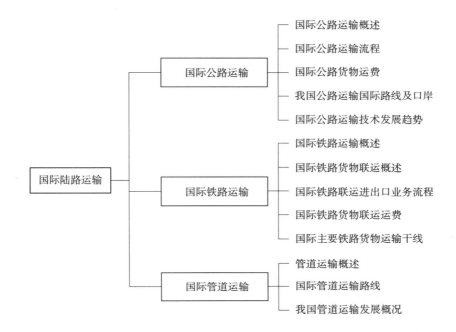

导入案例

案例标题：中欧班列

教学微视频

第一节　国际公路运输

国际公路运输是现代化国际运输的主要方式之一，在整个运输领域占有重要的地位。在国际贸易货物运输中，公路运输既是一个独立的运输体系，是车站、港口和机场集散物资的重要手段，也是沟通生产和消费的桥梁与纽带，更是门到门运输不可或缺的一部分。没有公路运输的衔接，铁路、水路、航空运输也不能正常进行。

一、国际公路运输概述

（一）国际公路运输的概念

国际公路运输是指起运地、目的地或约定的经停点位于不同国家或地区的公路货物运输。我国规定，只要公路货物运输起运地、目的地或约定的经停点不在我国境内，均构成国际公路货物运输。

（二）国际公路运输的优缺点

国际公路运输是一种机动灵活、简捷方便的运输方式。在短途货物集散运输上，它比铁路、航空运输具有更大的优越性，尤其是在实现"门到门"的运输过程中，作用更为突出，其他的运输方式都或多或少地依赖公路运输来完成两端的运输任务。

1. 公路运输的优点

（1）拥有很强的配送能力，适合门到门的服务。汽车活动空间大，除了可以沿公路网运行之外，还可以到工厂、矿山、车站、码头、农村、山区等，实现门到门的服务。汽车的载重量可大可小，比较灵活，如果因为路面施工、堵塞或运输服务遭受破坏而需要改变行车路线，公路运输会灵活地做出改变。

（2）全运程速度快，适合短途运输。在一定距离内，与航空运输相比，国际公路运输在运输时间和运费方面很有竞争力。汽车运输不需中转。据国外资料统计，一般在中短途运输中，汽车运输的运送速度平均比铁路运输快4~6倍，比水路快10倍。

（3）能灵活地制定营运时间表，货运的伸缩性极大。汽车运输单位运量小，既易于集中，也易于分散，调度灵活，突击性强，能提供及时有效的服务。对于数量不大的杂货和选择性散货的运输来说，公路专运车是一种理想的运输方式。

（4）适应性强。汽车运输具有车辆型号品种多、技术性能各异、受地理和气候条件限制较小、运行范围较广的特点，因此，与其他运输方式相比，汽车运输有较强的适应性，这种适应性恰好可以弥补其他运输方式的不足。

（5）原始投资少，经济效益高。公路运输的投资每年可以周转1~3次，铁路运输投资周转需3~4年。汽车结构比较简单，驾驶技术容易掌握，设备和资金转移的自由度大。

（6）可以广泛参与国际多式联运。在运输中提供货运服务的转运国无须增加关税检查，是邻国间边境贸易货物运输的主要方式，按有关国家之间的双边或多边公路货物运输协定或公约运作。汽车运输是沟通铁路、水运、航空和管道运输的有效方式，可以为其他运输方式分流，缓解其他运输方式运力不足造成的紧张局面，特别是在开展现代化国际集装箱多式联运中具有独特的优势。汽车拖挂的集装箱，既可以直接开上滚装船，也可以直接开上滚装火车的底盘，通过水路和铁路到达终点，再进行公路运输，直到把货物交到收货人手中。

2. 公路运输的缺点

（1）公路运输与火车、轮船相比载重量小，不适宜装载大件、重件货物，不适宜走长途运输。

（2）安全性较差，车辆运输途中震动较大，容易造成货损和货差事故。

（3）与水运和铁路运输相比，运输成本和费用比较高。

（4）由于汽车种类复杂、道路状况不良、驾驶人员素质等问题，交通事故较多。

（三）国际公路运输的类型

国际公路运输主要经营的种类包括整车货物运输、零担货物运输、特种货物运输、集装箱货物运输和包车运输。

1. 整车货物运输

整车货物运输是指托运人租用一台或若干台汽车，发运一批货物的运输方式。采用整车运输对于托运人和承运人组织操作都很便利，因此是一种常用的运输方式。一般情况下，整车货物运输应符合以下条件：货物重量或体积能够装满整车；货物为不能拼装的特种货物；货主为自身货物或基于运输便利考虑而特别提出整车货物运输。

2. 零担货物运输

零担货物运输是指承接需要拼装的众多小件货物的运输。它一般是用厢式货车，以便能有效地保护货物，防止货损、货差。其托运手续比较简单，可以一次托运、一次交费、一票到底、全程负责、送货到门。由于灵活和便利，这种运输方式表现得更为快捷。

3. 特种货物运输

特种货物主要包括以下几种。

（1）危险货物。主要是易燃、易爆、易污染、易腐蚀和具有放射性的特殊货物。这种货物要由罐车或特殊改造加工的车辆运输。

（2）大件货物。大件货物又称大长笨重货物，只能采用大件车或特种车运输。

（3）活货物。如冷冻品、鲜花、鲜活水产品等，一般要由冷藏车、保温车运输。

（4）贵重物品。指稀有矿物品、核心设备等，须由特种车体运载，确保货物安全。

4. 集装箱货物运输

集装箱货物运输是指以标准拖车专门运送标准集装箱的一种运输方式。它逐步成为公路运输的主导，成为海运集装箱、铁路集装箱、国际多式联运等运输方式不可缺少的组成部分。

5. 包车运输

包车运输是指承运人将车辆包租给托运人使用，由托运人按时间或里程支付运费的方式。

（四）国际公路货物运输公约和协定

为了统一公路运输所使用的单证和承运人的责任，欧洲经济委员会负责草拟了《国际公路货物运输合同公约》（CMR），并于1956年5月19日在日内瓦由欧洲17个国家参加的会议上通过。该公约共有12章51条，就适用范围、承运人责任、合同的签订与履行、索赔和诉讼，以及连续承运人履行合同等都做了较为详细的规定。

为了有利于开展集装箱联合运输，使集装箱能原封不动地通过经由国，欧洲经济委员会成员国之间于1956年缔结了集装箱的关税协定。参加该协定的签字国，有欧洲21个国家和欧洲以外的7个国家。该协定的宗旨是相互间允许集装箱免税过境。在这个协定的基础上，根据欧洲经济委员会倡议，各国还缔结了《国际公路车辆运输协定》（Transport International Router，TIR）。根据规则规定，对集装箱的公路运输承运人，如持有 TIR 手册，允许由发运地到达目的地，在海关签封下，中途可不受检查、不支付关税，也可不提供押金。这种 TIR 手册由有关国家政府批准的运输团体发行。这些团体大都是国际公路联合会的成员，它们必须保证监督其所属运输企业遵守海关法规和其他规则，协定的正式名称是《根据 TIR 手册进行国际货物运输的有关关税协定》。

该协定有欧洲 23 个国家参加，并已从 1960 年开始实施。尽管上述公约和协定有地区性限制，但它们仍不失为当前国家公路运输的重要国际公约和协定，对今后国际公路运输的发展也具有一定影响。

1. TIR 制度的目标

TIR 海关过境制度的设计目标是尽最大可能便利国际贸易中海关加封货物的流动，同时提供必要的海关控管和担保。过去，当货物在国际公路货运过程中穿越一国或者多国领土时，每个国家的海关部门均须实施本国的控管程序，进行开封、查验、通关、施封等作业。由于各国的这类管控程序有所差异，在每个途经国都要实施这样的作业，比较浪费时间、人力、财力，并且在边境有可能产生滞留，发生误期和干扰，为了减少跨境运输通道的这些问题，同时又向海关部门提供一种国际管理制度，由此设计了 TIR 制度。

2. TIR 公约的意义

TIR 制度对海关有明显的益处，因为它减少了通常国家过境程序的要求，同时，无须在沿途进行从人力和设施两方面来看都极为昂贵的货物查验，只需检查车辆或者集装箱的封志和外部状况。TIR 制度还免除了国家层面进行担保和建立单证记录系统的需要。此外，由于 TIR 业务只需要一项单一的边境文件即 TIR 证，因此，向海关呈报资料不准确性的可能也会降低。

TIR 公约对于商业和运输业的好处十分明显，运输业可以较为方便地得到必要的担保。货物在跨越国界时，海关的干预可降低到最低限度，TIR 制度减少了国际货物流动的传统障碍，减少了过境时的延误，大大节省了运费，有利于国际贸易的发展。

3. 适用范围

公约适用于在无须中途换装的情况下用公路车辆/车辆组合或者集装箱运输货物，跨越一个缔约方启运地海关与同一或者另一缔约方目的地海关之间的一个或者多个边界，前提是 TIR 运输起点与终点之间的行程有一部分是公路。如果行程的部分在外国境内,则使用 TIR 证的运输业务的起点与终点可以在同一个国家。由于未预见的商业方面的原因或者事出偶然,尽管发货人在行程开始时曾拟经由一段公路加以运输,也可能出现行程中没有公路运输的部分,在这种例外的情况下,缔约方仍应接受 TIR 证。

4. 基本原则

为了确保货物在运输途中尽可能少受干扰,TIR 制度共有五项基本规定。

(1)货物应由海关控管设置的车辆或者集装箱装运。

(2)在整个运输途中,税费风险应得到国际有效担保。

(3)货物应附带起运国启用的国际公认的海关文件(TIR 证),并以此作为启运国、沿途国和目的地国的海关控管凭据。

(4)海关控管措施得到国际承认。

(5)控制使用,即在使用 TIR 程序方面,由国家协会颁发 TIR 证。自然人和法人使用 TIR 证,均应由国家主管部门授权。

(五)国际公路发展概况

公路运输始于 19 世纪末。第二次世界大战以后,公路运输的发展速度空前。在所有运输方式中,公路运输可谓后来居上。当前世界公路线路总里程约达 2100 万 km,占整个运输线路总里程的 2/3。从地理分布上看,欧美的公路运输处于世界领先地位,美洲公路线路长度约达 900 万 km,欧洲公路线路长度约为 520 万 km,二者相加约占世界公路线路总里程的 70%。世界其他地区的公路线路里程,虽不及欧美,但也已初具规模。亚洲的公路线路达 400 多万 km,澳洲和非洲的公路线路共约 230 万 km。20 世纪 50 年代,随着比较完善的公路网的建成,美国、日本、西欧等国家及地区又致力于高速公路建设。此后,更多的国家群起效仿,公路运输呈现新的发展局面。

1. 从境内到跨境大力修建高速公路

高速公路是公路运输的高级形式,它具有快速、安全、经济、高效的优点,其规模与质量又是衡量一个国家公路交通运输和汽车工业现代化发展水平的重要标志。因此,自 20 世纪 20 年代起,一些国家相继推进高速公路建设。目前,全世界高速公路通车里程已逾 23 万 km。美国是世界上拥有高速公路最多、最长的国家,它所拥有的高速公路的里程,几乎占世界总量的一半。欧洲是高速公路最发达的地区,德国和意大利修建高速公路时间最早,1928—1932 年建成通车的从波恩至科隆的高速公路，堪称世界上最早的高速公路。继德国和意大利之后，英国、法国、荷兰、比利时、西班牙、瑞士、奥地利、卢森堡、瑞典、挪威等国也都相继修建高速公路。20世纪70年代以后，许多发展中国家也奋起直追，纷纷修建自己的高速公路。

当今在西欧，跨越国界的高速公路已形成网络，把各国紧密地连接在一起。除此以外，位于巴尔干半岛的阿尔巴尼亚、马其顿、保加利亚、土耳其等国也在兴建横跨东西南部欧洲的跨国界高速公路网。在北美自由贸易区内，加拿大、美国和墨西哥也将修建连接三国的高速公路；南美、东南亚、非洲地区也在酝酿建立地区高速公路网络。这些跨越国界高速公路网的建成，将进一步促进地区经济发展和区域经济一体化。

2. 货运汽车大型化、重载化和专业化

在货运方面，大型拖挂车、重载汽车和专用车的广泛使用，有力地提高了运输效率和效益。拖挂车运载量大，油耗省，运输成本低。专用车可提高货运质量，减少货损、货差，节省费用，运输效率高。由于它们的这些优势，货运汽车正在朝着大型化、重载化和专业化的方向发展。

3. 新技术广泛应用于公路运输

近些年来，各国十分重视新技术，尤其是计算机信息技术、自动控制技术和新材料在公路运输经营管理中的应用，这是公路运输的一个重要发展趋势。例如，在以集装箱为媒介的多式联运中，很多国家引进并使用新技术，依靠信息管理系统自动管理和控制货物运输全过程，以便及时跟踪和查询运输状况。鉴于 GPS 定位精度高、报时准确、能提供全天候服务，且不受地理条件限制的优势，它最适合现代汽车运输导航。国内汽车运输企业普遍引入 GPS 对货物展开在途跟踪查询，以强化车辆和货物的在途管理，有力地提高了运输效能。

4. 客运快速化、舒适化

高速、安全、舒适，这是公路客运的发展方向。大客车一般在高速公路和高等级的干线公路上行驶，要求具备较高的行驶速度。在强调速度的同时，为了提高客车车身整体的抗撞击强度，各种先进的机、电控制装置及制动系统得到普遍采用，使大客车的制动性能更佳，保证了客运的安全。此外，运用一些技术手段，又提高了客车的舒适度。

二、国际公路运输流程

（一）国际公路运输运作流程

公路运输运作流程如图 5-1 所示。

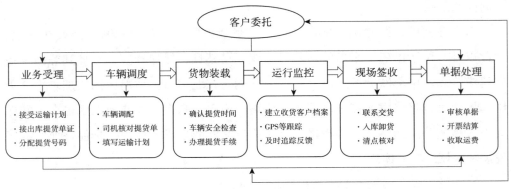

图 5-1　国际公路运输流程

（1）业务受理。公路运输主管从客户处接收运输发送计划。公路运输调度从客户处接出库提货单证，核对单证，并在登记表上分送货目的地、分收货客户标定提货号码。

（2）车辆调度。根据送货方向和货物重量、体积，统筹安排车辆，司机（指定人员及车辆）到运输调度中心取提货单，确认签收，填写运输计划。

（3）货物装载。把运输计划报到客户处，确认到厂提货时间。按时到达客户提货仓库，检查车辆情况，办理提货手续；提货，盖好车棚，锁好箱门，办好出厂手续，电话通知收货客户预达时间。

（4）运行监控。建立收货客户档案。司机填写追踪反馈表上的运输在途及送到情况，电脑输单，并及时向收货客户反馈途中信息，有异常情况及时与客户联系。

（5）现场签收。通过电话或传真确认到达时间，司机将回单用航空快递或传真寄（发）回公司，定期将回单送至客户处。司机按时、准确到达指定卸货地点进行货物交接、签收，保证运输产品的数量和质量与客户出库单一致。

（6）单据处理。整理好收费票据，做好收费汇总表并交至客户，确认后交回结算中心。结算中心开具发票，向客户收取运费。

（二）国际公路零担运输运作流程

国际公路零担组织较为复杂，表 5-1 显示了公路零担货运业务流程与操作要求。

表 5-1　公路零担货运业务流程与操作要求

流程	操作人员	业务操作	操作要求
业务联络	业务员	1. 预约接单 2. 签订合同 3. 派单（派车联系单、发货单）	1. 以多种接单方式方便客户及时下达指令 2. 派单及时准确，确保客户满意
配载派车	调度员 司机	1. 接单 2. 按货物数量、品质、目的地配载 3. 填写货物运输清单 4. 检查车辆安全 5. 发车提货	1. 及时高效配载 2. 确保车辆安全 3. 各项运输注意事项交接完整、清楚 4. 确保车辆准时到位
装货发送	调度员 司机 仓管员 装卸工人	1. 凭单提货 2. 仓库核对发货并登记 3. 装车前后清点核对 4. 按照装载规范装载货物 5. 现场监督并记录作业情况	1. 单、货相符 2. 做好运输安全措施 3. 文明装载、按时发运 4. 出库手续齐全、准确
在途跟踪	客服专员	1. 主动向客户汇报货物在途状态 2. 主动向客户提供查询服务	及时妥善处理货运途中问题
单货验收	调度员 司机	1. 按时卸货 2. 单据签收 3. 及时返单	1. 确保单据签章及时、完整、有效 2. 回单于卸货后 5~7 日内返回
单证处理	调度员 回单处理员 结算员	1. 核对回单 2. 审核结算收支费用	1. 回单返回及时、准确 2. 计价准确 3. 及时结算费用

（三）国际公路整车运输运作流程

无论是国际零担运输还是国际整车运输，其业务运作过程均由发送管理、在运管理、中转管理和交付管理四个方面构成。但它们之间存在许多不同之处。表 5-2 显示了公路整车运输与零担运输业务运作方面的差异。

表 5-2　公路整车运输与零担运输业务运作对比

对比项目	整车运输	零担运输
承运人责任期间	装车—卸车	货运站—货运站
是否进站存储	否	是
营运方式	一般为直达不定期运输	定期定班发车
运输时间长短	相对时间短	相对时间长
运输合同形式	通常预先签订运输合同	以托运单和运单代表合同
运输构成形式及高低	单位运输费率一般较低，仓储、装卸分担在合同中约定	单位运费率较高，仓储、装卸费用包含在所付运费中
货源与组织特点	货物较单一、地点固定、组织简单	货物品种多元化、地点分散、组织运输复杂

三、国际公路货物运费

公路运费均以"t/里程"为计算单位,一般采用两种计算标准:①按货物等级规定基本运费率。②以路面等级规定基本运价。凡是一条公路路线包含两种或者两种以上等级公路的,则以实际行驶里程分别计算运价。特殊道路如山路、河床、原野地段等,双方另行商定。

(一)运杂费的计收程序

(1)确定货物等级和计收重量。

(2)查定规定计收的费率。

(3)计算发站至到站的计费里程。

(4)核算有关杂费。

(二)运费计算公式

1. 整批货物运费

整批货物运费 = 吨次费 × 计费质量 + 整批货物运价 × 计费质量 × 计费里程 + 其他费用

2. 零担货物运费

零担货物运费 = 计费质量 × 计费里程 × 零担货物运价 + 其他费用

3. 包车运费

包车运费 = 包车运价 × 包用车辆吨位 × 计费时间 + 其他费用

凡车辆无法计算里程,或因货物性质、体积限制,不能按正常速度行驶者,应按即时包车处理。

(三)特定运价

(1)每件货物重量满 250kg 以上为超重货,货物长度达 7m 以上为超长货,装载高度由地面起超过 4m 为超高货。

(2)托运普通、易碎等货物均按质量计费,超重和轻泡货物按整车计费。

(3)同一托运人托运双程运输货物时,按运价率减成 15%。

(4)根据国家政策,经省运价部门规定降低运价的货物。

(5)同一托运人去程或回程运送所装货物包装的,按运价减成 50%。

(6)超重货物按运价加成 30%。

(7)集装箱按箱/km 计算。

(8)过境公路运输采用全程包干计费。

(9)对展品、非贸易运输物资,一般按普通运价加成100%计费。

(10)特大型特殊货物,采用协商运价计费。

(四)运杂费收款办法

(1)预收运费的,在结算时,多退少补。

(2)现金结算的,按实际发生的运杂费总额向托运人收取现金。

(3)财务托收,由承运方先垫付,定期凭运单回执汇总所有费用总额,由银行向托运方托收运费。

(4)其他结算办法,如预交转账支票,按协议收取包干费用等。

四、我国公路运输国际线路及口岸

近年来,我国陆地边境地区通过公路口岸出入境的货物运输发展较快,开放的一、二类边境口岸和临时过境通道已有160多个,主要如下。

(一)新疆对外公路运输口岸

新疆与蒙古国、哈萨克斯坦、吉尔吉斯斯坦、巴基斯坦、塔吉克斯坦五国边境总计建有15个一类口岸。

新疆与蒙古国的边境口岸有4个,即老爷庙口岸(哈密地区)、乌拉斯台口岸(昌吉回族自治州)、塔克什肯口岸(阿勒泰地区)和红山嘴口岸(阿勒泰地区)。

新疆与哈萨克斯坦的边境口岸有7个,即阿黑土别克口岸(阿勒泰地区)、吉木乃口岸(阿勒泰地区)、巴克图口岸(塔城地区)、阿拉山口口岸(博尔塔拉蒙古自治州,铁路、公路口岸)、霍尔果斯口岸(伊犁哈萨克自治州)、都拉塔口岸(伊犁哈萨克自治州)、木扎尔特口岸(伊犁哈萨克自治州)。

新疆与吉尔吉斯斯坦的边境口岸有2个,即吐尔尕特口岸(克孜勒苏柯尔克孜自治州)、伊尔克什坦口岸(克孜勒苏柯尔克孜自治州)。

新疆与巴基斯坦的边境口岸有1个,即红其拉甫口岸(喀什地区)。

新疆与塔吉克斯坦的边境口岸有1个,即卡拉苏口岸(喀什地区)。其中,霍尔果斯口岸、红其拉甫口岸和阿拉山口口岸为新疆目前向第三国开放的3个口岸。

(二)对朝鲜公路运输口岸

中国与朝鲜之间原先仅我国丹东与朝鲜新义州间偶有少量公路出口货物运输。1987年以来,吉林省开办珲春、图们江与朝鲜咸镜北道的地方贸易货物公路运输。中国外运总公司与朝鲜于1987年签订了由吉林省的三合、沙坨子口岸经朝鲜的清津港转运货物的协议。

（三）对印度、尼泊尔、不丹的公路运输口岸

西藏南部的亚东、帕里、樟木、普兰等。

（四）对越南地方贸易的主要公路口岸

云南省红河哈尼族、彝族自治州的河口和金水河口岸，广西壮族自治区凭祥市的友谊关口岸。

（五）对缅甸公路运输口岸

云南省德宏傣族景颇族自治州的畹町口岸是我国对缅甸贸易的主要出口陆运口岸，还可通过该口岸和缅甸公路转运部分与印度开展进出口货物贸易。

（六）对我国香港、澳门地区的公路运输口岸

位于广东省深圳市的文锦渡和香港新界相接，距深圳快路车站3km，是全国公路口岸距离铁路进出口通道最近的公路通道。通往香港的另两个口岸是位于深圳市东部的沙头角及皇岗。对澳门的公路运输口岸是位于珠海市南端的拱北。

五、国际公路运输技术发展趋势

近年来，智能物流、无人驾驶等新技术不断涌现，极大地改变了国际公路运输行业的发展趋势，并为行业带来新的增长机会。

（一）智能运输系统

随着社会的发展，电子技术、信息技术、通信技术和系统工程等越来越多的智能系统在公路运输领域得到广泛应用，物流运输信息管理、运输工具控制技术、运输安全技术等发生巨大的飞跃，从而大幅度提高公路网络的通行能力。未来，借助物联网技术，货运企业的货物运输信息化与网络化将得到普及，先进的企业会逐步地发展成货、车、路、库全面联网，建立智能运输系统。

智能运输系统可以提高公路安全水平，减少交通堵塞，提高公路网的通行能力，降低汽车运输对环境的污染，以自动化的方式提高运输效率，减少运输成本，提高运输质量和经济效益。

（二）智能物流车辆

智能物流车辆将采用先进的技术，将车辆控制系统、行驶系统、动力系统也借助车载终端实现联网，从而实现主动安全辅助驾驶、自动驾驶，以更高效的方式运输货物，为公路运输带来革命性变革。

（三）网络货运平台

随着"互联网+"趋势的蓬勃发展，公路货运也迎来了网络时代。网络货运平台通过互联网等技术建立物流信息平台，通过大数据技术来收集、处理和分析大量的运输信息，集中整合分散车辆和物流资源，以提供更加精准的运输服务，优化物流市场。网络货运平台主要的优势在于整合资源，解决货主、社会零散司机之间的信息不对称问题。

第二节　国际铁路运输

一、国际铁路运输概述

在国际贸易货物运输中，铁路运输占有相当重要的地位。特别是在内陆国家，铁路运输的作用更为显著。铁路运输在我国对外贸易货物运输中也起着重要的作用。

（一）国际铁路运输的概念

国际铁路货物运输是指起运地、目的地或约定的经停点位于不同国家或地区的铁路货物运输。我国规定，只要铁路货物运输的起运地、目的地或约定的经停点不在我国境内，均构成国际铁路货物运输。我国有相当部分的对外贸易货物是直接通过铁路运进或输出的。即使是经由海运进出口的货物，大多也是通过铁路运输向港口集中或从港口运往境内。

随着我国对外贸易的大发展，铁路承担的进出口货运量将日益增大。我国国际铁路运输所承担的进出口货物运输工作主要体现在三个方面：①通过国际铁路货物联运方式承运中东、近东和欧洲各国的进出口货物。②承运我国内地与港澳地区之间的贸易物资和通过香港转运的进出口货物。③内陆与口岸之间的铁路集疏运。

（二）国际铁路运输的优缺点

1. 国际铁路运输的优点

国际铁路运输是国际物流运输方式的一种，与其他运输工具相比，它有以下优点。

（1）准确性和连续性强。铁路运输几乎不受气候影响，一年四季可以不分昼夜地进行定期的、有规律的、准确的运转。中国国际铁路运输时效稳定性世界闻名。根据中国铁路相关部门统计，中国到欧洲的准点率高达99%，货运的稳定性非常有保障。

（2）运输速度比较快。铁路货运速度每昼夜可达2000km以上，一般货运列车可达100km/小时左右，远远高于海上运输。

（3）货运量比较大。一辆铁路货物列车一般能运送3000~5000t货物，远远高于航空运输和汽车运输。

（4）运输成本较低。铁路运输费用仅为汽车运输费用的几分之一到十几分之一，运输耗油约是汽车运输的二十分之一。

（5）运输安全可保证，风险远比海上运输小。国际铁路运输可以运输各种敏感物品。如欧洲铁路运输，可携带生活用品、辅助电池、液体物品、湿纸巾、化妆品，及其他电器物品。

2. 国际铁路运输的缺点

（1）初期投资大，需要铺设轨道、建造桥梁和隧道，建路工程艰巨复杂，消耗大量钢材、木材，占用大量土地。

（2）物流时效跟空运相比较慢。例如，从中国到德国，国际航空快递时效为3个工作日左右，国际铁运时效则需15个工作日。

（3）受到铁路轨道的限制，灵活性较差，需要与其他运输方式相结合，以完成货物运输。

（4）始发与终到作业时间长，不利于距离较短的运输业务。

（三）国际铁路货物运输的作用

国际铁路货物联运是国家之间订立国际铁路货物联运协定或协议，使得相关国家铁路在货物运输组织上相互衔接，为国际贸易货物的交流提供一种经济便捷而又安全可靠的运输方式。自中华人民共和国成立以来，我国与欧亚国家开展的国际铁路货物联运，在我国对外政治、经济和文化交流中发挥着重要的作用。

（1）有利于发展同欧亚各国的贸易。铁路把亚欧大陆连成一片，为我国发展中东、近东和欧洲各国的贸易提供了有利的条件。在中华人民共和国成立初期，我国的国际贸易主要局限于东欧国家，铁路运输占我国进出口货物运输总量的50%左右，是当时我国进出口贸易的主要方式。进入20世纪60年代以后，我国海上货物运输得到发展，铁路运输进出口货物所占的比例虽然有所下降，但其作用仍然十分重要。自50年代以来，我国与朝鲜、蒙古国、越南、苏联的进出口货物，绝大部分仍然是通过铁路来运输的，我国与西欧、北欧和中东地区一些国家也是通过国际铁路联运来进行进出口货物的运输。

（2）有利于开展同港澳地区的贸易。铁路运输是内地和港澳开展贸易的一种重要方式。港澳两地日用品一直以来都由内地供应。随着内地对该地区出口的不断扩大，运输量也逐渐增加，做好对港澳的货物运输，满足优质、适量、均衡、应时的要求，在政治和经济上都非常重要。为了确保该地区的市场供应，国家在内地开设了直达港澳的快运列车，对繁荣稳定港澳市场，以及促进其经济发展起到积极的作用。

（3）有利于进出口货物在港口的集散和各省、市之间的流通。我国幅员辽阔，大部分海运进口货物利用铁路从港口运往各地，海运出口货物大多也是由各地通过铁路向港口集中。因此，铁路运输是我国国际货物运输的重要集散方式。至于国内各省市和地区之间调运外贸商品、原材料、半成品和包装物料，主要也是通过铁路运输来完成的。我国国际贸易进出口货物运输大多要通过铁路运输这一环节，铁路运输在我国国际货物运输中发挥着重要作用。

（4）利用亚欧大陆桥运输是必经之道。大陆桥运输是指以大陆上的铁路或公路运输系统为中间桥梁，把大陆两端的海洋连接起来的集装箱连贯运输方式。

亚欧大陆桥运输一般是以集装箱为媒介，采用国际铁路系统来运送。我国目前开办的西伯利亚大陆桥和新亚欧大陆桥的铁路集装箱运输具有安全、迅速、节省的优点。这种运输方式对发展我国与中东、近东及欧洲各国的贸易提供了便利的运输条件。为了适应我国经济贸易的发展需要，利用这两条大陆桥开展铁路集装箱运输也是必经之道，将会促进我国与这些国家和地区的国际贸易发展。

（四）国际铁路货物运输有关规章或国际公约

各铁路局和国境站，以及发、收货人在办理国际铁路货物联运业务时，必须遵守国际铁路货物运输有关规章。国际铁路联运适用的规章，有的适用于铁路和发、收货人，有的只适用于铁路；有的（多数）是由参加国铁路共同签订的，有的是由某个铁路局制定的。具体适用的规章包括以下几个。

1.《国际铁路货物联运协定》

《国际铁路货物联运协定》（以下简称《国际货协》）是参加国际铁路货物联运协定的各国铁路和发、收货人办理货物联运必须遵守的基本文件。它规定了货物运输条件、运输组织、运输费用计算核收办法，以及发、收货人之间的权利与义务等问题。

2.《国际铁路货物联运协定办事细则》

《国际铁路货物联运协定办事细则》(以下简称《货协细则》) 具体规定了参加国际货协的铁路及其工作人员在办理联运业务时必须遵守的铁路内部办事程序，以及调整各铁路间相互关系的规则。它只适用于处理铁路工作人员和铁路之间的关系。

3.《关于统一过境运价规程的协约》

《关于统一过境运价规程的协约》规定了《国际铁路货物联运协定统一过境运价规程》(以下简称《统一货价》) 的法律地位，统一货价的施行、修改、补充等具体事项，以及与采用统一货价有关的清算、工作语种等。它只适用于铁路本身。

4.《国际铁路货物联运协定统一过境运价规程》

《统一货价》规定了过境参与国统一铁路货运价格时，办理货运手续的规则以及过境运杂费的计算方法。

5.《国境铁路协定》和《国境铁路会议议定书》

《国境铁路协定》是由两相邻国家签订的，它规定了办理联运货物交接的国境站或车站、货物交接条件和方法、交接列车和机车运行办法及服务方法等问题。根据《国境铁路协定》的规定，两相邻国家铁路定期召开国境铁路会议，对执行协定中的有关问题进行协商，签订《国境铁路会议议定书》，其主要内容涉及双方铁路之间行车组织、旅客运输、货物运输、车辆交接以及其他有关问题。我国与苏联、蒙古国、朝鲜、越南各国铁路均分别签订了《国境铁路协定》及其议定书。它对铁路和发、收货人都有约束力。

6.《国际旅客联运和国际铁路货物联运车辆使用规则》

《国际旅客联运和国际铁路货物联运车辆使用规则》(以下简称《车规》) 主要对铁路车辆部门和国境站适用。

7.《关于国际旅客和货物联运清算规则的协约》和《国际旅客和货物联运清算规则》

这两个规章都适用于铁路部门。

8.国际货协附件中的各项规则

(1)《危险货物运输规则》。它按照货物的危险性质，规定了危险货物的名称、包装办法、重量限制、使用车种、混装限制及其他条件。

(2)《散车类货车货物装载和加固规则》。它规定各铁路使用散车类货车装运联运货物时在装载和加固方面应遵守的技术条件。

附件还有各种轨距铁路的装载界限、运单格式、标识牌和标记样式、铁路集装箱货物运输规则、铁路联运易腐货物运输规则、铁路联运托盘货物运输规则、不属于铁路的车辆运输规则，以及货物运输规则等。

9. 我国有关的规章和文件

我国有关的规章有《铁路货物运输规程》《铁路货物运价规则》《铁路货物装载加固规则》《危险货物运输规则》，有关的文件有《国际铁路货物联运办法》。

二、国际铁路货物联运概述

（一）国际铁路货物联运的概念与特点

1. 国际铁路货物联运的概念

国际铁路货物联运（简称国际铁路联运）是指使用一份统一的国际铁路联运票据，在跨及两个及两个以上国家铁路的货物运送中，由参加国铁路负责办理两个或两个以上国家铁路全程运送货物流程，由托运人支付全程运输费用的铁路货物运输组织形式。

2. 国际铁路联运的特点

（1）涉及面广。凡是通过国际联运办理的货物运输，都要涉及两个国家以上的铁路。从货物承运到交付，要由发送货物的发送站、出口国的国境站，经过各国境路站抵达到达国境路站，其间涉及众多国家及相关机构。

（2）运送距离远，流经环节多。国际铁路货物联运涉及不同国家铁路，有时还要以换装、转口等不同方式不间断运输，才能最后运抵目的地，完成全程运送工作，因此具有一定的复杂性。

（3）办理条件要求高。由于国际联运涉及两个以上国家的铁路，而且路途遥远，要求承运人考虑到各国铁路的实际情况，严格按照国际铁路联运规章办理，每批货物的办理质量必须是高标准，符合规章协议的规定。

（4）运输责任方面，采用统一责任制。按国际货协运单承运货物的铁路部门，负责完成货物运送全程的运输合同，直到到站交付货物时为止。如将货物转发送到未参加国际货协铁路的国家，则负责完成到按另一种国际铁路直通货物联运协定的运单办完运送手续时为止。每一继续运送的铁路部门，自接收附有运单的货物时起，即认为接受了这项运输合同，并承担由此产生的责任和义务。国际铁路货物联运的上述责任也被称为国际铁路货物联运的连带责任。

目前，国际铁路联运主要应用于我国内地出口芬兰、俄罗斯、蒙古国、朝鲜和越南的货物运输。这种运输方式的最大缺陷在于，由于俄罗斯和蒙古国铁路的轨距与我国不同，因此在边境口岸需要进行货物换装业务。

（二）国际铁路货物联运办理种别

国际铁路货物联运的办理种别分为整车、零担和大吨位集装箱货物运输，以及慢运、快运和整车货物随旅客列车挂运。

1. 整车货物运输

根据《国际铁路货物联运协定》第7条，凡按一张运单办理的需要单独车辆运送的一批货物，即为整车货物。托运货物时，发货人必须在运单"办理种别"栏内，注明"整车或零担"。整车货物运输装载量大，运输费用较低，运输速度快，能承担的运量也较大，是铁路的主要运输形式。

2. 零担货物运输

凡按一张运单办理的重量不应超过5000kg的，并按其体积又不需要单独车辆运送的一批货物，即为零担货物。对于零担货物，应在每件货物上做出标记。

3. 集装箱货物运输

国际铁路集装箱运输装卸机械化程度高、周转速度快，安全可靠、货损货差少。运输过程由集装箱承运人全程负责，即一份运输合同、一份运输单证、一张保险单、一票运费就可以将货物交付收货人。集装箱联运简化了跨境运输手续，提高了国际物流效率。用其他的铁路集装箱，其中包括专用集装箱运送货物时，只有在参加运送的各铁路商定后，才准许办理。

4. 慢运、快运和整车货物随旅客列车挂运

国际铁路联运货物按运送速度可分为慢运和快运。根据《国际铁路货物联运协定》的规定，慢运整车应为每昼夜200运价千米，零担应为每昼夜150运价千米；快运整车应为每昼夜320运价千米，零担应为每昼夜200运价千米；挂旅客列车运送的整车应为每昼夜420运价千米。根据有关铁路间的商定，整车货物可随旅客列车挂运。

（三）国际铁路联运单证

1. 国际铁路联运运单概念及性质

国际铁路货物联运单是指由发送国铁路代表所有参加运送的各国铁路发货

人之间签订的运送合同。承、托双方签订的运送合同，也是承运人或其代理人收到货物后签发给托运人的货物收据。运单一旦签发，就表示承运人接管了货物并办理托运。装车后加盖承运日期章，表示已经承运。运单正本是铁路同收货人交接货物、核收运杂费用的依据，随货至终点站交收货人。运单副本加盖日期戳后是发货人凭以办理银行结算的凭证之一，并可据此进行索赔。铁路运单不是物权凭证，收货人必须按照运单抬头凭有效证件领取货物。国际铁路联运运单仅具有运输合同证明和货物收据的功能，不具有物权凭证的功能，不具有流通性。《国际货约》和《国际货协》均明确铁路联运运单中的收货人一栏必须是记名的。

2.《国际货协》运单的构成与流转程序

《国际货协》运单由五联组成，各联的用途与周转程序如表5-3所示。

表5-3 《国际货协》运单的构成、功能及流转程序

联别与名称	主要用途	票据周转程序
1.运单正本	运输合同凭证	发货人—发站—到站—收货人
2.运行报关	各承运人交接、划分责任等证明	发货人—发站—到站—到达铁路
3.运单副本	承运人介绍货的证明、发货人凭此结汇等	发货人—发站—收货人
4.货物交付单	承运人合同履行的证明	发货人—发站—到站—到达铁路
5.货物到达通知单	收货人留查	发货人—发站—到站—收货人

三、国际铁路联运进出口业务流程

（一）国际铁路联运出口业务流程

国际铁路联运出口货物运输业务主要包括出口货物的托运和承运、出口货物在国境站的交接和出口货物的交付。

1.出口货物的托运与承运

（1）发货人或货代向铁路车站填报联运运单，以作为货物托运的书面申请。

（2）始发站接到运单后，审核运单并检查是否有无批准的月度要车计划，如无问题，便在运单上签署货物进入车站和装车的日期，以表示接受托运。

（3）发货人按照指定的日期将货物搬入车站或指定的货位。

（4）车站根据运单核对货物，如无问题，待装车后由始发站在运单上加盖承运日期章，负责发运。

（5）对于零担货物，发货人无须事先申报月度要车计划，但必须事先向始发站申请托运。车站受理后，发货人按指定日期将货物运到车站或指定货位，经查验、过磅后由铁路保管。车站在运单上加盖承运日期戳，负责发运。

2. 出口货物在国境站的交接

（1）国境站接到国内前方站的列车到达预报后，立即通知国际联运交接所。该所站长直接领导，着手办理货物、车辆和运送用具的交接与换装工作。随后办理各种交接手续，检查运送票据和编制商务记录，还需要处理交接中发生的各种问题，计算有关费用，联系和组织与邻国货车衔接事宜。

（2）列车进站后由铁路会同海关接车，海关负责对列车进行监管和检查，未经海关许可列车不准移动、解体或调离，车上人员也不得离开。铁路负责将随车票据送交接所。

（3）交接所内有铁路、海关、商检、动植检、卫检、边检、外运等单位联合办公，实行流水作业。铁路负责整理、翻译运送票据，编制货物和车辆交接单。外运负责审核货运单证，纠正销发、错运及单证上的差错，并办理报关、报检手续。海关查验货、证是否相符，是否符合有关政策法令，如无问题就负责放行。最后，由相邻两国的铁路双方办理具体的货物和车辆的交接手续并签署交接证件。

3. 出口货物的交付

在货物到达终点后，由该站通知收货人领取货物。在收货人付清一切应付运送费用后，铁路将第一联、第五联运单交给收货人，双方凭此清点货物，收货人在领取货物时应在运单第五联上填写领取日期并加盖收货戳记。收货人只有在货物损坏或腐烂变质、全部或部分丧失原有用途时才可拒收。

（二）国际铁路联运进口业务流程

1. 货物运输标志的编制

各部门对外订货签约时，必须按照商务部的统一规定编制运输标志，不得颠倒顺序和增加内容，否则会造成错发、错运事故。

2. 向国境站外运机构寄送合同资料

合同资料是国境站核放货物的重要依据，也是向各有关部门报关、报检的凭证。各进出口公司在签订对外合同后，要及时将一份合同中文抄本寄给货物进口口岸的分支机构。合同资料包括合同的中文抄本及其附件、补充书、协议书、变更申请书、变更书和有关确认函电等。

3. 进口货物在国境的交接

国境站负责与邻国铁路签办交接证件，翻译货物单据并组织货物换装和继续发运。两国国境站交接所依据交接单，凭实物或铅封现场办理交接，双方铁路现场签署有关证件。

4. 报关与查验

口岸外运公司依据合同资料，逐项审核、复核运单；填制报关单，向海关办理报关手续。海关依据报关单，查验货物并放行。

5. 分拨与分运

对于小额订货，国外发货人集中托运。以我国国境站为到站、外运机构为收货人的，以及国外铁路将零担货物装车发运至我国国境站的，外运中发现有货损、货差情况，如属于铁路责任，应由铁路部门出具商务记录；如属于发货人责任，应及时通知有关进口单位向发货人索赔。

6. 进口货物的交付

铁路到站向收货人发到货通知，收货人接到后向铁路付清运送费用，铁路将运单和货物交给收货人，收货人在取货时应在"运行报单"上加盖收货戳记。

四、国际铁路货物联运运费

国际铁路货物联运运输费用的计算和核收，必须遵循《国际货协》《统一货价》和《铁路货物运价规则》（以下简称《国内价规》）的规定。国际铁路货物联运运输费用包括货物运费、押运人乘车费、杂费和其他费用。

（一）运输费用核收的规定

1. 参加《国际货协》各铁路间运输费用核收的原则

（1）发送路的运输费用：按发送路国内运价规则，以发送路的货币在发站向发货人核收，或根据发送路国内现行规定核收。

（2）到达路的运输费用：按到达路的国内运价规则，以到达路的货币在到站向收货人核收，或根据到达路国内现行规定核收。

（3）过境铁路的运费：按《统一货价》在出发站向发货人收取，或在到达站向收货人核收。

波兰、阿尔巴尼亚、阿塞拜疆、格鲁吉亚、乌兹别克斯坦、土库曼斯坦和伊朗七国虽是《国际货协》成员国，但没有参加《统一货价》，因此，上述七国的进出口货物经过其他《统一货价》参加国的运输费用，及《统一货价》参加国经过上述七国的运输费用的核收均不适用上述规定。

2. 参加《国际货协》铁路与非《国际货协》铁路间运输费用核收的规定

发送路和到达路的运输费用与参加《国际货协》各铁路间的费用相同。

过境路的运输费用，则按下列规定计收。

（1）参加《国际货协》并实行《统一货价》各过境路的运输费用，在发站向发货人（相反方向运送，则在到站向收货人）核收。但办理转发送国家铁路的运输费用，可以在发站向发货人或在到站向收货人核收。

（2）过境非《国际货协》成员国的铁路运费，在出发站向发货人收取，或在到达站向收货人核收。

（3）在港口站所发生的杂费和其他费用，在这些港口站向发货人或收货人的代理人核收。

（二）国际铁路货物联运国内段运输费用的计算

根据《国际货协》的规定，我国通过国际铁路联运的进出口货物，其国内段运输费用的核收应按照我国《铁路货物运价规则》计算。运费计算的程序如下。

（1）根据货物运价里程表确定从发站至到站的运价里程。

（2）根据运单上填写的货物品名查找货物品名检查表，确定适用的运价号。

（3）根据运价里程和运价号，在货物运价率表中查出相应的运价率。

（4）按《铁路货物运价规则》确定的计费重量与该批货物适用的运价率相乘，算出该批货物的运费。

运费计算公式为

$$整车货物每吨运价（运价率）= 发到基价 + 运行基价 \times 运价千米$$

$$运费 = 运价率 \times 计费重量$$

重量以吨为单位，1t 以下四舍五入。

【例题 5-1】

某公司从国外进口一整车的煤炭，该货物的品名分类代码为"03"，经查该商品的运价号为"4"。按照《铁路货物运价规则》的规定，使用平车、砂石车经铁路局批准装运"铁路货物运输品名分类与代码表"中按 40t 计费，国内段从发站至到站的运价里程为 300km，试根据表 5-4 的运价率表核算该票货物的国内段运费。

表 5-4　铁路货物运价率

办理类别	运价号	发到基价（元/t）	运行基价（元/t·km）
		标准	标准
整车	1	7.10	0.0418
	2	7.80	0.0502
	3	9.80	0.0562
	4	12.20	0.0629
	5	13.40	0.0722
	6	19.60	0.0989

解答：

第一步，根据商品的运价号"4"，从表 5-4 可以确定该批货物的发到基价为 12.20 元/t，货物的运行基价为 0.0629 元/t·km。

第二步，该批货物整车每吨运价＝发到基价＋运行基价×运价千米 ＝12.20+0.0629×300=31.07（元/t）。

第三步，总运费＝运价率×计费重量

$$=31.07 \times 40 = 1242.80（元）$$

该票货物的国内段运费为 1242.80 元。

（三）国际铁路货物联运过境费用的计算

国际铁路联运过境运费按《统一货价》规定计算，其计算程序如下。

（1）根据运单上载明的运输路线，在过境里程表中查出各通过国的过境里程。

（2）确定运价等级和货物计费重量。

①零担货物计费重量单位为百千克数，整车货物计费重量单位为吨（注：无论零担或整车，计费重量最小化整 100kg）。集装箱货物计费重量单位为箱。

②整车货物用四轴车装运时，其车辆最低计费重量标准为：一等货物 20t，二等货物 30t。

③一张运单中只有单一货物，则直接查询运价等级和统计计费重量。但一张运单运送准许混装的名称不同的货物（合装货物）时，运价等级按以下确定。

A. 对于整车货物，首先按照这批货物的总重量或者这批货物中最大重量货物的运价等级计算，但不得少于该等级的装车计费重量标准。如果有两种或数种相同最大重量的货物时，应按照其中最高运价等级的货物计算。对于整车货物，发货人必须在运单中记录每种货物的名称和重量。属于同一运价等级的不同名称的货物，作为同一品种的货物，为了确定最大重量，应将这些货物的实际重量加总计算。如未记录混装货物中每种货物的重量时，应按照该批货物中的最高运价等级货物或者按该批货物的总重量（不得少于该运价等级的计费重量标准）计算运费。

B. 对于零担货物，所装载的各种货物的运价等级往往并不相同。如果分别注明每种货物的重量，而且货物又是分别包装时，按货品名查找运价等级。如果仅注明总重量或者这些货物包装为一件时，根据货物的实际总重量，按照最高运价等级的货物计算费率。

（3）在慢运货物运费计算表中，根据货物运价等级和总的过境里程查出适用的运费率。

（4）基本运费额 = 货物运费率 × 计费重量。

（5）运费总额 = 基本运费额 × (1+加成率)。

加成率系指运费总额应按托运类别在基本运费额基础上所增加的百分比。慢运零担货物运费加成率为50%，快运货物运费加成率为100%，快运零担货物运费加成率为150%，随旅客列车挂运整车运费加成率为200%。

五、国际主要铁路货物运输干线

（一）世界主要铁路货物运输干线

世界主要铁路货物运输干线有以下5条。

1. 亚洲的铁路干线

亚洲除了日本铁路网自成体系外，中国东部、南亚和中东地区铁路分布较为密集，但总体来说，其间联系较弱，尚未形成一个完整的路网系统。于2006年启动建设的、以泛亚铁路为核心的东亚铁路网建设计划，为国际铁路建设的大事。泛亚铁路以中国云南省昆明市为起点，分为三条线：东线经中国昆河铁路过河口穿过越南河内、胡志明市，柬埔寨金边，泰国曼谷到马来西亚吉隆坡；中线经云南磨憨穿过老挝，经琅勃拉邦到万象，再至泰国的廊开到曼谷，全长2219km；西线经瑞丽穿过缅甸，最终到达新加坡。泛亚铁路北部自越南与中国湘桂铁路相通抵达南宁，从越南及老挝通达昆明连接中国铁路网，再经亚欧大陆桥和欧洲铁路系统相联系，形成亚欧统一大铁路网络系统。

亚洲的主要铁路线如下。

（1）中国主要的铁路干线有京哈、京通、京沪、京九、京广、焦柳、沪昆、宝成—成昆、陇海—兰新线、京包—包兰—兰青—青藏、沪杭线—浙赣线—湘黔线—贵昆等。

（2）伊拉克的巴士拉—巴格达—科尼亚—伊斯坦布尔—巴尔干的铁路线，全长3100多km，向西经索菲亚、贝尔格莱德、布达佩斯、维也纳等，与其他中、西欧铁路相连，是中东地区连接欧洲最重要的铁路线。

2. 西伯利亚大铁路干线

西伯利亚大铁路干线东起俄罗斯远东日本海之滨的海参崴（符拉迪沃斯托克），经伯力、赤塔、伊尔库茨克、新西伯利亚、鄂木斯克、车里雅宾斯克、古比雪夫，止于莫斯科，全长9300多km。之后，东端又延伸到东方港和纳霍德卡港。

在西伯利亚大铁路干线的东段与之连接的其他干线有：①海参崴（符拉迪沃斯托克）—清津—咸兴—平壤铁路。②大连—沈阳—长春—哈尔滨—赤塔铁路。③广州—长沙—武汉—郑州—北京—大同—乌兰巴托—乌兰乌德铁路。

西伯利亚大铁路干线西端的连接干线有：①莫斯科—圣彼得堡—赫尔辛基—斯德哥尔摩—奥斯陆铁路。②莫斯科—华沙—柏林—科隆—布鲁塞尔—巴黎铁路。③莫斯科—罗斯托夫—第比利斯—卓勒法—德黑兰铁路。

我国与独联体、东欧国家及伊朗之间的贸易，主要通过西伯利亚大铁路干线进行。

3. 加拿大连接东西两大洋的铁路干线

加拿大连接东西两大洋的铁路干线主要有两条。

（1）鲁珀特港—埃德蒙顿—温尼伯—魁北克（加拿大国际铁路）。

（2）温哥华—卡尔加里—温尼伯—散德湾—蒙特利尔—圣约翰—哈利法克斯（加拿大太平洋大铁路）。

4. 美国连接东西两大洋的铁路干线

美国连接东西两大洋的铁路干线主要有四条。

（1）西雅图—斯波坎—俾斯麦—圣保罗—芝加哥—底特律（北太平洋铁路）。

（2）洛杉矶—阿尔布开克—堪萨斯城—圣路易斯—辛辛那提—华盛顿—巴尔的摩（圣菲铁路）。

（3）洛杉矶—图森—帕索—休斯敦—新奥尔良（南太平洋铁路）。

（4）旧金山—奥格登—奥马哈—芝加哥—匹兹堡—费城—纽约（联合太平洋铁路）。

5. 中东—欧洲铁路干线

中东—欧洲铁路干线从伊拉克的巴士拉，向西经巴格达、摩苏尔、叙利亚的穆斯林米亚，以及土耳其的阿达纳、科尼亚、厄斯基色希尔，至博斯普鲁斯海峡东岸的于斯屈达尔，过博斯普鲁斯大桥至伊斯坦布尔，接巴尔干铁路，向西经索菲亚、贝尔格莱德、布达佩斯至维也纳，连接中、西欧铁路网。

（二）我国通往邻国的铁路干线及中欧班列运行线

1. 我国的国际铁路线及口岸站

（1）滨洲线。由哈尔滨经大庆、富拉尔基、海拉尔，到达满洲里，全长930余km，与俄罗斯的外贝加尔接轨。办理国际旅客联运和国际铁路货物联运，以及中俄间联运货物对外交接手续，并进行旅客的出入境检查。

（2）滨绥线。由哈尔滨经尚志、牡丹江到达绥芬河，全长540余km，和俄罗斯的远东铁路接轨。绥芬河站办理与俄罗斯的货物进出口运输。

（3）长图线。西起吉林长春，东至图们，横过图们江与朝鲜铁路相连接，全长527km。图们站主要办理国际联运进出口货物运输。

（4）梅集线。由梅河口经柳河、通化到集安，全长210余km。它通过鸭绿江铁路桥与朝鲜铁路接轨，集安站每天往来中朝客货混合列车。

（5）沈丹线。沈阳经本溪，到达丹东，跨过鸭绿江，与朝鲜新义州的铁路接轨，全线长277km。丹东站是客货运混合站，办理旅客出入境检查手续。

（6）集二线。由集宁经过察哈尔、苏尼特，到达二连浩特，与蒙古国的扎门乌德铁路接轨，全长333km。二连浩特站是北京—乌兰巴托的中间站，俄罗斯以及东欧铁路联运均在二连浩特站接换，并对旅客进行出入境检查。

（7）兰新线。由兰州经酒泉、哈密、乌鲁木齐、奎屯到阿拉山口，出阿拉山口，在阿拉木图与西伯利亚铁路接轨，全长2340余km。阿拉山口站是我国西北地区唯一的铁路口岸，1992年开办国际旅客营运，在此办理国际列车的出入境业务。

（8）湘桂线。由衡阳经东安、桂林、柳州、南宁，到达凭祥市，通过友谊关，到达越南谅山，全长1026km，是我国通往越南的主要铁路线。

（9）昆河线。从昆明经宜良、开远到达河口，全长469km，通过红河桥在老街与越南铁路相接。

我国与上述国家的铁路联运是从 20 世纪 50 年代初开始的。铁路联运为各国开辟了一条对外经济贸易联系的重要渠道，为发展国际贸易创造了有利条件。

2. 中欧班列运行线

中欧班列（China Railway express，CR express），是由中国国家铁路集团有限公司组织，按照固定车次、线路、班期和全程运行时刻开行，运行于中国与欧洲以及"一带一路"沿线国家的集装箱铁路国际联运列车。中国国家铁路集团有限公司按照"六统一"，即统一品牌标志、统一运输组织、统一全程价格、统一服务标准、统一经营团队、统一协调平台，强化机制和装备保障的原则，由集装箱公司全面推进中欧班列服务平台建设，设立单证中心和客户服务中心，统一向中欧班列客户提供单证服务，定点、定时向客户推送班列追踪信息和客户服务，加强境内外营销组织，为客户提供优质的全程物流服务。

依托新亚欧大陆桥和西伯利亚大陆桥，我国已形成西、中、东三条中欧铁路运输通道：西部通道由我国中西部经阿拉山口/霍尔果斯出境，中部通道由我国华北地区经二连浩特出境，东部通道由我国东南部沿海地区经满洲里/绥芬河出境。主要班列运行线如下。

（1）中欧班列（重庆—杜伊斯堡）。从重庆团结村站始发，由阿拉山口出境，途经哈萨克斯坦、俄罗斯、白俄罗斯、波兰至德国杜伊斯堡站。全程约 11000km，运行时间约 15 天。

（2）中欧班列（成都—罗兹）。从成都城厢站始发，由阿拉山口出境，途经哈萨克斯坦、俄罗斯、白俄罗斯，至波兰罗兹站。全程 9965km，运行时间约 14 天。

（3）中欧班列（郑州—汉堡）。从郑州莆田站始发，由阿拉山口出境，途经哈萨克斯坦、俄罗斯、白俄罗斯、波兰至德国汉堡站。全程 10245km，运行时间约 15 天。

（4）中欧班列（苏州—华沙）。从苏州站始发，由满洲里出境，途经俄罗斯、白俄罗斯至波兰华沙站。全程 11200km，运行时间约 15 天。

（5）中欧班列（武汉—捷克、波兰）。从武汉吴家山站始发，在阿拉山口出境，途经哈萨克斯坦、俄罗斯、白俄罗斯，到达波兰、捷克等国家的相关城市。全程 10700km 左右，运行时间约 15 天。

（6）中欧班列（长沙—杜伊斯堡）。始发站在长沙霞凝货场，实行"一主两辅"运行路线。"一主"为长沙至德国杜伊斯堡，通过新疆阿拉山口出境，途经哈萨克斯坦、俄罗斯、白俄罗斯、波兰、德国，全程11808km，运行时间18天。"两辅"：一是经新疆霍尔果斯出境，最终抵达乌兹别克斯坦的塔什干，全程6146km，运行时间11天；二是经二连浩特（或满洲里）出境后，到达俄罗斯莫斯科，全程8047km（或10090km），运行时间13天（或15天）。

（7）中欧班列（义乌—马德里）。从义乌铁路西站到西班牙马德里，通过新疆阿拉山口出境，途经哈萨克斯坦、俄罗斯、白俄罗斯、波兰、德国、法国、西班牙，全程13052km，几乎横贯整个亚欧大陆，运行时间约21天。

（8）中欧班列（哈尔滨—俄罗斯）。班列全程运行6578km，经滨洲铁路（1004km）到达满洲里站出境，再经俄罗斯西伯利亚大铁路（5574km）到达比克良站。

（9）中欧班列（哈尔滨—汉堡）。班列东起哈尔滨，经满洲里、俄罗斯后贝加尔到赤塔，转入俄西伯利亚大铁路，经俄罗斯的叶卡捷琳堡和莫斯科到波兰的马拉舍维奇至终点德国汉堡，全程9820km。

（10）中欧班列（西宁—安特卫普）。从青海省西宁市双寨铁路物流中心发出，前往位于比利时的欧洲第二大集装箱港口安特卫普，运行全程约需12天，主要运输藏毯、枸杞等青海当地特色产品。

（11）中欧班列（广州—莫斯科）。从广州大朗站始发，由满洲里出境，直达俄罗斯莫斯科。全程11500km，用时15天。

（12）中欧班列（青岛—莫斯科）。从青岛多式联运海关监管中心出发，经满洲里出境，直达俄罗斯莫斯科。班列全程7900km，运行时间约22天。

亚欧之间的物流通道主要包括海运通道、空运通道和陆运通道。中欧班列以运距短、速度快、安全性高的特征，以及安全快捷、绿色环保、受自然环境影响小的优势，已经成为国际物流中陆路运输的骨干方式，并成为丝绸之路经济带发展倡议的重要组成部分。

第三节 国际管道运输

一、管道运输概述

管道运输是一种现代化运输方式。许多盛产石油的国家积极发展管道运输，因为管道运输速度快，流量大，减少了中途装卸环节，运费低廉。近年来，我国管道运输发展迅速。初步形成了覆盖全国的原油、成品油和天然气三大主干网络，以及"西油东送、北油南运、西气东输、北气南下、海气登陆"的油气输送网络，为国际管道运输发展奠定了良好的基础。

（一）管道运输简介

管道运输是国际货物运输方式之一，是随着石油生产的发展而产生的。它是一种以管道作为运输工具长距离输送液体和气体物资的特殊方式，是一种专门由生产地向市场输送石油、煤和化学产品的方式。当前管道运输的发展趋势是：管道口径不断增大，运输能力大幅度提高，运距迅速增加。运输物资由石油、天然气、化工产品等流体逐渐扩展到煤炭、矿石等非流体。就液体与气体而言，凡是在化学上稳定的液体与气体都可以用管道运送，如废水、泥浆、水，甚至啤酒都可以用管道传送。目前，管道运输主要用于运送石油与天然气。

现代管道运输始于19世纪中叶。1865年，美国宾夕法尼亚州建成第一条原油输送管道。管道运输的进一步发展是从20世纪开始的。第二次世界大战后随着石油工业的发展，管道建设进入了一个新的阶段，各产油国竞相开始兴建大量石油及天然气管道。20世纪60年代开始，输油管道趋于大管径、长距离，并逐渐建成输送成品油的管网系统，开始了用管道输送煤浆的尝试。全球的管道运输承担着很大比例的能源物资运输，包括原油、成品油、天然气、油田伴生气、煤浆等。其完成的运量常常大大超出人们的想象，如美国的管道运输量接近汽车运输量。近年来，运输专家正进一步研究将管道用于解决散状物料、成件货物、集装物料的运输问题，发展容器式管道输送系统。

管道运输是大宗流体货物运输的有效方式，管道本身就是运货的载体，油泵或压缩机将能量直接作用在流体上。按管道的铺设方式，人们可将管道分为埋地管道、架空管道、水下管道；按输送介质，可以分为原油管道、成品油管道、天然气管道、油气混输管道、固体物料浆体管道；按其在油气生产中的作用，油气管道又可分为矿场集输管道，原油、成品油和天然气的长距离输送干线管道，以及天然气或成品油的分配管道等。

（二）管道运输构成要素

管道运输系统的基本设施包括管道、压力站（泵站）和控制中心。

（1）管道。管道是管道运输系统中最主要的部分，它的制造材料可以是金属、混凝土或塑胶，完全根据输送的货物种类及输送过程中所要承受的压力而决定。管道运输的过程是连续进行的，管道两端必须建造足够容纳承载货物的储存库。

（2）压力站（泵站）。压力站是管道运输动力的来源。管道运输压力的来源一般有气压式、水压式、重力式，以及超导体磁力式。气体的输送动力来源通常靠压缩机来提供，这类压力站的设置距离一般为80~160km。液体的输送动力来源则靠泵来提供，这类压力站的设置距离一般为30~160km。

（3）控制中心。控制中心需要配备现代化的检测器，以及熟练的管理和维护人员，随时检测、监视管道运输设备的运转情况，以防止意外事故发生时造成漏损及危害。

（三）管道运输的优缺点

管道运输是随着石油和天然气产量的增长而发展起来的，目前已成为陆上油、气运输的主要运输方式。近年来，输送固体物料的管道，如输煤、输精矿管道，也有很大发展。

1. 管道运输的优点

（1）运输量大。一条输油管线可以不间断地完成输送任务。根据管径的大小，其每年的运输量可达数百万吨到几千万吨，甚至超过亿吨。一条直径720mm的输煤管道，一年即可输送煤炭2000万t，几乎相当于一条单线铁路单方向的输送能力。

（2）运输工程量小，占地少。管道运输只需要铺设管线，修建泵站，土石方工程量比修建铁路小得多，而且在平原地区大多埋在地下，不占农田。运输系统的建设实践表明，运输管道埋藏于地下的部分占管道总长度的95%以上，因而对于土地的永久性占用很少，分别仅为公路的3%、铁路的10%左右。在交通运输规划系统中，优先考虑管道运输方案，对于节约土地资源，意义重大。

（3）建设周期短、费用低。国内外交通运输系统建设的大量实践表明，管道运输系统的建设周期与相同运量的铁路建设周期相比，一般来说要缩短1/3以上。历史上，中国建设大庆至秦皇岛全长1152km的输油管道，仅用了23个月，而若要建设一条同样运输量的铁路，至少需要3年。新疆至上海市全长4200km的天然气运输管道，预计建设周期不会超过两年，但是如果新建同样运量的铁路专线，建设周期在3年以上。特别是地质地貌和气候条件相对较恶劣的地区，大规模修建铁路的难度将更大，周期将更长。统计资料表明，管道建设费用比铁路低

60%左右。

（4）安全可靠，连续性强。由于石油、天然气易燃、易爆、易挥发、易泄漏，采用管道运输方式，既安全，又可以大大减少挥发损耗，以及对空气、水和土壤的污染。也就是说，管道运输能较好地满足运输工程的绿色环保要求。此外，由于管道基本埋藏于地下，其运输过程受恶劣多变的气候条件影响小，可以确保运输系统长期、稳定地运行。

（5）能耗少、成本低、效益好。发达国家采用管道运输石油，每吨千米的能耗不足铁路的 1/7，在大量运输时成本与水运接近，因此，在无水条件下，采用管道运输是一种最为节能的方式。管道运输是一个连续工程，运输系统不存在空载行程，因而运输效率高。理论分析和实践经验已表明，管道口径越大，运输距离越远，运输量越大，运输成本就越低。以石油为例，管道运输、水路运输、铁路运输的成本之比为 1∶1∶1.7。

2. 管道运输的缺点

（1）专用性强。对运输对象有限制，承运的货物比较单一，只能运输石油、天然气及固体料浆（如煤炭等）。但是，在它占据的领域内，具有固定、可靠的市场。

（2）灵活性差。管道运输不如其他运输方式（如汽车运输）灵活。除承运的货物比较单一外，也不能随便扩展管线，实现"门到门"的运输服务。对一般用户来说，管道运输常常要与铁路运输或汽车运输、水路运输配合才能完成全程输送。

（3）固定投资大。为了进行连续输送，需要在各中间站建设储存库和加压站，以促进管道运输的畅通。

（4）专营性强。管道运输属于专用运输，其生产与运销混为一体，不提供给其他发货人使用。

（四）管道运输的种类

依据管道运输的建设工程，它可分为架空管道、地面管道和地下管道。其中，以地下管道最为普遍。视地形情况，一条管道也可能三者兼而有之。

管道运输就其地理范围而言，可以将从油矿至聚油塔或炼油厂，称为原油管道（crude oil pipeline）；从炼油厂至海港或集散中心，称为成品油管道（product oil pipeline）；从海港至海上浮筒，称为系泊管道（buoy oil pipeline）。

管道运输就其运输对象，可分为液体管道（fluid pipeline）、气体管道（gas pipeline）、水浆管道（scurry pipeline）。

管道运输与铁路运输和公路运输一样，也有干线和支线之分。

二、国际管道运输路线

（一）里海油区

里海含油气盆地是世界第三大油气资源富集区，据美国能源部估计，里海石油地质储量 2000 亿桶，占世界总储量的 18%。

1. 哈萨克斯坦原油出口管道

（1）中哈原油管道。西起里海的阿塔苏，横跨途经哈萨克斯坦的阿克托别、肯基亚克，终点为中哈边界的博州阿拉山口市，全长 2798km。

（2）阿特劳—萨马尔原油管道。始于哈萨克斯坦阿特劳，横跨哈萨克斯坦，终点在俄罗斯萨马尔汇入俄罗斯管道，可通过管道运往欧洲，也可运送到乌克兰敖德萨和俄罗斯新罗西斯克，再通过油船运往欧洲，总长 695km。

（3）里海财团管道（CPC，阿特劳—新罗西斯克）。始于哈萨克斯坦的阿特劳田吉兹等油田，横跨里海和高加索，终点在新罗西斯克，长度 1500 多 km。

2. 阿塞拜疆原油出口管道

（1）巴库—新罗西斯克输油管线（巴库—格罗兹尼—新罗西斯克）。始于阿塞拜疆巴库，横跨高加索（阿塞拜疆和俄罗斯），终点在俄罗斯新罗西斯克，长度为 1347km。

（2）巴库—苏普萨原油管道（巴库—第比利斯—苏普萨）。始于阿塞拜疆巴库，横跨外高加索（阿塞拜疆、格鲁吉亚），终点到黑海港口苏普萨，再经过油船运往敖德萨，进而运往欧洲，总长 920km。

（3）巴杰原油管道（巴库—第比利斯—杰伊汉）。始于阿塞拜疆巴库，横跨阿塞拜疆、格鲁吉亚、土耳其，终点在土耳其的杰伊汉港口。

（二）波斯湾地区

（1）沙特东西石油管道。目前，沙特只有一条大型管道——东西石油管道（east-west pipeline，或 petroline）。东西石油管道起自靠近东海岸的阿卜凯克，横跨沙特东西，终点在西海岸的港口城市延布。

（2）伊拉克基尔库克—杰伊汉石油管道。伊拉克目前的外输管道只有基尔库克到土耳其的管道在使用，其他管道都已经废止。基尔库克—杰伊汉石油管道起自伊拉克北部的基尔库克省，横跨伊拉克和土耳其，终点在土耳其的杰伊汉港。该管道将伊拉克北部生产的石油运送到杰伊汉港。它与库尔德主管道相连，由两条平行管道构成。

（3）阿联酋阿布扎比输油管道。阿布扎比输油管道，起始于阿联酋阿布扎比的哈卜善油田，横跨阿联酋，终点在富查伊拉港，绕过霍尔木兹海峡运输石油。

（三）俄罗斯

（1）友谊原油管道（经互会输油管道）。起于俄罗斯萨马拉市，横跨白俄罗斯，终点经布良斯克进入白俄罗斯，到达莫济里附近后，分为南、北两条支线。北线经过白俄罗斯、波兰和德国，南线途经乌克兰、斯洛伐克、捷克、匈牙利和克罗地亚。该输油管道从俄罗斯布良斯克州的乌涅恰市还分出一条经过白俄罗斯通往立陶宛和拉脱维亚的支线：北线长4412km，从俄罗斯通至德国；南线长5500km，输往捷克和匈牙利。

（2）波罗的海原油管道。东起雅罗斯拉夫尔，横跨俄罗斯，终点到波罗的海边列宁格勒州的普里摩尔斯克港，将俄罗斯季曼—伯朝拉地区、西西伯利亚、乌拉尔和伏尔加河沿岸等地区生产的石油运至列宁格勒州的普里摩尔斯克港，然后再用油轮运至欧洲主要的石油贸易和加工中心。其长度为709km。

（3）萨马拉—新罗西斯克（敖德萨）原油管道。起自萨马拉，横跨俄罗斯，终点在新罗西斯克港。该管道主要是将萨马拉方向来的石油通过国内管网输至俄罗斯在黑海的主要港口新罗西斯克和乌克兰黑海港口敖德萨，然后装船经黑海和土耳其海峡外运。

（4）布尔加斯—亚力山德鲁波利斯石油管道。起自保加利亚港口布尔加斯，横跨保加利亚和希腊，终点在希腊港口亚力山德鲁波利斯。该管道将里海石油绕过博斯普鲁斯海峡，直接运到希腊的地中海港口，从而进入欧洲市场。其长度近300km。

（5）东西伯利亚—太平洋原油管道（泰纳线）。又称东亚—太平洋原油管道、泰纳线，通往中国的线路叫中俄原油管道、中俄原油管道二线。它东起伊尔库茨克州的泰舍特，从贝加尔湖北侧经过，然后沿着贝加尔—阿穆尔大铁路，从斯科沃罗季诺开始沿着中俄边境地区，最后到达太平洋港口纳霍德卡，全长4100km。

（四）中缅原油管道

中缅原油管道的起点在缅甸西海岸的马德岛，它将西亚石油绕过马六甲，从缅甸运往中国，经过缅甸的若开邦、马圭省、曼德勒省及掸邦，跋涉771km后，从云南瑞丽进入中国，再经云南省、贵州省，止于重庆市。干线管道全长2402km，其中缅甸境内长771km，中国境内长1631km。

三、我国管道运输发展概况

中国管道运输行业持续发展，规模也不断扩大，管道运输行业已成为中国能源行业重要的支柱之一。改革开放以来，围绕四大油气资源进口战略通道，我国基本形成了连通海外、覆盖全国、横跨东西、纵贯南北、区域管网紧密跟进的油气骨干管网。目前，中国管道运输行业已形成以石油、天然气、化工等为主的管道网络，形成了管道运输的"三大体系"：长输、中输和短输。至2022年底，中国国内管道运输总里程达到165.6万km，其中，石油管道总里程达到16.5万km，天然气管道总里程达到11.8万km，化工管道总里程达到1.8万km。

（一）天然气管道运输

国际上与我国有关的较为重要的管道包括中亚天然气管道、中缅天然气管道，以及中俄东线天然气管道三大天然气进口通道。在国内则围绕西气东输、陕气东送、川气东送，形成了陕京一线、陕京二线、陕京三线、西气东输一线、西气东输二线、西气东输三线、川气东送等主干线，以及冀宁线、淮武线、兰银线、中贵线等联络线。

（二）石油管道运输

我国与周边国家联合建设的管道包括中俄原油管道、中俄原油管道二线、中缅管道、中哈原油管道等。在国内，围绕西油东送、北油南下，形成了以兰成、长呼等为代表的原油管道，以兰成渝、兰郑长、呼包鄂等为代表的成品油管道。

（三）化工管道运输

主要用于冶金、矿山等特殊场景，以点对点为主，不成网。

由于管道运输在投资成本、安全性能、运输效率、环境影响等方面优于其他运输方式，因此，管道运输行业未来发展前景非常广阔。首先，随着国家对能源结构调整的重视和深入，管道运输行业将获得有力政策支持，其发展将进一步加快。其次，随着管道运输行业投资热度的不断增加，技术和装备也将不断改进，从而提高管道运输行业的效率和安全性。最后，随着能源结构的完善，管道运输行业将成为中国能源供应的主要支柱，其未来发展前景将更加广阔。

总之，中国管道运输行业的市场规模正在不断扩大，未来发展趋势也将不断向好，将成为中国能源运输行业的主要支柱，为中国经济发展做出积极贡献。

本章小结

本章首先介绍了国际公路运输的概念、优缺点、类型、运输公约和协定、流程、费用和我国内地通往邻国，以及我国港澳地区的公路运输口岸。其次，介绍了国际铁路运输的概念、优缺点、作用和相关规章或国际公约，以及国际铁路货物联运基本情况、进出口业务流程、联运运费核算和主要铁路货物运输干线。最后，介绍了国际管道运输的基本情况、运输路线和我国管道运输发展概况。

即测即练

复习思考题

1. 简述国际公路运输技术发展趋势。
2. 简述国际铁路运输的缺点。
3. 简述国际铁路货物联运单的概念。
4. 简述中欧班列的概念。
5. 简述国际铁路联运进口业务流程。
6. 简述当前管道运输的发展趋势。

第六章 集装箱运输与国际多式联运

学习目标

1. 了解集装箱与集装箱运输的定义、特点等相关内容。
2. 熟悉集装箱货物与交接方式、货运程序以及运费。
3. 掌握国际多式联运的特征、优势和实施条件,以及单据的种类、签发和保留。

能力目标

1. 了解集装箱货物与交接方式,培养学生的集装箱货运业务分析能力。
2. 熟悉集装箱出口、进口的货运程序和主要单证,培养学生的集装箱货运协调能力。
3. 掌握国际多式联运的特征、优势和实施条件,以及单据的种类、签发和保留,能够将国际多式联运的实施过程运用于实践。

思维导图

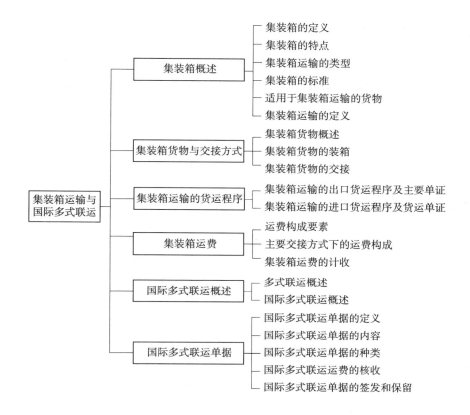

导入案例

案例标题：集装箱的前世——"兰开夏托盘"

教学微视频

第一节　集装箱概述

一、集装箱的定义

集装箱具备一定的强度、刚度和规格，不仅可以承载多种类型的货物，还可以在发货人的仓库进行装载，运输到收货人的仓库后直接卸货。此外，由于集装箱具有标准化的设计和规格，因此在中途更换运输工具时，无须将货物从箱内取出换装，可以直接转运。集装箱的使用，显著提高了货物转运的效率和安全性，并成为现代物流体系中不可或缺的一环。

二、集装箱的特点

集装箱的特点主要表现在以下几个方面。

（1）集装箱本身是一种小型仓库，具有存储和保护货物的功能。所以在使用集装箱进行物流运作时，无须再配置额外的仓库和库房。这样不仅可以降低物流成本，还可以提高物流运作的效率和灵活性。

（2）集装箱的箱体通常采用高强度材料制造，如钢铁或铝合金等，因此，集装箱具有较强的耐久性和抗风险性，在货运途中能够有效地保护货物，减少货物在运输过程中的破损、碎裂或丢失等现象，降低货损率。

（3）集装箱作为标准化装备的货运工具，在尺寸、形状等方面有统一的规定，适用于不同类型的货物和承运设备，提高了物流运输效率和安全性。

三、集装箱的类型

集装箱类型详如图 6-1 所示。

（一）按货物种类分

按照货物的种类可分为杂货集装箱、散货集装箱、液体集装箱和冷藏集装箱四种。

（1）杂货集装箱。杂货集装箱（dry cargo container），又称干货集装箱或通用集装箱，适用于装载的货物种类较多，包括日用百货、纺织品、服装、轻工产品、食品、机械、仪器、家用电器、医药及各种贵重物品等，在货运中最为常用。

（2）散货集装箱。散货集装箱（bulk container），主要适用于装载无包装的固体颗粒状和粉状货物。货物从集装箱的顶部进行装货，从底部进行卸货。

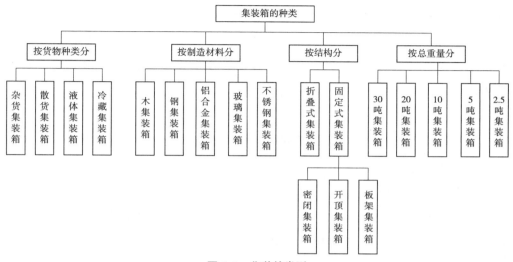

图 6-1 集装箱类型

（3）液体集装箱。液体集装箱，又称罐式集装箱（tank container），主要由液罐和框架构成，用于装运酒类、油类、液体食品、化学药品等液体货物的集装箱。液体集装箱的搬运操作、装货、卸货、贮藏均需专门场所，并配备专门的消防安全设备。

（4）冷藏集装箱。冷藏集装箱（reefer container），具有良好的隔温功能，适用于运送及贮存各类易变质食品。冷藏集装箱的基本类型有保温集装箱、外置式冷藏集装箱、内藏式冷藏集装箱、液氮和干冰冷藏集装箱、冷冻板冷藏集装箱等。

（二）按制造材料分

按照集装箱的制造材料可分为木集装箱、钢集装箱、铝合金集装箱、玻璃集装箱和不锈钢集装箱五种。

（1）木集装箱。木集装箱（wooden container）由木材制成，具有较强的韧性、承载性和防腐性。并且，由木材制成的集装箱能够回收再利用，从而降低制造成本。

（2）钢集装箱。钢集装箱（steel container），此类集装箱采用钢材制作，各部件通过钢板焊接而成，优点是结构牢，强度大，水密性好，焊接性高。

（3）铝合金集装箱。铝合金集装箱（aluminumalloy container）由铝合金材质制成，不仅重量较轻，生产成本较低，外形美观大方，还具备较强的耐蚀性和韧性。

（4）玻璃集装箱。玻璃集装箱（glass container）由 FRP 材料制作而成，具有强度高、弯曲刚度大、耐火性好、耐溶剂腐蚀好、易清理的特征。

（5）不锈钢集装箱。不锈钢集装箱（stainless steel container）由不锈钢制成，不仅结构较为坚固，耐用性较强，还具有较强的防水性、防火性、耐蚀性、高韧性的特点。

（三）按结构分

按照集装箱的结构可分为折叠式集装箱和固定式集装箱两种，其中固定式集装箱又可分为密闭集装箱、开顶集装箱和板架集装箱三种。

1. 折叠式集装箱

折叠式集装箱（collapsible container）的侧壁、端壁、箱顶等主要部件均可实现简单的折叠或分解，再次使用时，组合也很方便。

2. 固定式集装箱

固定式集装箱又可分为密闭集装箱、开顶集装箱和板架集装箱三种。

（1）密闭集装箱。密闭集装箱（air tight container）具有较好的密封性能，可有效地防止水分、空气、灰尘、昆虫等外部环境因素侵入箱体内部。常用于运输对环境要求比较高的货物，如食品、医药品、电子产品等。此外，还可以用于运输危险化学品等需要特殊处理的货物。

（2）开顶集装箱。开顶集装箱（open top container）无箱顶，货物可通过箱顶完成装卸工作。在进行货物运输时，需将开顶集装箱的顶部用防水布进行覆盖，从而保证货物的完整。开顶集装箱适用于装载玻璃板等体积较大的货物。

（3）板架集装箱。板架集装箱（flatrack container），又称框架集装箱，无箱顶和两侧，货物可从集装箱侧面完成装卸工作。它主要运载超重货物以及牲畜。

（四）按总重量分

按照集装箱的总重量分为 30t 集装箱、20t 集装箱、10t 集装箱、5t 集装箱和 2.5t 集装箱五种。

四、集装箱的标准

目前，主要使用国际集装箱规格尺寸中第一系列 A、B、C、D 四种类型的集装箱进行货物运输，并且 1A 箱型和 1C 箱型的集装箱最为常用。四种类型集装箱的具体规格见表 6-1。

表 6-1　A、B、C、D 四种类型集装箱的具体规格

规格/ft	箱型	长		宽		高		最大总重量	
		公制/mm	英制/ftin	公制/mm	英制/ftin	公制/mm	英制/ftin	kg	lb
40	1AAA	12192	40′	2438	8′	2896	9′6″	30480	67200
	1AA					2591	8′6″		
	1A					2438	8′		
	1AX					<2438	<8′		
30	1BBB	9125	29′11.25″	2438	8′	2896	9′6″	25400	56000
	1BB					2591	8′6″		
	1B					2438	8′		
	1BX					<2438	<8′		
20	1CC	6058	19′10.5″	2438	8′	2591	8′6″	24000	52900
	1C					2438	8′		
	1CX					<2438	<8′		
10	1D	2991	9′9.75″	2438	8′	2438	8′	10160	22400
	1DX					<2438	<8′		

五、适用于集装箱运输的货物

本书从最适合、较适合、一般适合和不适合四个角度，根据货物本身的价值对集装箱运输的货物进行分类，详见表 6-2。

表 6-2　集装箱运输货物分类

适合程度	货物本身价值	货物种类
最适合	价值较高	医药品、小型电器、金银饰品、服装、香烟、白酒、食品等
较适合	价值中等	纸、电线、皮张、金属制品等
一般适合	价值较低	钢管、原木、金属锭、价值较高的矿产品等
不适合	/	卡车、煤炭等

六、集装箱运输的定义

集装箱是一种特殊的货物容器，作为运输工具被广泛使用。目前，学术界以及《物流术语》（2023 版）并未对集装箱运输进行明确定义，本书从国际物流的角度将其定义为一种以集装箱为货运单位，适用于海、陆、空货物运输的方式。

集装箱运输是一种现代化的货物运输方式，它以集装箱作为运输单位，具有许多特点。其中，最重要的特点是可以实现全程运输中的快速换装，使货物能够便捷地从一种运输工具转移到另一种运输工具，同时减少中间环节，简化货运手续，加快货运速度，缩短货运时间，从而有效减少商品在途时间。此外，集装箱由专门的运输工具装运，具有装卸快、效率高、质量有保证的优点，一般由一个承运人负责全程运输。

第二节　集装箱货物与交接方式

一、集装箱货物概述

随着集装箱运输方式的出现，传统的货运单位发生了变化，这有效地克服了传统运输存在的各种缺陷。然而，需要注意的是，并非所有的货物都适合作为集装箱货物进行运输。集装箱货物是指以集装箱为单元积载设备而投入运输的货物。一般来说，适宜用集装箱装运的货物具有两个基本特点：①可以较好地利用集装箱的载货能力，包括重量和容积。②价格相对较高。

按货运特征分类，集装箱货物可划分为整箱货和拼箱货两种。

（1）整箱货（FCL），指的是由一个货主托运、足以填满一个集装箱的货物，采用整箱方式进行交接。在整箱交接方式下，发货人自行装箱并办理好海关加封等手续，承运人接收的货物是外表状态良好、铅封完整的集装箱。当货物运抵目的地时，承运人将集装箱原状交付给收货人，收货人自行将货物从箱中取出。与拼箱货不同，整箱交接集装箱中的货物一般只有一个发货人和一个收货人。班轮公司通常承担整箱货物的运输任务。

（2）拼箱货（LCL），是指一个货主托运的数量不足整箱的小票货，需要由集装箱货运站或货运代理人将分属不同货主的同一目的地的货物进行合并装箱的货物。拼箱交接是指发货人将各自小量货物交给承运人，由承运人根据流向相同的原则将这些货物装入同一个集装箱进行运输的交接形式。每个集装箱的货物有多个发货人和收货人。货物的装、拆箱作业由承运人负责，并需要在码头集装箱货运站、内陆货运站、中转站和铁路办理站等地进行。拼箱货物运输承运人要承担运输途中的货损、货差。在货物交接中，有时也会出现整箱形态接收货物，而以拼箱形态交付货物的情况，或者相反。拼箱货物通常涉及几个发货人或几个收货人，与整箱货不同。

二、集装箱货物的装箱

无论货物是由货主自行装箱,还是由集装箱货运站装箱,人们都需要对集装箱进行检查,掌握正确的装箱方法,以确保货物的运输质量。

(一)集装箱的检查

在使用集装箱运输货物之前,人们需要对集装箱进行检查,以确保其符合国际标准,并且能够安全地运输货物。集装箱应具备以下条件。

(1)有合格的检验证书。

(2)外观无明显损伤、变形、破口等。

(3)箱门完好,能够完全打开并锁紧。

(4)内部清洁干燥、无异味、无尘污或残留物,衬板、涂料完好。

(5)焊接部位牢固,不漏水、不漏光。

(6)附属件的强度、数量符合规定和运输需要。

(7)机械设备(如冷冻、通风)完好并能正常使用。

在用集装箱装货前,发货人和承运人需要对集装箱进行仔细、全面的检查,包括外部、内部、箱门、清洁状况、附属件及设备等方面。同时,发货人和承运人需要共同确认集装箱的状态并将其记录在设备交接单或其他书面形式上。这些检查和确认的目的是确保集装箱能够安全、有效地运输货物。

(二)集装箱货物积载方式

在集装箱运输中,货物的积载工作非常重要。因为在运输过程中,集装箱可能会遭受到振动、碰撞、摇晃等情况。如果货物积载不当,可能会导致货损,甚至引起运输工具和装卸机械的损坏,以及人员受伤。因此,在进行集装箱货物积载时,人们须遵守一些基本要求,明确注意事项,以确保运输质量和安全。

1.配载

配载是指对货物在集装箱内的具体装载方式进行规划和安排。无论货主自行装箱,还是集装箱货运站进行装箱,人们都需要对货物进行配载工作,以确保货物在运输过程中的安全和稳定。如果集装箱内只装运一种货物,则应考虑货物的重量、单件包装强度、单件形状和尺寸等因素,以及集装箱的安全负荷和总容积等因素进行配载。如果集装箱内需要装载多种货物,则应综合考虑各种货物的体积、重量、性质、包装形态及强度、运输要求、货物流向、承载能力、集装箱利用率等因素,做出合理的配载计划。

2.货物的拼箱、装载、堆码

在集装箱内装载货物时，人们需要注意各种货物的性质、包装形态及强度。在拼装不同种类货物时，应将包装牢固、重量大的货物放在箱底，包装不牢、轻件货物放在上部，并按照货物的性质、单件重量进行分区、分层堆放。在多层堆码时，应考虑货物的包装强度及箱底的承载能力，适当垫入缓冲器材。货物的装载应整齐、严密，空隙应加适当隔衬以防止货物的移动、碰撞、污损和湿损。货物在箱子内的重量分布应均衡，避免造成吊运、装卸机械及运输工具损毁等事故。此外，靠近箱门附近的货物要采取系固措施，以防止货物倒塌造成损坏或人身伤亡事故。

3.其他应注意事项

装载货物时，人们需要遵守以下原则：①必须确保装载在集装箱内的货物总重量不超过集装箱的额定载重量，否则由装箱人承担一切损失。②在同一箱子内拼装不同种类的货物时，必须确保这些货物的物理、化学性质不会相互冲突或产生气味污染。此外，对于由不同发货人或收货人提供的货物，应考虑它们的流向并尽量保持一致。③在装箱时使用的隔垫和系固材料应该是干净、干燥、无虫害的。

三、集装箱货物的交接

（一）集装箱运输的关系方

随着集装箱运输的发展，相关的工作流程、管理方法和机构也随之成熟。集装箱运输涉及的主要方面包括无船承运人、集装箱实际承运人、集装箱租赁公司、集装箱堆场和集装箱货运站等。

（1）无船承运人。无船承运人是一种专门从事集装箱货物运输业务的企业，主要负责集装箱货物的揽收、装卸箱、内陆运输和中转站或内陆站的业务。无船承运人可以拥有自己的运输工具，也可以不拥有。在货主看来，无船承运人就是承运人；在实际承运人看来，无船承运人则是托运人。随着集装箱运输的不断发展，无船承运人在其中发挥着越来越重要的作用。

（2）集装箱实际承运人。集装箱实际承运人指的是直接掌握运输工具并负责集装箱运输的承运人。一般来说，这些实际承运人拥有大量集装箱，可以更好地管理集装箱、调配集装箱，并且协调集装箱与船舶、车辆等交通工具的衔接。

（3）集装箱租赁公司。集装箱租赁公司是一种专门提供集装箱出租服务的公司，它们经营租赁集装箱，提供各种类型和规格的集装箱，以满足客户在集装箱运输方面的需要。随着集装箱运输的发展，集装箱租赁公司的业务也在不断扩大。

（4）集装箱堆场。集装箱堆场是指用于存放、转运和交接集装箱的场所，这些集装箱可以是重箱或空箱。

（5）集装箱货运站。集装箱货运站主要处理拼箱货物的装卸和分拨，其职责包括接收集装箱堆场交来的进口货箱，进行拆箱、理货、保管、配载和交接，最终将货物分配给各收货人。它还可以为承运人提供铅封和签发场站收据等服务。

（二）集装箱货物的交接方式

集装箱货物的交接方式多种多样，可以在船边进行传统的交接，也可以在集装箱堆场以整箱货的方式进行交接，拼箱货则可以在集装箱货运站进行交接。在多式联运的情况下，货物也可以在货主的仓库或工厂进行交接。在海上集装箱班轮运输中，班轮公司通常承运整箱货，在集装箱堆场进行交接，集拼经营人则承运拼箱货，在集装箱货运站与货方交接货物。综上所述，集装箱货物的交接方式有多种，人们可根据不同情况选择合适的方式进行，具体见表6-3。

表6-3 集装箱的交接方式及相关定义

交货地点	交接定义	货物交接形式
门到门	指集装箱运输经营人从发货人处接收货物，并负责将货物运送到收货人指定的目的地，交付给收货人	整箱货的交接
门到场	指集装箱运输经营人从发货人工厂或仓库接收货物，将其运至目的港的码头堆场或内陆堆场，并向收货人交付	
场到门	指集装箱运输经营人在港口堆场或内陆堆场接收发货人的整箱货物，并负责将货物运送至收货人的工厂或仓库进行交付	
场到场	指集装箱运输经营人在装货港的码头堆场或内陆堆场接收整箱货，然后将其运输到卸货港的码头堆场或内陆堆场，在那里将整箱货物交付给收货人	
门到站	指集装箱运输经营人从发货人工厂或仓库接收货物，运至卸货港码头的集装箱货运站或其内陆地区的货运站，在这些站点将整箱货拆箱，然后按照收货人信息进行配载和交付	整箱货与拼箱货的交接
场到站	指集装箱运输经营人在装货港的码头堆场或其内陆堆场接收整箱货物，并负责将其运至卸货港的集装箱货运站或其在内陆地区的货运站，经过拆箱操作后再向收货人交付	

续表

交货地点	交接定义	货物交接形式
站到场	指集装箱运输经营人在装货港的集装箱货运站或其内陆的集装箱货运站接收货物,将货物拼箱后运至卸货港的码头堆场或其内陆堆场交付给收货人	拼箱货与整箱货的交接
站到门	指的是集装箱运输公司在发货地的集装箱货运站(包括内陆货运站)接收拼箱货物,负责将其运至收货人工厂或仓库并交付	
站到站	指集装箱运输经营人在装货港码头或内陆地区的集装箱货运站接收货物,经过拼箱后运至卸货港码头或其内陆地区的集装箱货运站,经过拆箱后向收货人交付	拼箱货的交接

第三节 集装箱运输的货运程序

一、集装箱运输的出口货运程序及主要单证

集装箱运输的出口货运程序与传统的班轮运输出口货运程序大体相似,唯一的区别是增加了发放和接收空箱和重箱、集装箱的装箱和拆箱等作业程序,并改变了集装箱货物的交接方式。此外,还对一些与作业程序和交接方式相适应的单证进行了修订和补充。

(一)集装箱运输的出口货运程序

1. 订舱或托运

根据贸易合同和信用证条款,作为发货人的出口商(或进口商)在办理托运手续前需要选择合适的船舶班期,并填写订舱单或托运单,向船公司、代理人或其他运输方式的经营者申请订舱或托运,以确保按时将集装箱货物运送到目的地。船公司、代理人或其他运输方式的经营者将根据货主的订舱申请,考虑航线、船舶、港口条件、运输时间,以及满足货主要求的运输条件,然后决定是否接受订舱和托运要求。对于批量较小的集装箱货物,可以填写托运单并直接向船公司、代理人或其他运输方式的经营者办理托运手续。对于较大批量的集装箱货物,通常会先向船公司或代理人订舱,待获得订舱确认后再办理托运手续。

2. 承运

承运可以被视为对订舱或托运要求的书面确认。对于申请订舱并得到船公司或船公司代理人对订舱要求做出承诺的货物,货主或货运代理人在交运集装箱货物之前需要填写集装箱托运单,并向船公司或船公司代理人办理托运手续,以获

得订舱的确认。船公司或船公司代理人会审核托运单，并与订舱单进行核对以确认无误。然后在装货单（或港站收据副本）上签章，表示承运货物，并将装货单退还给货主或货运代理人。货主或货运代理人可以凭装货单向海关办理货物出口报关手续。船公司或船公司代理人在承运货物后，根据订舱单或托运单制作订舱清单，分发至集装箱装卸作业区或集装箱堆场，以准备空箱的发放和重箱的交接、保管工作，同时进行装船作业。

3. 发放空箱

通常情况下，集装箱可以免费借给货主或集装箱货运站使用。对于整箱货物，船公司或其代理人在接受订舱和提供承运货物后，会签发集装箱发放通知单和集装箱设备交接单，一起交给托运人或货运代理人，以供他们前往集装箱堆场或内陆站提取空箱。在拼箱货物的情况下，则由集装箱货运站来提取空箱。不论是货主还是集装箱货运站提取空箱，都需要事先制作设备交接单（出场）。在提取空箱时，由集装箱装卸作业区的门卫与提取空箱的卡车司机代表集装箱堆场和集装箱使用人一同对集装箱及其附属设备的外观状况进行检查，然后各自在设备交接单上签字，并各自保留一份。

4. 货物装箱

货主或货运代理人有可能托运整箱货物或拼箱货物。针对整箱货物，货主会自行办理货物的出口报关手续，并在海关的监督下自主装箱，同时制作装箱单和港站收据。对于拼箱货物，集装箱货运站会将货主不同但是流向相同的零星货物进行拼装，组装成整箱货物。具体流程如下：货主将不足整箱的货物连同预先制作的港站收据交给集装箱货运站。集装箱货运站核对货主制作的港站收据和交付的货物，并在港站收据上签收。如果在接收货物时发现货物外观有异常情况，则需要在港站收据上记录相应备注。在装箱之前，集装箱货运站需要办理货物的出口报关手续，并在海关的监督下进行装箱操作，同时按照货物装箱的顺序，从内到外编制装箱单。

5. 整箱货的交接和签收

无论是整箱货物还是拼箱货物，它们都需要被送到集装箱装卸作业区的集装箱堆场等待装船。针对整箱货物，发货人会自行装箱并由海关封存，然后将重箱连同装箱单、设备交接单（入场），以及港站收据通过内陆运输交付到集装箱装卸作业区的集装箱堆场。随后，门卫和内陆运输的卡车司机会检验进场的重箱，并签署设备交接单。集装箱堆场会核对订舱清单、港站收据和装箱单后接收货物,并在港站收据上签字,然后退还给发货人以换取提单。对于拼箱货物,除了集装箱货运站负责装箱、制作装箱单和设备交接单等有关集装箱的货运单证外,其他流程与整箱货物相同。

6. 换取提单

一旦发货人收到由集装箱货运站或集装箱堆场的经营人签署的港站收据,他们就可以使用该港站收据向船公司或其他运输方式的经营人支付运费,以便获取提单或其他多式联运单证。随后,他们可以前往银行进行结汇或办理货款手续。这样,他们就能顺利完成支付和获取必要的运输文件。

7. 装船

集装箱进入集装箱装卸作业区的堆场后,装卸作业区会根据待装货箱的流向和装船顺序制订集装箱装船计划或积载计划。在船舶到达港口之前,待装运的集装箱将被移动到堆场的前方,并按照指定的箱位按顺序堆放。当船舶到达后,便可按顺序将集装箱装载到船舶上,这样可以确保顺利进行装船作业。一旦集装箱被装载到船上,发货人将制作出口货物清单并办理船舶出口报关手续。随着船舶的启航,他们将编制货物运费清单,并将其与其他货运单证一起发送给目的港的船公司代理人。这些文件将被用来提前准备卸货和交付货物的工作,并通过发送货物电报等程序与目的港的船公司代理人进行沟通。总体而言,这些程序与传统海运相似,不再重复说明。

(二)集装箱出口货运的主要单证

与传统的货运单证相比,集装箱运输的出口货运单证在某些方面存在差异,同时也有相似之处。在集装箱运输中,使用港站收据来代替传统运输中的收货单。同时,装箱人需要制作装箱单以便办理货物进出口报关和货物交接手续。此外,还需要制作集装箱设备交接单来处理集装箱及其附属设备的交接事宜。这些是两者之间的不同之处。然而,两者在使用的载货清单和载货运费清单等方面,无论是作用、内容还是单证名称上,几乎没有太大的差异,这是它们的相似之处。

通常情况下,除了传统海运所使用的货运单证之外,集装箱运输具有独特特点并反映在出口货运单证中。主要的出口货运单证包括集装箱设备交接单、装箱单、场站收据、危险品清单和冷藏集装箱清单。

1. 集装箱设备交接单

集装箱设备交接单如图 6-2 所示，它是集装箱所有人或经营人委托集装箱码头、堆场与货主或集装箱货运站交接集装箱及其设备的凭证。它不仅用于明确集装箱设备交接的责任，还是对集装箱进行跟踪管理所必需的文件。由于集装箱货物是按箱交接的，只要集装箱外表无异常且铅封完好，交接单实际上也是证明箱内货物交接正确无误的凭证。

进场设备交接单和出场设备交接单是设备交接单的两种形式。每种形式都包含三联，分别为管箱单位（或船公司）联、用箱人/运箱人联和码头/堆场联。设备交接单的各栏由相应的责任方填写，包括船公司或其代理人、用箱人/运箱人，以及码头/堆场的经办人员。船公司或其代理人填写的栏目包括用箱人/运箱人、提箱地点、船名/航次、集装箱类型和尺寸、集装箱状态、免费使用期限，以及进（出）场目的等信息。用箱人/运箱人填写的栏目包括运输工具牌号。对于进场设备交接单，还需要填写来自地点、集装箱号、提单号和铅封号等信息。码头/堆场填写的栏目包括集装箱进出场日期和检查记录。对于出场设备交接单，还需要填写提箱地点和集装箱号等信息。

设备交接单的流转过程如下。

（1）管箱单位填写设备交接单，并交给用箱人/运箱人。

（2）用箱人/运箱人前往码头/堆场，提取或交付集装箱，并与经办人员一起核对设备交接单和集装箱的外观状况。双方确认无误后，在设备交接单上签字。码头/堆场保留管箱单位联和码头/堆场联，将用箱人/运箱人联退还给用箱人/运箱人。

（3）码头/堆场将保留的管箱单位联退还给管箱单位。

2. 装箱单

装箱单如图 6-3 所示，它是一种记录装箱货物信息的单证，按照装箱顺序（自内至外）列出了货物的具体名称、数量、尺寸、重量、标志，以及其他货运信息。对于特殊货物，还会在装箱单上注明特定要求，如针对冷藏货物，会标明需要保持的箱内温度要求等。装箱单的主要目的是提供清晰的货物信息，确保货物的准确装载和运输。

集装箱的装箱单有多种用途。首先，它是集装箱船舶进出口报关时向海关提交的载货清单的补充资料，也是向承运人提供箱内所装货物的详细清单。其次，

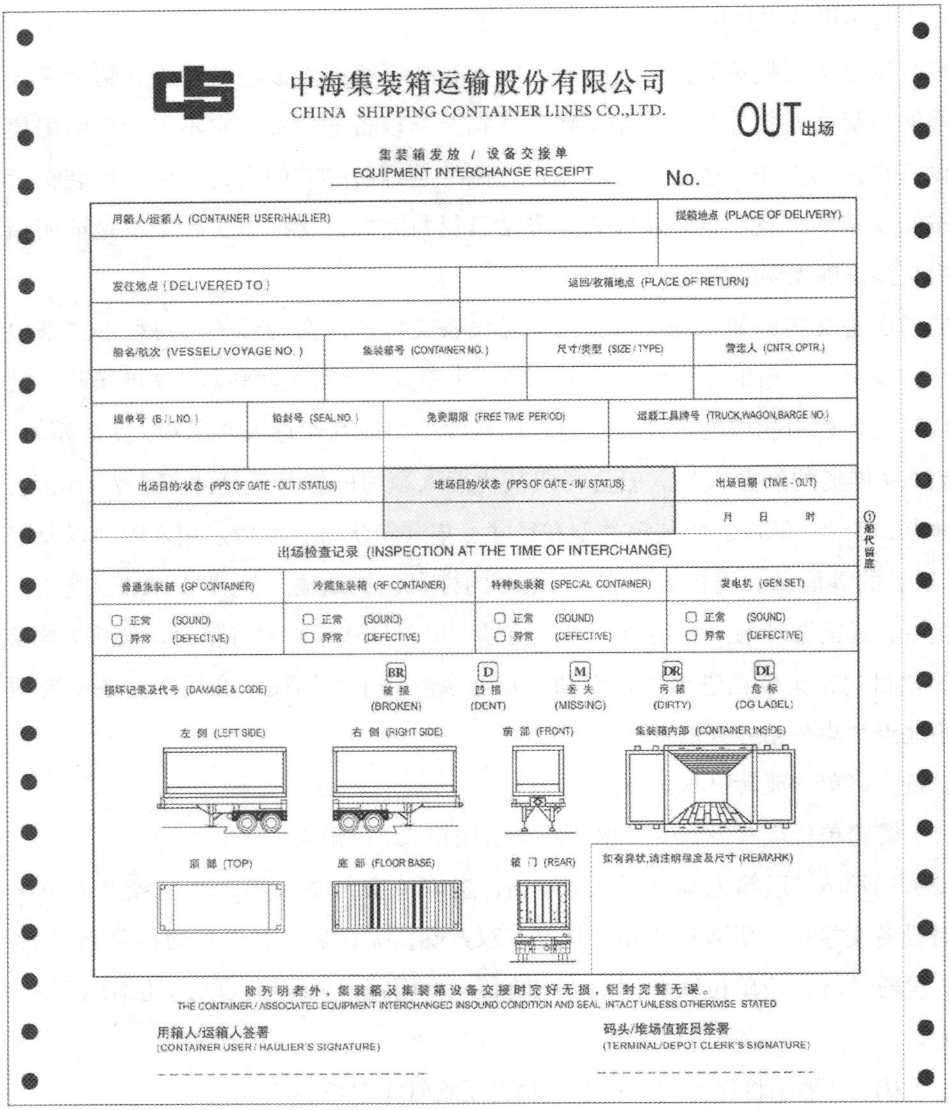

中海集装箱运输股份有限公司
CHINA SHIPPING CONTAINER LINES CO.,LTD.

OUT出场

集装箱发放 / 设备交接单
EQUIPMENT INTERCHANGE RECEIPT

No.

用箱人/运箱人 (CONTAINER USER/HAULIER)				提箱地点 (PLACE OF DELIVERY)	
发往地点 (DELIVERED TO)			返回/收箱地点 (PLACE OF RETURN)		
船名/航次 (VESSEL/ VOYAGE NO.)		集装箱号 (CONTAINER NO.)	尺寸/类型 (SIZE / TYPE)	营运人 (CNTR. OPTR.)	
提单号 (B/L NO.)	铅封号 (SEAL NO.)	免费期限 (FREE TIME PERIOD)		运载工具牌号 (TRUCK,WAGON,BARGE NO.)	
出场目的/状态 (PPS OF GATE - OUT /STATUS)		进场目的/状态 (PPS OF GATE - IN/ STATUS)		出场日期 (TIME - OUT) 月 日 时	

出场检查记录 (INSPECTION AT THE TIME OF INTERCHANGE)

普通集装箱 (GP CONTAINER)	冷藏集装箱 (RF CONTAINER)	特种集装箱 (SPECIAL CONTAINER)	发电机 (GEN SET)
□ 正常 (SOUND) □ 异常 (DEFECTIVE)	□ 正常 (SOUND) □ 异常 (DEFECTIVE)	□ 正常 (SOUND) □ 异常 (DEFECTIVE)	□ 正常 (SOUND) □ 异常 (DEFECTIVE)

损坏记录及代号 (DAMAGE & CODE)　BR 破损 (BROKEN)　D 凹损 (DENT)　M 丢失 (MISSING)　DR 污箱 (DIRTY)　DL 危标 (DG LABEL)

如有异状，请注明程度及尺寸 (REMARK)

除列明者外，集装箱及集装箱设备交接时完好无损，铅封完整无误。
THE CONTAINER / ASSOCIATED EQUIPMENT INTERCHANGED INSOUND CONDITION AND SEAL INTACT UNLESS OTHERWISE STATED

用箱人/运箱人签署
(CONTAINER USER / HAULIER'S SIGNATURE)

码头/堆场值班员签署
(TERMINAL/DEPOT CLERK'S SIGNATURE)

①船代留底　②码头、堆场　③用箱人、运箱人

图 6–2　集装箱交接单

它是编制集装箱装船和卸船计划的基础，用于集装箱装卸作业区确定装箱和卸箱的顺序。集装箱装箱单还提供了集装箱船舶计算吃水和稳定性所需的数据。最后，当发生货损时，集装箱装箱单也是处理索赔事故的重要依据之一。

装箱单一共有五联，分别为码头联、船代联、承运人联各一联，发货人 / 装箱人联两联。根据货物类型的不同，装箱单的填写者也有所区别。整箱货的装箱单由发货人填写，拼箱货的装箱单则由作为装箱人的集装箱货运站填写。完成装箱

后,发货人或集装箱货运站将装箱单一式五联连同货物一起送至集装箱堆场。集装箱堆场的工作人员会在装箱单的五联上签收,并留下码头联、船代联和承运人联,然后将发货人/装箱人联退还给发货人或集装箱货运站。发货人或集装箱货运站保留一份发货人/装箱人联备查,另一份会寄送给收货人或目的港的集装箱货运站,以备拆箱时使用。至于集装箱堆场保留的三联装箱单,码头联用于编制装船计划,船代联和承运人联分别送给船舶代理人和船公司,用于制订积载计划和处理货运事故。通过这样的流程,装箱单的各联得以传递给相关方,确保装箱信息的准确记录和交流。这种多联制度有助于保障货物的装载和交接的可追溯性与准确性。

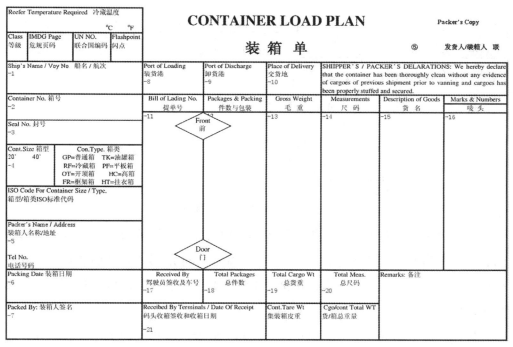

图 6-3 装箱单

3. 场站收据

场站收据,又称港站收据或码头收据,是船公司委托的集装箱堆场、集装箱货运站或内陆站在接收整箱货或拼箱货后所签发的凭证。该收据用于证明托运人的货物已被收到,托运人可凭此收据来换取提单或其他多式联运单证。场站收据是一种重要的确认文件,确保货物的交接得到有效记录,并为后续的货运手续提供依据。

场站收据共有十联，并根据需要可能额外添加两联的空白表格。每联的用途如下：第一联是货主留底，第二联是船代留底，第三联是运费通知，第四联也是运费通知，第五联是装货单，第五联，缴纳出口货物港务申请书，第六联是场站收据副本大副联，第七联是场站收据，第八联是货代留底，第九联是配舱回单，第十联是配舱回单，第十一、十二联是白纸联（图6-4）。

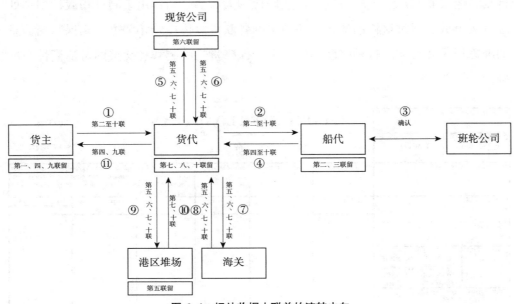

图6-4 场站收据十联单的流转去向

一套订舱单共有十二张，船公司或其代理人在接受订舱后，在托运单上填写船名、航次和编号（又称关单号，与提单号基本相同），并在第五联装货单上盖章确认订舱。接下来，船公司会保留第二至第四联，第五联及以后的联单则会全部退还给货代公司。

货代会拆下第五联、五联附页、六联和七联共四联作为报关单证。第九联或第十联会交给托运人（货主）作为配舱回执，其余联单则用于内部各环节的使用。

尽管托运单有十二联，但其核心单据主要是第五、第六和第七联。第五联是装货单，上面有船公司或其代理人的图章，用于向船上负责人员和集装箱装卸作业区发出装货指令。在报关时，海关会核对此联并盖上放行章，船上的大副凭此联收货。第六联用于港区配载，由港区保留。第七联是场站收据，通常是黄色纸张以便辨认，货物装上船后由船上的大副签字（通常由集装箱码头堆场盖章），然后退还给船公司或其代理人，以供签发提单使用。

4. 危险品清单

它是危险货物的汇总清单，用于记录集装箱内装载的危险货物信息。危险货物的托运人在托运之前，必须按照相关的运输和保管规章（如《国际危规》）要求，提前向船公司或其代理人提交危险品清单。危险品清单一般包括以下主要内容：船名/航次、船籍、装货港、卸货港、提单号、货物的《国际危规》类别、标贴、页号、联合国编号、货物的件数和包装方式、货物的重量、集装箱号码、铅封号码、运输方式，以及装船位置等信息。

为了满足危险货物的堆存和装船需求，托运人在将危险货物运至集装箱堆场和货运站时，必须提交危险品清单以供堆场经营人员与船方进行汇总。此外，所有危险货物都必须按规定贴上相应的危险品标志，并且内装危险货物的集装箱也必须标注相应的危险品标志。

5. 冷藏集装箱清单

冷藏集装箱清单是用于统计装载冷冻货物或冷藏货物的冷藏集装箱的清单。清单的编制责任通常由装箱人承担。冷藏集装箱清单的主要内容包括以下几个方面：船名、船籍、船长姓名、装货港开航日期、装货港、卸货港、集装箱号码、铅封号、规格、运输方式、提单号、件号、货物名称、货物重量、箱重、总重、要求温度，以及装船位置等信息。

当托运人决定托运冷冻货物或冷藏货物时，他们须要求承运人在整个运输和保管过程中严格控制冷藏集装箱的箱内温度，并承担比普通货物更高的责任和义务。为了确保承运人和集装箱堆场充分重视货物的保管和温度控制，托运人需要向承运人和集装箱堆场提供冷藏集装箱清单。通过这个清单，托运人或集装箱货运站需要逐箱详细列出货物的名称和指定的温度范围等信息，并将其提交给集装箱堆场。然后，堆场经营人员将这些信息汇总并提交给船方做进一步的处理。这样做的目的是确保冷藏货物在运输过程中得到适当的保管和温度控制。

二、集装箱运输的进口货运程序及货运单证

（一）集装箱运输的进口货运程序

集装箱运输的进口货运程序与传统的班轮运输的进口货运程序大体相似。具体而言，程序如下：在卸货港，船公司的代理人收到装货港船公司或其代理人寄来的货运单证后，会联系集装箱堆场或货运站的经营人员，为船舶进港和卸箱做好准备。一旦船舶到达港口，就会组织卸货和将集装箱存放在集装箱堆场，或者进行拆箱操作，主要在集装箱货运站进行。这样的流程确保了货物的安全卸载和集装箱的合理存放。

船舶抵达卸货港之前，船公司的代理人需要向收货人发出进口货物提货通知书，要求收货人提前做好提货准备。当集装箱进入集装箱堆场或货运站并做好交付准备后，再向收货人发出到货通知。收货人凭借提单和到货通知可以办理提货手续，获取提货单并提取货物。在交付集装箱或货物时，集装箱堆场或货运站的经营人员会与收货人或其代理人一起检查集装箱或货物的外观状况。双方会在交付记录上签字确认，并作为交接的证明，双方各自保留一份记录。这样的流程确保了交接过程的准确性和对货物状况的清晰记录。

在集装箱运输中，由于货物与集装箱一起交接，因此，集装箱堆场的经营人员需要提前准备集装箱设备交接单（出场）。对于整箱货物，他们将与收货人一起办理集装箱出借手续。对于拼箱货物，他们将与集装箱货运站一起办理集装箱的交接手续。这样的流程确保了货物和集装箱之间的顺利交接，并提供了必要的文件记录。

（二）集装箱运输的进口主要货运单证

关于集装箱运输的进口货运单证，除了与传统的班轮运输具有相同名称和作用的单证，如进口载货清单、进口载货运费清单、提货单等外，它还有一些特定的进口货运单证。这些单证可能是从装箱港寄来的，或随船携带的。它们包括但不限于以下几种。

1. 到货通知书

到货通知书是卸货港船公司的代理人在集装箱卸载到集装箱堆场或移至集装箱货运站，做好交接准备后，以书面形式通知收货人及时提取货物的文件。共有五份通知书，包括到货通知书、提货单、费用账单（一）、费用账单（二）和交货记录。每份通知书都有不同的用途和副本。

在船舶抵达卸货港之前，船公司的代理人根据装箱港的船公司或代理人提供的货运资料，填写一套五联的到货通知书。在集装箱卸载到目的地之后，代理人将其中的第一联寄给收货人或通知人。收货人携带正本提单和到货通知书前往船公司代理人处，交换剩下的四联，即提货单、两张费用账单和交货记录等文件。船公司代理人审核提单和运费支付情况后，收回正本提单和到货通知书，并在提货单上加盖专用章。随后，将两张费用账单和交货记录与加盖专用章的提货单共四联一起交给收货人。收货人凭借两张费用账单、交货记录和加盖海关放行章的提货单，以及其他进口报关所需的单证，前往海关办理货物的进口报关手续。海关审批通过后，在提货单上加盖海关放行章，并将提货单、两张费用账单和提货单的副本共四联退还给收货人。最后，收货人可携带这四联单证前往集装箱堆场或集装箱货运站办理提货手续。

2. 交货记录

交货记录是到货通知书的其中一联，用于在集装箱堆场或集装箱货运站交付货物给收货人时，记录双方之间已进行货物交接并详细说明货物的交接状态。这是一份用于证明货物已正式交接的文件。

收货人携带两张费用账单、交货记录和经船公司在卸箱港代理人签发并加盖海关放行章的提货单四联，前往集装箱堆场或集装箱货运站。堆场或货运站的经营人员核对这些文件后，保留提货单作为放货凭证，保留费用账单用于费用结算，同时在交货记录上盖上堆场或货运站的印章，然后将交货记录退还给收货人。在收货人实际提取集装箱货物时，堆场或货运站的发货人员会根据收货人所持有的交货记录发放集装箱货物。收货人完成提货后，在交货记录上签字确认，并由集装箱堆场或货运站保留该交货记录。

3. 集装箱发放 / 设备交接单

在集装箱进口货运过程中，还需要进行集装箱设备的交接。这个步骤是指在货物交接时，交接集装箱相关的设备。它包括在整箱货情况下与收货人办理集装箱出借手续，以及在拼箱货情况下与集装箱货运站进行集装箱的交接。这样做的目的是确保集装箱设备完整且符合要求，为货物的安全运输提供保障。人们提前准备和做好交接手续，可以确保集装箱及其相关设备的顺利运转和有效管理。

第四节 集装箱运费

一、运费构成要素

集装箱运输改变了传统货物交接方式，将交接点从港口扩展至内陆地区。因此，承运人的职责、费用和风险扩大到内陆港口、货运站和货主的工厂等交接地点。这一变化导致了集装箱价格构成因素的增加。集装箱运费的构成主要包括海上运费、港口装卸费、内陆运费、内陆港站中转费、拆装箱费、集装箱使用费，以及各种承运人额外收取的附加费等。这些因素共同决定了集装箱运输的费用。

二、主要交接方式下的运费构成

在集装箱运输中，常见的货物交接方式包括场到场（CY to CY）、场到站（CY to CFS）和站到站（CFS to CFS）。这三种方式的运费构成因素各不相同，详见表6–4。

表 6–4　不同交接方式下的运费构成情况

交接方式	运费构成
CY to CY	货物以整箱的形式进行交接。装拆箱以及集装箱堆场之外的运输由发货人和收货人自行负责，承运人则负责运输过程中两个堆场之间的所有责任和费用。在这种情况下，运费的构成主要包括起运港堆场和码头服务费（涵盖接收货物、堆场存放和搬运至船边装卸桥下等各项费用）、装船费、海上运费（包括各种附加费）、卸船费、卸货港堆场和码头服务费，以及集装箱使用费等。堆场和码头服务费通常以包干形式进行计费
CY to CFS	承运人以整箱形式接收货物，并在运抵目的港后将货物交付给 CFS（货运站）。在这种情况下，运费构成主要包括装卸两个港口的堆场和码头服务费、装船费和卸船费、海上运费及其附加费、集装箱使用费，以及目的港 CFS 的拆箱服务费（包括重箱搬运费、拆箱费、货物在 CFS 中的存储费，以及空箱运回堆场的费用等）
CFS to CFS	货物以拼箱的形式进行交接。在这种情况下，运费的构成主要包括起运港的装箱服务费、堆场服务费、装船费、海上运费、卸船费、目的港堆场服务费、拆箱服务费，以及集装箱使用费等

三、集装箱运费的计收

（一）拼箱货运费的计收

拼箱货物的运费计算方式类似于传统的件杂货运输。首先，根据承运人运价本规定的 W/M 费率计算基本运费，然后再加上与集装箱运输相关的费用，如 CFS 拼箱服务费、各种附加费等。拼箱货物的运费表通常将货物分为一般货物、半危险货物、危险货物和冷藏货物四个类别，并针对每个类别规定了 W/M 费率。在计费时，不足 1t 的货物按照 1t 计算。另外，由于市场竞争的存在，人们也可以对运费进行议价。

（二）整箱货运费的计收

整箱货物运输通常使用包箱费率（box rate）进行计费。包箱费率，又称"均一费率"（freight all kinds，FAK），它是目前整箱货物运输中常见的定价方法。该费率以每个集装箱作为计费单位，各航运公司根据不同的箱型制定不同航线的包干运价，其中包括海上运费、装船费和卸船费。包箱费率可以分为两类：一类是基于货物的包箱费率，另一类是均一包箱费率。前者根据货物的类别和级别设定不同的包箱费率；后者则不考虑货物的类别（危险品和冷藏货除外），只根据箱型设定不同的包箱费率，对货主来说更具吸引力。

（三）附加费

与传统的件杂货班轮运输类似，集装箱运输也会收取各种附加费用。这些附加费用包括变更目的港附加费、重货附加费（在CFS装箱时）、港口附加费、燃油附加费、季节附加费（peak season surcharge），以及码头操作费（terminal handling charge，THC）等。多种多样的附加费用是集装箱运费的重要组成部分。

第五节　国际多式联运概述

一、多式联运概述

（一）多式联运的概念

多式联运（multimodal transport）是指根据多式联运合同，通过至少两种不同的运输方式，由多式联运经营人将货物从起运地点运送到指定交货地点。

（二）多式联运的特征

（1）多式联运操作根据合同要求，在整个运输过程中至少使用两种不同的运输方式，并且这些方式是连续不间断的。

（2）多式联运主要适用于集装箱货物运输，具备集装箱运输的特点。

（3）多式联运采用一票到底的方式，实行单一费率的运输。发货人只需签订一份合同，一次付费和购买保险，通过一张单证就能完成整个运输过程。

（4）多式联运是综合组织不同运输方式，所有的运输段都由多式联运经营人负责组织。无论涉及几种运输方式或分为几个运输区段，多式联运经营人对整个货物运输负有全程责任。

（三）多式联运的优势

采用集装箱作为运输单元的多式联运能够提高运作效率，提供门到门的运输服务。在运输过程中，人们无须进行换箱和装箱操作，有助于减少中间环节和可能造成货物损坏的风险。它还能够缩短运输时间，降低运输成本，并提升服务质量。多式联运采用一次托运、一次付费、一单到底、统一理赔,以及全程负责的运输业务方法,这能够极大地简化运输和结算手续,提高运输管理水平,并最大限度地发挥现有设备的效益。通过选择最佳运输路线和合理组织运输,多式联运能够降低运输成本并节约运杂费用。这一目标可以通过以下方式实现:首先,多式联运采用一张单证和单一费率的方式,简化了制单和结算手续,从而节约了货主的人力和物力资源。其次,合理选择运输路线和运输方式,可以降低整个运输过程的成本,进而提高利润。这种方法能够最大限度地优化运输过程,节约成本,实现利润的增长。

(四)多式联运的组织方法

多式联运是一种运输组织形式,它利用不同的运输方式进行联运。这种联运至少包括海陆、陆空、海空等不同的运输方式,与仅仅使用同一种运输工具的海海、陆陆、空空联运方式有本质区别。后者虽然也被称为联运,但仍限定在同一种运输工具之间。通常来说,各种运输方式都有优点和局限性。水路运输具有高运量和低成本的特点;公路运输具有机动性和便利性的特点;铁路运输不受气候影响,可深入内陆和横跨长距离准时运输货物;航空运输则以快速运输货物为主要优势。

二、国际多式联运概述

(一)国际多式联运的定义

随着国际贸易和运输技术的进步,国际多式联运作为一种新的运输方式在集装箱运输基础上崭露头角。国际多式联运利用集装箱作为媒介,将水路、铁路、公路、航空等单一运输方式有机结合起来,形成一个连贯的系统,有效地组织和利用,以完成国际集装箱货物运输,并为货主提供经济合理、安全便捷的运输服务。根据《中华人民共和国海商法》的规定,国际多式联运指的是多式联运经营人以两种或两种以上不同的运输方式,其中包括海上运输方式,将货物从接收地运送至目的地。

国际多式联运由于其独特的优势,已在全球各主要国家和地区广泛推广和应用。目前,代表性的国际多式联运包括远东/欧洲、远东/北美等海陆空联运。其组织形式如下。

(1)海陆联运。海陆联运是国际多式联运的主要组织形式,也是远东/欧洲多式联运的重要形式。目前，国际航运公司如班轮公会的三联集团、北荷、冠航以及马士基等，在远东/欧洲海陆联运业务方面发挥主导作用。此外，非班轮公会的中国远洋运输公司、中国台湾长荣航运公司和德国那亚航运公司等也参与其中。海陆联运的组织形式以航运公司为核心，签发联运提单，并与内陆运输部门合作开展联运业务，同时也面临来自陆桥联运和海空联运的竞争。全球规模最大的三条主要集装箱航线分别是远东—北美航线（太平洋航线）、远东—欧洲、地中海航线，以及北美—欧洲、地中海航线（大西洋航线）。

（2）陆桥联运。陆桥运输是一种连贯运输方式，采用集装箱专用列车或卡车，将横贯大陆的铁路或公路作为中间"桥梁"，连接大陆两端的集装箱海运航线与专用列车或卡车。严格来说，陆桥运输也属于海陆联运形式，但由于其在国际多式联运中的特殊地位，被单独列为一种运输组织形式。在国际多式联运中，陆桥运输扮演着重要角色，尤其是在远东/欧洲国际多式联运中。目前，远东/欧洲的陆桥运输线路主要有西伯利亚大陆桥和北美大陆桥。

（3）海空联运。又称空桥运输，与陆桥运输在运输组织方式上略有不同。在陆桥运输中，整个货运过程使用的是同一个集装箱，无须换装。在空桥运输中，货物通常需要在航空港换入航空集装箱。这种联运组织形式以海运为主，仅在最后一段交货运输阶段转为空运。目前，国际海空联运线主要包括东亚—欧洲、东亚—中南美，以及东亚—中西亚、非洲、澳洲等。具体内容见表6-5。

表 6-5　国际海空联运线路

主要线路	线路特点
东亚—欧洲	东亚与欧洲之间的航线有多种中转地选择。一些航线选择以温哥华、西雅图和洛杉矶作为中转地，还有一些航线以中国香港、曼谷和海参崴为中转地，也有一些航线以旧金山和新加坡作为中转地
东亚—中南美	东亚至中南美的海空联运发展迅速，因为该地区港口和内陆运输不够稳定，对海空联运的需求非常高。该联运线路常以迈阿密、洛杉矶和温哥华作为中转地
东亚—中西亚、非洲、澳洲	是从中国香港穿越亚洲到非洲的运输服务，也存在经马赛至非洲、经曼谷至印度、经中国香港至澳洲等联运线路，但这些线路的货运量相对较小

（二）国际多式联运的特征

联合国贸发会秘书处在其提交的《多种方式联运适用的现代化运输技术》报告中指出，国际多式联运的主要特征在于多式联运经营人与发货人之间存在合同关系。联运经营人作为独立的法律实体,通过单一合同向发货人提供利用一种以上的运输方式进行货物运输的服务。综上所述,国际多式联运具有以下特征。

(1)必须签订一份多式联运合同。该合同明确规定了货物在整个运输过程中发货人和多式联运经营人之间的权利、义务、责任,以及合同关系和多式联运的性质。这是多式联运的主要特征,也是与传统运输方式的重要区别所在。

(2)多式联运经营人必须全程负责运输。这是多式联运的一个重要特征。多式联运经营人承担着组织多式联运货物全程运输的责任。他们与实际承运人签订分运合同,实际承运人负责全程或部分区段的实际运输。作为独立的法律实体,多式联运经营人对货物承担履行合同的责任,并承担自接收货物至交付货物的全程运输责任,包括对货物因灭失、损坏或迟延交付而出现的损失承担赔偿责任。

(3)使用全程多式联运单据。全程多式联运单据是指多式联运合同中包含的单据,它由多式联运经营人签发,用于接收货物并按照合同条款交付货物。这些单据不仅是物权证明,也具有有价证券的属性。

(4)使用两种或两种以上不同的运输方式。这是确定货运是否属于多式联运的主要特征之一。多式联运涉及多种运输方式,如海陆、海空、海铁等。与传统运输方式不同的是,多式联运采用不同方式连续运输,确保货物在运输过程中无缝衔接。

(5)多式联运更适用于国际货物运输。它是一种适用于跨越国境的国际货物运输的方式。这一特点区别于仅适用国内运输的方式,并受到国际法规限制条件的约束。

(6)采用全程统一的运费费率。多式联运经营人在承担货物全程运输责任的同时,制定了一项从货物发出地到目的地的全程统一费率,并向货主一次性收取。这个全程统一费率通常包括运输成本、经营管理费用和合理利润。

(7)代理人的作用非常重要。代理人承担起货物起运地接收和目的地交付的责任,同时负责全程运输中各个区段的衔接工作。这些代理人通常是多式联运经营人在各地设立的分支机构或合作伙伴,他们对多式联运经营人负有责任。

(三)国际多式联运的优势

(1)简化托运、结算以及理赔手续,有助于降低人力、物力和相关费用。

（2）优化中间环节，缩短货运时间，降低货损、货差事故的发生率，提升货运质量。

（3）优化运输成本，有效节约各项支出。

（4）优化运输组织，以实现更高水平的运输效率，最大限度地确保运输合理化。

（四）国际多式联运的实施条件

1. 必须订立一份国际多式联运合同

多式联运合同以书面形式订立，由多式联运经营人或其代表与托运人本人或其代表协商确定，用于明确双方的权利、义务。该合同是多式联运经营人与托运人之间权责关系和运输性质的确认依据，也是区别多式联运与一般货物运输的主要标志。合同的成立需要满足以下条件。

（1）综合利用两种或两种以上的运输方式。

（2）承担国际货物运输的任务。

（3）承担货物接收、运输和保管的责任。

（4）是一种有偿的承揽合同。

2. 全程运输必须使用国际多式联运单据

多式联运经营人按照单据接收货物，并负责根据合同条款交付货物。根据发货人的选择，多式联运单据可以是可转让的，也可以是不可转让的。如果发货人要求签发可转让的多式联运单据，那么应该遵循以下要求。

（1）在单据上明确指示是按照发货人的指示交付，还是向持票人交付。

（2）如果指示是按照发货人的指示交付，则需要进行背书才能转让。

（3）如果指示是向持票人交付，则无须背书即可转让。

（4）如果签发多份正本，需要在单据上注明正本的份数。

（5）签发任何副本，每份副本都应注明"不可转让副本"。

只有持有可转让的多式联运单据，才能向多式联运经营人或其代表领取货物。在转让多式联运单据时，应明确指定收货人的姓名。

3. 托运人必须提供相关准确信息

发货人向联运人提供货物时，应准确无误地告知货物的品类、标志、件数、重量和质量。特别是对于危险货物，发货人在交付给多式联运经营人或其代表时，必须告知货物的危险特性，并在必要时提供应采取的预防措施。这样做可以确保联运人和相关人员在处理和运输货物时充分了解货物的特性，采取适当的安全措施，并确保运输过程中的安全性和合规性。因此，发货人在向联运人交付货物时，应注重提供准确的货物信息和必要的安全指示。

4.联运经营人必须对国际多式联运负责

国际多式联运的经营人扮演着组织者和主要承担者的角色，他们以事主的身份从事多式联运经营活动。经营人依靠自身的经营网络和信息网络，以及良好的信誉，开展多式联运业务。多式联运经营人可以是货主本身，也可以是第三方机构。除了各种运输方式的运输公司外，铁路和公路运输公司也可以担任经营人的角色。所以，经营人的身份和角色在国际多式联运中非常重要。他们通过建立合作伙伴关系、提供全程服务、整合各种运输方式，以及管理物流信息等方式，促进多式联运的顺利进行。因此，国际多式联运经营人的作用是不可忽视的。

联运经营人在国际多式联运中不仅不是发货人的代理人或代表，也不是承运人的代理人或代表，相反，他们在整个联运期间都承担责任。一旦联运经营人接收货物，无论货物在何处的运输阶段出现丢失或损坏，联运经营人都直接承担赔偿责任，不能以将某个运输阶段委托给其他承运人为由来推卸责任。联运经营人的责任是全程的，他们负责确保货物安全运输并承担相应的风险。这是为了保障货主的权益和提供可靠的服务。因此，联运经营人在国际多式联运中扮演着重要角色，并承担着相应的责任。

第六节　国际多式联运单据

一、国际多式联运单据的定义

多式联运单证是在多式联运业务活动中使用的凭证，涉及多式联运经营人、承运人、发货人、收货人、港方和其他相关方之间的交易。它的主要作用是证明货物的外观、数量、质量等情况，起到货物交接时的证明作用。单据的内容必须准确、清晰、完整，以确保货物能够正常、安全地运输。

多式联运单证在多式联运业务中具有重要的意义，它是各方之间进行交流、确认和记录的重要工具。准确和完整的单据记录，可以确保货物在运输过程中不会出现误解或纠纷，并为各方提供有效的证据和保障。因此，多式联运单证的正确性和完整性，对于货物的正常运输至关重要。

二、国际多式联运单据的内容

国际多式联运单据的内容主要包括十二方面：货物的外表状况，多式联运经营人的名称和主要营业场所，发货人、收货人名称，多式联运经营人接管货物的地点和日期，交付货物地点，经双方明确协议交付货物的时间、期限，表示多式联运单证为可转让或不可转让的声明，多式联运单证签发地点、时间，多式联运经营人或经其授权的人的签字，有关运费支付的说明，有关运输方式和运输路线的说明，有关声明。

三、国际多式联运单据的种类

在缺乏适用的国际公约的情况下，当今并没有被国际公认为合法的多式联运单证。如今，多式联运中所使用的单证是通过商业合同生成的。目前，国际多式联运单证可以归为以下四个类别，具体见表6-6。

表6-6 国际多式联运单证类别明细

类型	内容
Combidoc	一种多式联运单证，由BIMCO制定，经国际商会（ICC）批准，主要适用于拥有船舶的多式联运运营商
FBL	FIATA联运提单（FBL）是由国际货运代理协会联合会（FIATA）开发的一种多式联运单据，主要适用于货运代理的多式联运业务。该提单已得到国际商会的认可
Muhidoc	是联合国贸易和发展会议（UNCTAD）制定的一种多式联运单证，旨在促进《联合国国际货物多式联运公约》的实施。该单证整合了公约中的责任规定。然而，由于公约尚未生效，目前还没有多式联运经营者选择使用该单证
自制多式联运单证	多式联运经营者通常自行制定其多式联运单证，几乎所有经营者都采用这种做法。为了确保适用性，绝大多数单证采纳了"ICC联运单证统一规则"，即采用网状责任制，从而使现有的多式联运单证趋于标准化

四、国际多式联运运费的核收

（一）国际集装箱多式联运费用的计费方式

目前，多式联运的费用计算方式主要包括单一运费制、分段运费制和混合计费制三种。具体的计费方式详见表6-7。

表 6-7　国际集装箱多式联运计费方式

计费方式	计费内容
单一运费制	在单一运费制下,集装箱从托运到交付的整个运输过程中,适用统一的运费率计算全程运费。西伯利亚大陆桥运输通常采用这种计费方式
分段运费制	分段运费制是根据多式联运的各个运输区段来计算海运、陆运、空运和港站等费用,并将它们合计为多式联运的全程运费。多式联运经营者会一次性向货主收取各个运输区段的费用,并与实际承运人分别结算。目前,大部分多式联运的全程运费采用这种计费方式
混合计费制	理论上,国际多式联运企业应该制定全程运价表,并采用单一运费率制。然而,由于单一运费率的制定是一个复杂的问题,因此,目前一些多式联运经营者采用混合计费方法作为过渡方案:从国内货物接收地点至国际口岸的运输阶段采用统一费率,向发货人收取预付运费;从国际口岸到内陆目的地的费用根据实际成本确定,向收货人收取到付运费

（二）国际集装箱多式联运运价的制定

1. 国际集装箱多式联运运价表的结构与制定程序

国际集装箱多式联运运价表根据结构的不同,可以分为两种形式:一种是基于"门到门"费率,根据货物的整箱货或拼箱货等级进行计费,是真正的多式联运运价;另一种形式与海运运价表相似,结合了港到港间的费率和内陆运费率,具有更大的灵活性。

2. 制定国际集装箱多式联运运价表时的注意事项

国际多式联运的运价应当吸引货主,相比分段运输的运价更具吸引力。绝不能简单地将各个单一运输方式的运费相加,因为这样会使多式联运经营者失去竞争力。另外,降低运输成本也是一个重要的考虑因素。

五、国际多式联运单据的签发和保留

（一）国际多式联运提单的签发

国际多式联运提单通常在多式联运经营人接收货物后签发。对于联运货物主要是集装箱货物的情况,接收货物的地点可以是集装箱码头、内陆堆场（CY）、集装箱货站（CFS）、发货人的工厂或仓库。根据接收货物的不同地点,提单的签发时间、地点和多式联运经营人的责任承担也会有所不同。另外,根据多式联运的特点,即使货物尚未装上船,托运人交付货物后仍可以凭借场站收据要求多式联运经营人签发提单。这种待装船提单可能在结算方面存在一定困难。

为了符合信用证规定下集装箱运输和多式联运的结算要求，《跟单信用证统一惯例》1993年修订本详细解释了"联合运输单据的规定"。如果信用证要求提供联合运输单据或指定联合运输方式，但未指明所需单据的形式或开证人，银行应接受该单据。同时，规定了当联合运输涉及海运时，即使单据未明确说明货物已装上指定船舶，或者即使单据提及集装箱运输但未明确说明货物可能位于舱面，银行仍应接受该单据。

多式联运经营人在收到货物的收据后，根据发货人的要求可以签发可转让或不可转让的多式联运提单。签发提单之前，多式联运经营人需要向发货人收取根据合同规定应支付的全部费用。在签发多式联运提单时，需要特别注意以下几个方面。

（1）对于可转让的多式联运提单，应在收货人栏注明根据指示交付或向持票人交付。对于不可转让的提单，应注明收货人的名称。

（2）提单上的通知人通常是由收货人指定的代理人，位于目的港或最终交货地点。

（3）提单的正本数量通常没有规定。如果根据发货人的要求签发多份正本提单，每份正本提单应注明其正本数量。副本不具备提单的法律效力，应标明为"不可转让副本"。如果签发一套多份正本可转让提单，每份正本提单具有相同的法律效力，一旦根据其中一份正本交货，其他提单将自动失效。

（4）多式联运提单应由多式联运经营人或经其授权人签字。签字方式可以是手签、手签笔迹的印章、符号，以及任何其他机械或电子仪器印章，只要不违反所在国法律规定即可。

（5）如果在接收货物时，多式联运经营人或其代表对实际情况和提单中未注明的货物种类、标志、数量、重量、包数或件数有疑问，但又无法进行核对或检查，可以在提单上做出保留，并注明不符之处和疑问的根据。为了保证提单的完整性，也可以按照惯例进行处理。

（6）在发货人的同意下，可以使用任何机械或其他方式保留多式联运提单所列明的事项，并签发不可转让的提单。在这种情况下，多式联运经营人在接收货物后应向发货人交付一份可阅读的单据，其中包含该运输方式记录的所有事项。根据多式联运公约的规定，这份单据应被视为多式联运单据。这项规定主要是为了适应电子单证的使用而制定的。

（7）如果提单中指定的收货人以书面形式通知多式联运经营人将提单记载的货物交付给另一指定收货人，并且实际上多式联运经营人也进行了交付，那么多式联运经营人将视为已履行其交货责任。

（二）多式联运单证的证据效力与保留

多式联运单证一旦签发，除非多式联运经营人在单证上有保留，否则其适用于以下情况。

（1）多式联运单据作为多式联运经营人收到货物的初步证据。

（2）多式联运经营人对货物承担责任开始。

（3）如果多式联运单据可转让并已被转让，多式联运经营人必须根据单据中的记载向持有人交付货物。

（4）如果多式联运单据是不可转让的，必须将货物交付给单据中指定的收货人。

本章小结

本章首先介绍了集装箱与集装箱运输的定义、特点等相关内容，阐述了在不同分类标准下集装箱的种类。其次，介绍了集装箱货物的装箱和交接，展示了集装箱货物应具备的条件、货物积载的注意事项、货物运输的关系方、货物的交接方式。再次，梳理了集装箱运输出口与进口货运程序的主要步骤，并详细阐述了集装箱出口与进口货运主要单证的具体内容。随后，介绍了集装箱运费的构成要素和计收，展示了场到场、场到站和站到站交接方式下的运费。紧接着，辨析了多式联运与国际多式联运的概念、特征和优势，根据主要组织形式将国际多式联运细分为海陆联运、陆桥联运和海空联运，并详细介绍了多式联运的实施条件。最后，引入国际多式联运单据的定义、内容和种类，展示了国际多式联运单据签发和保留的注意事项。

即测即练

复习思考题

1. 总结集装箱的特点。
2. 简述集装箱的类型。
3. 集装箱出口货运的主要单证有哪些?
4. 说明集装箱运费的构成要素。
5. 分析多式联运的优势。
6. 简述国际多式联运单据的内容。

第七章 国际货运代理服务

学习目标

1. 了解国际货运代理的含义及其性质和作用。
2. 熟悉国际货运代理企业的业务经营模式以及发展趋势。
3. 掌握国际货运代理的发展趋势。

能力目标

1. 了解国际货运代理的特点,培养学生的国际货运代理业务分析能力。
2. 熟悉国际货运代理企业的业务经营模式,培养学生将理论知识与社会实践相结合的能力。
3. 掌握国际货运代理的发展趋势,学会用发展的眼光看问题。

第七章 国际货运代理服务

思维导图

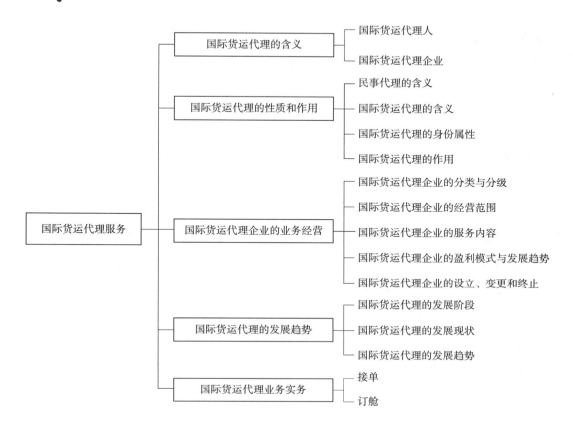

导入案例

案例名称：委托货运代理纠纷

教学微视频

第一节　国际货运代理的含义

国际货运代理，是指为他人安排货物运输的人，在运输领域被称为运输业者、转运公司等，简称"国际货代""货运代理"或者"货代"。国际货运代理行业是指接受进出口货物收货人、发货人的委托，以委托人或者自己的名义，为委托人办理国际货物运输及相关业务并收取服务报酬的行业。

一、国际货运代理人

"国际货运代理人"一词，国际上虽然没有统一、公认的定义，但在一些权威机构和工具书以及标准交易条件中都有一定的解释。国际货运代理，可以从国际货运代理人和国际货运代理企业两个角度来理解。根据国际货运代理协会联合会（FIATA）的有关文件，货运代理人的定义是：根据客户的指示，为客户的利益而承揽货物运输的人，其本身并不是承运人。货运代理人也可以依据这些条件，从事与运输合同有关的活动，如储货、报关、验收、收款等。国际货运代理人本质上属于货物运输关系人的代理人，是联系发货人、收货人和承运人的货物运输中介人。亚太经合组织对货运代理人的解释是：代表其客户揽取货物运输，而本人并不起承运人的作用。

二、国际货运代理企业

（一）国际货运代理企业的含义

国际货物运输代理企业（简称国际货运代理企业）是指接受进出口货物发货人、收货人或承运人的委托，以委托人或者自己的名义，为委托人办理国际货物运输及相关业务并收取服务报酬的法人企业。国际货运代理企业可以作为进出口货物收货人、发货人的代理人，也可以作为独立经营人，从事国际货运代理业务。

国际货运代理业是随着国际经济贸易的发展、国际运输方式的变革、信息技术的进步发展起来的一个相对年轻的行业，在社会产业结构中属于第三产业，性质上属于服务业。

（二）国际货运代理企业的名称和组织形式

国际货运代理企业必须依法取得中华人民共和国企业法人资格，其名称、标志应当符合国家法律法规的有关规定，符合其业务性质、范围，并能表明行业特点，名称应当含有"货运代理""运输服务""集运"或"物流"等相关字样。根据《关于国际货物运输代理企业登记和管理有关问题的通知》精神，取消国际货运代理企业经营资格审批以后，新成立的以国际货运代理为主要业务的企业，其名称必须体现"国际货运代理企业"类似字样。

目前，我国国际货运代理企业的组织形式是以有限责任公司或股份有限公司为主。随着新公司法的实施，一人公司将大量设立，一人独资企业等其他组织形式的国际货运代理企业将逐渐增多。

（三）国际货运代理企业的分类

国际货运代理企业可以从不同的角度进行分类。为了更好地了解其行业特点和业务内容，以企业的成立背景和经营特点为标准，可以分为以下几种类型。

1. 以第三方物流企业为背景的国际货运代理企业

这类国际货运代理企业主要来源于第三方物流领域的各种运输企业。它以海、陆、空国际货运代理业务为主，包括海上运输、航空运输、航空快递、铁路运输、国际多式联运、汽车运输、仓储、船舶经营和管理、船舶租赁、船务代理、综合物流等。这类企业的特点是一业为主，多种经营，业务网络发达，实力雄厚，人力资源丰富，综合市场竞争能力较强。

2. 以实际承运人企业为背景的国际货运代理企业

这类国际货运代理企业本身就是实际承运人，同时对外成立国际货运代理企业，如中国铁路对外服务总公司、中国外轮代理总公司、中远国际货运代理有限公司、中国民航客货运输销售代理公司等。这类企业的特点是专业化经营，实际参与承运，运价优势较明显，运输信息灵通，也方便货主，在特定的运输方式下市场竞争力较强。

3. 以商贸企业为背景的国际货运代理企业

这类国际货运代理企业主要是指由各专业外贸公司或大型工贸公司投资或控股的国际货运代理企业，如五矿国际货运公司、中化国际仓储运输公司、中粮国际仓储运输公司、中机国际仓储运输公司、中成国际运输公司、长城国际运输代理有限公司等。它的特点是货源相对稳定，处理货物和单据的经验丰富，对某些类型货物的运输代理竞争优势较强，但多数规模不大，服务功能不够全面，服务网络不够发达。

4. 以仓储、包装企业为背景的国际货运代理企业

这类国际货运代理企业主要是指由仓储、包装企业投资和控股的国际货运代理企业或增加经营范围后的国际货运代理企业，如北京市友谊包装运输公司、天津宏达国际货运代理有限公司、中储国际货运代理公司等。它的特点是凭借仓储优势揽取货源，深得货主信任，对于特种物品的运输代理经验丰富，但多数规模较小，服务网点较少，综合服务能力不强。

5. 以港口、航道、机场企业为背景的国际货运代理企业

这类国际货运代理企业主要是指由港口、航道、机场企业投资和控股的国际货运代理企业，如上海集装箱码头有限公司、天津振华国际货运有限公司等。这类国际货运代理企业的特点是与港口、机场企业关系密切，港口、场站作业经验丰富，对集装箱货物运输代理具有竞争优势，人员素质、管理水平较高，但是服务内容较为单一，缺乏服务网络。

6. 以运输代理企业为背景的国际货运代理企业

这类国际货运代理企业主要是指境外国际运输、运输代理企业以合资或合作方式在中国境内设立的外商投资国际货运代理企业。它的特点是国际业务网络较为发达，信息化程度、人员素质、管理水平高，服务质量好。

7. 其他背景的国际货运代理企业

这类国际货运代理企业主要是指由其他投资者投资或控股的国际货运代理企业。它的投资主体多样，经营规模、经营范围不一，人员素质、管理水平、服务质量参差不齐。有的实力雄厚，业务范围广泛，服务网络较为发达，信息化程度、人员素质、管理水平较高，服务质量较好；有的规模较小，服务内容单一，人员素质、管理水平不高，服务质量一般。

从以上国际货运代理公司的分类中不难看出，随着国际贸易结构的精密化和国际货物运输方式的多样化，国际货运代理业逐渐形成并渗透至国际贸易、国际运输的每个领域，成为国际贸易、运输中不可缺少的重要组成部分。国际货运代理业是社会经济部门中一个独立的行业，它涉及运输、保险、银行、海关、商检、卫生检疫、仓储等诸多社会部门和机构，但却不能为上述任何部门和机构所涵盖。同时，国际货运代理业在海上货物运输中一直处于重要地位，随着集装箱及多式联运的发展，这种重要性已经达到了前所未有的高度。

第二节　国际货运代理的性质和作用

如何理解国际货运代理作为代理人和独立经营人的性质？不少研究称货运代理人的角色从代理人逐步向经营人或承运人的角色发展。关于代理人和当事人，有必要从民法基本原理上进行分析。

一、民事代理的含义

代理是一种依他人的独立行为而使被代理人（又称本人）直接取得法律效果的制度。它使得自然人和经济组织借助代理制度，克服个人能力、精力和地域限制，扩大民事活动和商业活动的范围。

代理分为委托代理、法定代理和指定代理。委托代理是指由被代理人委托、授权而产生代理权的代理行为。委托代理的权限和权限大小受制于授权委托书的内容，没有授权委托的无代理权的行为，超过授权委托范围的超越代理权行为或者代理权终止后的行为，只有经过被代理人的追认，被代理人才承担民事责任。未经过追认的行为，由行为人承担民事责任。

代理分为狭义代理和广义代理。所谓狭义代理，指代理人以被代理人名义从事法律行为，而使其法律后果直接归属被代理人。所谓广义代理，指代理人以被代理人或自己的名义，代被代理人从事法律行为，而使所产生的法律后果直接或间接归属于被代理人。代理概念还可分为直接代理与间接代理。直接代理就是狭义代理。间接代理，指代理人以自己的名义从事法律行为，而使其法律后果间接地归属于被代理人。广义代理既包括直接代理，也包括间接代理。

大陆法系代理法在确定谁与第三人订立合同时，一般采用严格的"名义原则"，即代理人究竟是以被代理人的名义，还是以自己的名义与第三人订立合同。在名义原则的基础上，多数大陆法系代理法把代理关系分为直接代理与间接代理。

我国民法典中代理的定义为：代理是代理人在代理权范围内，以被代理人的名义实施的民事法律行为。采取的是直接代理概念，又称狭义的代理。我国合同法第402条和第403条的规定，在一定程度上承认了间接代理，即我国既有直接代理也有间接代理。在我国，判断行为人是代理人或当事人（又称独立经营人）的地位，不以其行为是否以自己的名义为唯一标准。

二、国际货运代理的含义

国际货运代理人不仅是纯粹的代理人,还有可能扮演当事人的角色。国际货运代理人是一种中间人性质的运输业者,他既代表货方,保护货方利益,又协调承运人进行承运工作。因此,学术界和业务界曾一度认为国际货运代理在性质上有别于民事代理,有其特殊性,故有虽然充当了当事人角色但应该认定为代理人之说。所谓的"货物中间人",其法律性质应依国际货运代理在实际业务中所起的作用而定。应该承担独立责任的时候,货运代理不能以代理人为由逃避责任。

三、国际货运代理的身份属性

国际货运代理人上述两种身份所承担的责任差异很大,关系到国际货运代理人及其相关各方的权益。作为代理人,国际货运代理仅需要在安排客户货物运输时做到合理谨慎;而作为当事人的国际货运代理,有责任将客户的货物运送到目的地,其行为远远超出了合理谨慎的要求。所以,法律上要求首先对国际货运代理充当代理人或者当事人两种身份属性进行判断。

商业环境越发达,国际货运代理人的业务越多样,对其身份属性越难以把握。国际货运代理人的法律地位及其相应的权利与义务在全世界都是一个难以解决的问题。有人称在21世纪,最令货运代理人困惑的法律问题之一是区分当事人和代理人的身份属性。总体而言,国际货运代理人的身份属性由所属国家的法律及其实际业务操作进行判定。

四、国际货运代理的作用

在国际货运服务方面,对委托人或者货主而言,国际货运代理至少可以发挥以下作用。

(一)组织协调作用

国际货运代理人历来被称为"运输的设计师",以及"门到门"运输的组织者和协调者。凭借拥有的运输及其相关知识,他们组织运输活动,设计运输线路,选择运输方式和承运人,协调货主、承运人、仓储保管人、保险人、银行、港口、机场、车站、堆场经营人,以及海关、检验检疫、进出口管制等有关当局的关系。因此,货主可以节约亲自办理这些业务的时间。

（二）专业服务作用

国际货运代理人的本职工作是利用自身专业知识和经验，提供国际货物运输中的货物承揽、交运、拼装、集运、接卸、交付等服务。他可以接受委托人的委托办理货物的保险、海关、检验检疫、进出口管制等手续，有时甚至可以代表委托人支付运费、垫付税金和政府规费。国际货运代理人通过向委托人提供各种专业服务，避免委托人在自己不够熟悉的业务领域浪费心思和精力，使不便或难以依靠自己力量办理的事宜得到恰当、有效的处理。这有助于提高委托人的工作效率。

（三）沟通控制作用

国际货运代理人拥有广泛的业务关系、发达的服务网络、先进的信息技术手段，可以随时保持货物运输关系人之间、货物运输关系人与其他有关企业和部门之间的有效沟通，对货物运输的全过程进行准确跟踪和控制，保证货物安全、及时运抵目的地，顺利办理相关手续，准确送达收货人，并应委托人的要求提供全过程的信息服务及其他相关服务。

（四）咨询顾问作用

国际货运代理人通晓国际贸易环节，精通各种运输业务，熟悉有关法律、法规，了解世界各地有关情况，信息来源准确、及时，可以就货物的包装、储存、装卸和照管，货物的运输方式、运输路线和运输费用，货物的保险、进出口单证和价款的结算，以及领事、海关、检验检疫、进出口管制等有关当局的要求等，向委托人提供明确、具体的咨询意见，协助委托人设计、选择适当处理方案，避免、减少不必要的风险、周折和浪费。

（五）降低成本作用

国际货运代理人掌握货物的运输、仓储、装卸、保险市场行情，与货物的运输关系人，仓储保管人，以及港口、机场、车站、堆场经营人和保险人有着长期、密切的友好合作关系，拥有丰富的专业知识和业务经验、有利的谈判地位、娴熟的谈判技巧。通过国际货运代理人的努力，委托人可以选择货物的最佳运输路线、运输方式，以及最佳仓储保管人、装卸作业人和保险人，争取公平、合理的费率，甚至通过集运效应使所有相关各方受益，从而降低货物运输关系人的业务成本，提高其主营业务效益。

（六）资金融通作用

国际货运代理人与货物的运输关系人、仓储保管人、装卸作业人，以及银行、海关当局等相互了解，关系密切，长期合作，彼此信任。国际货运代理人可以代替收、发货人支付有关费用、税金，提前与承运人、仓储保管人、装卸作业人结算有关费用，凭借自己的实力和信誉向承运人、仓储保管人、装卸作业人，以及银行、海关当局，提供费用、税金或风险担保，帮助委托人融通资金，减少资金占压，提高资金利用效率。

第三节　国际货运代理企业的业务经营

一、国际货运代理企业的分类与分级

根据经营范围，国际货运代理按运输方式分为海运代理、空运代理、汽运代理、铁路运输代理、联运代理、班轮货运代理、不定期船货运代理、液散货货运代理等；按委托项目和业务过程分为订舱揽货代理、货物报关代理、航线代理、货物进口代理、货物出口代理、集装箱货运代理、集装箱拆箱装箱代理、货物装卸代理、中转代理、理货代理、储运代理、报检代理和报验代理等。

在我国，货代公司分为一级、二级、三级。其中，一级货代的资信程度最高，运费最低，提供的服务也最及时、到位。报关代理企业或其他代理企业（俗称二级、三级货代）数量极其庞大，它们以挂靠一级货代的形式承揽货代业务。一级货代比二级货代多了一个美元账号，除此之外都是一样的操作。一级代理可以直接在空运公司、海运公司或铁路公司订舱。如果二级货代想要订舱，可通过挂靠一级货代，也可通过一级货代实现。二级货代只能在一级货代订舱，以此类推。

二、国际货运代理企业的经营范围

国际货代企业可从事经营项目以工商行政管理机关颁发的《企业法人营业执照》列明的经营范围为准。一般来说，国际货代企业的经营范围包括揽货、订舱（含租船、包机、包舱）、托运、仓储、包装，货物监装、监卸、中转、集装箱拼装拆箱、分拨、中转及相关短途运输服务，报关、报检、报验、保险、制单、结算运杂费，展品、物品及过境货物运输代理，国际多式联运、集运，以及国际快递（不含私人信件）、运输咨询服务和其他国际货代业务等。

（一）国际货运代理出口业务

国际货运代理出口业务包括很多方面，具体有选择运输路线、方式和适当的承运人，为货主和选定的承运人之间安排揽货、订舱、包装、计量和储存货物，办理保险、收取货物并签发有关单据，办理出口结关手续并将货物交付承运人，支付运费、收取正本提单并交给发货人，安排货物转运、通知收货人，以及记录货物灭失情况，协助收货人向有关责任方索赔。

（二）国际货运代理进口业务

国际货运代理进口业务包括很多方面，具体有：报告货物动态，接收和审核货运单据，支付运费并提货；进口报关，支付有关捐税和费用；安排运输过程中的存仓，向收货人交付已结关的货物，协助收货人储存或分拨货物。

（三）作为无船承运人承办多式联运业务

国际货运代理公司也可作为无船承运人承办多式联运业务，即作为合同当事人签发多式联运单据，将各段运输委托实际承运人执行。

三、国际货运代理企业的服务内容

除非发货人（卖方）或收货人（买方）想亲自负责办理有关程序或单据方面的手续，货物运输通常是由货运代理人代表发货人进行的。货运代理人可以直接或通过分代理人或其他所雇佣的代理人进行此项工作，也可以接受其海外代理服务机构提供的服务。

（一）代表发货人（出口商）

货运代理人依照发货人的装运指示，选择航线、运输方式及合适的承运人，并向选定的承运人订舱；接收货物并签发相关的文件，如货物代理收货证书、货运代理运输证书等；审查信用证条款并研究进/出口国、过境国在货物运输方面所实行的政府规则，准备必要的单据；包装货物（除非发货人在移交前已完成），并将航线、运输方式、货物性质，以及进/出口国及过境国的有关法规考虑在内，如有必要，还要安排货物仓储称重、测量货物体积；提醒发货人购买保险，发货人有要求时代办货物保险；货物运输到港时，安排清关以及办理相应的手续并将货物交付承运人，如有必要时负责外币兑换，支付包括运费在内的各项费用；从承运人处索要已签发的提单并交给发货人，必要时安排转船；通过与承运人以及国外代理人的联络，监管货物运输直到交给收货人。若发生货物损坏和灭失，应注明破损情况,协助发货人就货物的灭失和损坏向承运人提出索赔。

（二）代表收货人（进口商）

货物代理人依照收货人的航运指示,在收货人支付货物运费时,代表收货人监管货物的运输；收取并检查所有与货物运输相关的文件；从承运人处接收货物并在必要时支付运费；安排清关并向海关和其他公共当局支付关税和其他费用；必要时安排过境仓储；向收货人交付已清关货物,如发生货物灭失和损坏,应协助收货人就货物的灭失和损坏向承运人提出索赔,必要时协助收货人进行仓储和分配货物。

（三）其他服务

除了上述两项服务以外,货运代理人可应客户要求,提供运输过程所需的其他服务和各种特殊服务,还可根据顾客需要向其提供消费需求、新市场竞争条件、出口战略及外贸合同中应包括的适当贸易条款等信息。简言之,一切与其业务有关的事宜。

（四）特殊货物

通常货运代理人处理国际贸易中流转的一般货物,包括各种各样的加工的、未加工的和半成品,及其他不同类型的商品。前面两项所列的服务通常对这些货物适用。货运代理人可依据客户的要求提供与特殊货物有关的其他服务,有些货运代理人甚至可以在条款中详细规定并专门从事这些服务。

四、国际货运代理企业的盈利模式与发展趋势

在国际货运代理行业,货代企业的盈利模式有以下五种。

（一）传统代理服务模式

代理服务模式是国际货运代理企业最原始、最初级的盈利模式。其主要业务包括以下两点：①为货主提供代理服务,代理订舱、报关、报检或代办保险等业务。②为承运人提供代理服务,代表承运人接受托运、签发提单,办理放货手续,办理船舶进出港口和水域的申报手续,安排引水、泊位等代理服务。在代理服务模式中,国际货运代理企业主要通过赚取佣金获得盈利。

（二）无船承运服务模式

无船承运服务模式是国际货运代理企业的主要盈利模式。其主要业务是国际货运代理企业以国际货运服务当事人的身份与货主企业订立委托代理合同,与承运人订立运输合同，提供运输服务。在无船承运服务模式中，国际货运代理企业主要通过赚取运费差价获得盈利。

（三）集拼经营服务模式

集拼经营服务模式是伴随集装箱运输业务发展而出现的新型盈利模式。其业务是为小批量、多批次货物运输提供拼箱和拆箱、内陆运输及中转经营的服务。在集拼经营服务模式中，国际货运代理企业主要通过赚取拼箱费、拆箱费、中转服务费获得盈利。

（四）国际多式联运服务模式

国际多式联运服务模式是国际货运代理企业盈利模式中附加值最高的一种。其业务是国际货运代理企业以国际多式联运经营人的身份经营国际多式联运，与发货人签订一份多式联运合同，结合使用多种运输方式，对全程运输负责，签发一张多式联运单证，计收全程运费。在国际多式联运服务模式中，国际货运代理企业主要通过赚取运费差额获得盈利。

（五）仓储经营服务模式

仓储经营服务模式是在传统代理模式及集拼经营模式的基础上延伸出来的新型盈利模式。其业务主要包括货物存储、保税仓储，以及包装、贴标签、信息服务等简单的增值服务。在仓储经营模式中，国际货运代理企业主要通过收取仓租和增值服务费用获得利润。

针对国际货运代理企业面临的行业竞争激烈、盈利模式单一、运营网络不健全的问题，国际货运代理企业应开拓思维，转变发展观念，寻找多样化的盈利模式，提升服务附加值，建立健全运营网络。

五、国际货运代理企业的设立、变更和终止

首先，企业名称必须合法，包含货运代理、运输服务、集运、物流等相关字样。其次，企业组织形式仍然为有限责任公司或股份有限公司，尚不允许合伙企业和个人等组织形式，不允许私人和个体户经营国际货运代理业务。

（一）国际货运代理企业的设立

1.内资国际货运代理企业设立的条件

（1）具有至少5名从事国际货运代理业务3年以上的业务人员，其资格由业务人员所在企业证明。或者取得商务部根据本细则第五条颁发的资格证书。

（2）有固定的营业场所。

（3）有必要的营业设施。

（4）有稳定的进出口货源市场。

2. 采取审批制度

（1）省、区、市、计划单列市的对外经济贸易主管部门受理初审，转报商务部审批，限定经营范围、注册资本、经营地域等。

（2）申请人修改章程，到部主管司局办证，领取《中华人民共和国国际货物运输代理企业批准证书》。

（3）办理企业登记、工商税务，到省级有关部门备案。

（4）收到批准证书后，180天内开业。

申请设立外商投资国际货运代理企业的中外方投资者，除必须具备国家有关外商投资企业的法律、法规所规定的条件外，还应符合以下条件：①设立外商投资国际货运代理企业的中外投资者必须是与从事国际货物运输组织工作有关的企业。②投资者须有3年以上经营历史，有较稳定的货源，有一定数量的货代网点。

（二）国际货运代理企业的变更

国际货物运输代理企业成立以后，可以根据国家有关法律、法规规定和企业实际情况，变更企业名称、企业类型、隶属关系、经营范围、经营地域、通讯地址或营业场所、法定代表人等项目，亦可变更股东，增加或减少注册资本。所有这些都属于国际货物运输代理企业变更的情形，均应办理相应的法律手续。

1. 国际货物运输代理企业变更的条件

根据《中华人民共和国国际货物运输代理业管理规定实施细则（试行）》第18条第1款，国际货物运输代理企业申请扩大经营范围或经营地域，必须在对外经济贸易主管部门批准成立并且经营国际货运代理业务1年以后进行。对于其他项目的变更条件，现行国际货物运输代理法规和规章未做具体规定。

2. 变更国际货物运输代理企业应当提交的文件

关于申请变更国际货物运输代理企业应当提交的文件，现行有关法规和规章未做具体规定。实践中，应当根据变更项目的不同，准备不同的文件。

3. 国际货物运输代理企业变更的程序

根据《中华人民共和国国际货物运输代理业管理规定实施细则（试行）》第23

条，国际货运代理企业变更不同的项目需要遵循不同程序。

（1）国际货运代理企业的企业名称、企业类型、股权关系、注册资本减少、经营范围、经营地域发生变更，必须报相关政府主管部门审批，并换领批准证书。

（2）国际货运代理企业的通讯地址或营业场所、法定代表人、注册资本增加、隶属部门发生变更，在报政府主管部门备案后，直接换领批准证书。

（三）国际货运代理企业的终止

实践中，国际货运代理企业发生下列情况将导致其终止：①因合并、分立而解散。②经营期限届满。③严重亏损，无力继续经营。④一方或者数方股东不履行合同、章程规定的义务，致使企业无法继续经营。⑤被责令关闭、撤销批准证书或吊销营业执照。⑥股东会或董事会决定停业、解散或清算。⑦因资不抵债被宣告破产。

现行有关法规和规章没有明确申请终止国际货运代理企业应当提交的文件、资料。实践中，国际货运代理企业终止的原因不同，申请终止时需要提交的文件、资料也有所不同，应当按照行业主管部门的要求，根据实际情况准备、提交有关文件、资料。

第四节　国际货运代理的发展趋势

一、国际货运代理的发展阶段

（一）初期：传统国际货运代理人阶段

早期国际货运代理人的经营规模一般较小，最多在一两个国家设有办事处，没有形成运输网络，所以货运代理人选择仅以代理人的身份安排货物运输，充当托运人或收货人的代理人，联系承托双方安排运输，从而将运输风险留给他人。他们的客户根据货运代理人的指示在运输单证上以发货人或委托人的身份出现。客户可以要求承运人履行由货运代理人代表他与承运人签订的运输合同。这样，国际货运代理人的法律责任如同其他代理人一样是最低限度的。

在该阶段，国际货运代理人仅代表客户为货物办理保险，或者帮助客户履行进出口手续，如办理海关、商检、卫生检疫等；也可为客户办理货物装卸、理货、仓储等业务。另外，可对货物进行简单加工、包装，或者帮助客户交付货物，按照"交货付款"条件收取相关费用，以及为客户提供运输和货物分拨方面的建议等。但上述业务范围仅限于为了安排货物运输而必须从事的附随义务。国际货运代理人一般不直接参与组织运输和实际运输工作，他们成为维系以发货人或收货人为客户和以各类承运人、海关、商检等部门为另一方关系的媒介和桥梁。

虽然该阶段许多货运代理人可以在一定范围内拥有必需的仓库、小型车队，但其根本目的是更好地履行货运代理责任和控制货物，没有与客户签订除代理合同之外的其他任何合同，因而不是当事人。国际货运代理人不从事具体运输工作，一般不经营运输工具，也不经营进出口货物。

（二）发展阶段：货运代理人转化为"货运中间人"

国际货运代理人作为纯粹代理人从事传统货运代理业务，虽然有投资少、成本低、责任轻、风险小的优点，但获利少。随着经济的发展，生产效率需要进一步提高，客户要求越来越方便、快捷、简单的运输安排，要求权利、义务进一步明确，传统国际货运代理人显然不能满足客户要求。如当客户货物遭到损坏或丢失时，传统国际货运代理人仅协助当事人向有关方面追偿，但并非其绝对的义务，不利于保护客户的利益，纯粹代理人的角色因此逐渐失去客户的欢迎。与此同时，一种新的运输方式在货运代理业中不断发展，极大地影响着货运代理人角色的转变。

随着铁路运输的发展，不少货运代理人已经开始使用铁路公司的车厢经营集拼货物运输，即首先把不同客户的小批货物集中起来形成一个运输单位（即一个车厢），到达目的地后，再把集中起来的货物拆开交付给不同的收货人。在这种情况下，货运代理人开始公布自己的运费率。集拼货物运输方式要求货运代理人必须同国外的公司联合，将其业务扩展到国外，从而建立自己的运输网络。此时，相对于国内货物运输代理人的国际货物运输代理人才真正出现。这种集拼货物运输方式具有新生事物的优点和旺盛的生命力，并迅速扩展到海运业和空运业。

自20世纪60年代开始，集装箱化运输已成为国际贸易的显著特征。集装箱的出现，使货物贸易一体化成为可能，从而显著提高了搬运与运输效率。货运代理人很快适应了这一变化，他们与船东签订整箱货运输协议，却与货方签订拼箱货运输合同，为其提供门到门服务。

国际货运代理人向新型运输方式转变过程中，其自身的法律地位也悄然发生了变化。货运代理人经营集拼货物运输，成为集拼货物运输业者。其传统意义上仅充当代理人而不是当事人的定位，导致其法律地位面临挑战。当国际货运代理人控制着大量的货物运输时，他们可能租用大部分甚至全部的船舶或飞机舱位。尽管有些国际货运代理人仍坚持他们只是代理人，但从法律角度来看，由于他们已经不向托运人索要一定比例运费，然后再分别支付实际承运人，而是能够自己决定运费率，成为运输合同的一方，成为运输合同的当事人，从而完成由代理人向承运人的转变。

国际货运代理人成为运输合同的一方，承担运输合同项下的责任，但有时却仅充当代理人，辅助客户安排货物运输，具有混合身份。从该阶段国际货运代理人的基本性质来看，他们主要是联系客户和承运人，提供有关货物运输、转运、仓储、保险，以及与货物运输有关的各种业务的服务机构。国际货运代理是一种中间人性质的运输业者，既代表客户，保护客户的利益，又协调承运人进行承运工作，其本质就是"货物中间人"，在以发货人和收货人为一方、承运人为另一方的两者之间行事。这些中间人的特征都是在商业实践中发展起来的，往往不符合法学理论中代理的概念。

二、国际货运代理的发展现状

随着国际贸易往来越加频繁，国际货运代理行业获得快速发展，并且具备了一定的规模。在货运市场上，国际货代企业发挥的作用日趋明显。同时，在新形势下，国际货运代理行业仍然存在一些问题亟待解决。

（一）服务功能缺少集成

由于国际货运代理行业发展时间比较短，其服务功能比较少，服务内容比较单一，缺乏增值服务，并且盈利能力比较薄弱。无论是资产规模，还是经营规模，它都缺少大型、集团型的国际货运代理企业。超过 70% 的行业企业属于中小企业，融资能力比较弱，经营比较分散，缺少核心竞争力，进而在一定程度上难以有效应对替代产品之间的竞争。对于货代企业来说，在经营过程中，其生存发展不是依靠提高服务质量、争取货源，而是单纯地依靠价格战获取眼前的利益。这在无形中进一步降低了货代企业整体的服务质量。同时，随着网络信息的共享与技术的发展，货代价格信息更加公开化、透明化，进一步挤压了中小货代企业的利润空间。

（二）信息化程度不高

对于一些传统货代企业来说，由于规模比较小，它们没有足够的资本用于优化企业信息技术手段，自身的信息化程度比较低，缺乏健全的信息系统。它们的运作模式依然停留在人工销售阶段，信息技术主要用于搭建业务管理信息系统。相关资料显示，缺乏大数据及人工智能技术应用的货代企业超过半数。小型货代企业对信息技术的应用主要集中在单证制作等内部管理方面。即使有宽带互联网，也由于没有自己的应用系统，而进一步降低了信息的传递速度，进而难以提供快捷方便的服务，无法实时追踪货物，阻碍了供应链上信息的流动，弱化了竞争力。

（三）面临激烈的市场竞争

国际货运代理行业中，跨国企业的发展代表了行业水平。跨国企业一般具备制度完备，业务范围广泛，规模大，从业人员素质比较高等特点。它凭借自身的低成本、高效率、高服务等优势，在货代市场上显示出卓越的竞争力，进而在一定程度上冲击着本土的传统货代企业。同时，一大批国际船公司组建货代公司，压缩了货代企业的经营空间。

三、国际货运代理的发展趋势

货运代理是社会经济关系复杂化和社会分工发展的产物，国际货运代理业是国际贸易和国际运输发展的直接结果。国际货代公司除了提供常规的海陆空国际运输服务，还要依据客户的行业特点、成本目标、生产流程、供应链网络等提供一体化的物流解决方案。目前，国际货运代理行业正在向着更深、更广、更全面的服务行业发展，简单的货运代理人角色已经成为过去，具体的发展趋势有以下几点。

（一）公司间的并购成为企业提升竞争力的重要手段

从世界范围来看，国际货运代理企业大规模并购日趋普遍。代表性案例包括美国最大的重件货空运货代 Eagle 公司收购了有 100 多年历史的老牌货代 Circle 公司。新的公司在全世界拥有 400 多个办事处和 8000 名员工，年营业额超过 15 亿美元。通过此次购并，Eagle 由国内承运人一跃成为世界上领先的国际货运企业。还有英国的 Ocean 集团和 EXEL 公司并购事件。前者是世界空运货代排名前 10 的英国空运 MSAS 的母公司，后者是欧洲领先的综合物流服务公司，合并后的新公司在全世界拥有 1400 多个办事处，年营业额高达 50 亿美元以上。

(二）货运代理企业正在向第三方物流企业发展

随着全球经济一体化的发展，跨国公司在全世界范围内的交易活动日益频繁，运输的需求由原来的港到港发展到门到门，由原来的海、空、陆等运输方式发展到提供多种运输方式综合应用的物流服务。事实上，多数业界领先货代公司正在或已经完成了向物流公司的转变，还有越来越多的公司也在着手公司业务的转型以满足客户不断发展的多层次需求。货运代理公司转化为第三方物流具有明显优势：①拥有先天的基础设施和网络优势，这种优势很难在短时间内以较少的投入实现。②业务以组织、支配运输为特长，对货物流通和其他各个环节比较熟识，具有较强的限制和驾驭能力，通过对货物流通链的整体设计与管理，最大限度地降低货物流通成本与时间。③人员素养和管理水平较高，服务具有竞争力，在租船订舱、通关揽货、集港联运等方面实力强劲。

（三）新型技术在国际货运代理企业中得到广泛运用

国际货运代理逐步向第三方物流、国际物流转变。物流信息技术是物流现代化的重要标志，也是物流技术中发展最快的领域。从数据采集的条形码系统，到办公自动化系统中的计算机、互联网，各种终端设备等硬件，以及计算机软件，都在日新月异地发展。同时，随着物流信息技术的不断发展，物流行业产生了一系列新的理念和经营方式，推进了物流的变革。在供应链管理方面，物流信息技术的发展，也改变了企业应用供应链管理获得竞争优势的方式，通过应用信息技术来支持它的经营战略并选择它的经营业务，提高供应链活动效率，增强整个供应链的经营决策能力。供应链模式如图 7-1、图 7-2 所示。

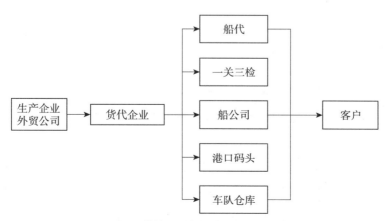

图 7-1　传统国际货运代理供应链模式

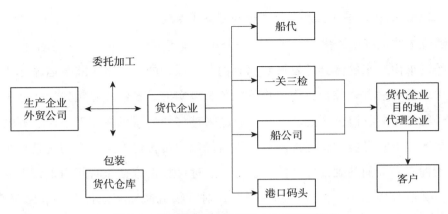

图 7-2 拥有国际网络的货代企业供应链模式

（四）学问型货代将成为国际货代业发展新趋势

现在，国际货代公司的业务范围越来越广泛，国际货运代理业务已发展出精益化生产、供应链管理、业务流程再造、企业资源安排等内容，对于从业人员的学问层次、学问广度、信息技术应用水平有了更高的要求。因此，国际货运代理的核心业务将渐渐转变为附加价值高的询问服务，而低附加值的物理操作将外包给其他企业，学问型货代将成为国际货运代理业发展的趋势。

第五节 国际货运代理业务实务

通过本节的学习和训练，学生将学会国际货运代理业务的各项基本操作技能，包括揽货、接单、租船、订舱等；熟练掌握海运货代的程序和方法，体会国际货运代理业务操作岗位的工作内容。

一、接单

接单的主要工作内容是准确地理解客户委托的意义，指导客户正确填写委托书；学会审核委托书和预配集装箱；能正确办理揽货、接单手续。

（一）客户委托

货代揽货成功的标志是货主把运输业务委托给货代办理。通常货主要填写一份委托书，委托货代去办理运输事项，委托书即构成这单业务的委托凭证。在订有长期代理合同时，可能会用货物明细表等单证代替委托书。

目前，委托书没有统一的格式。各个公司的委托书不完全一样，记录的内容大同小异。委托书填写说明如下。

（1）发货人、地址和电话。发货人是指需要出口商品的一方，即卖方。

（2）日期。单据的填写日期，如 2023-05-15。

（3）收货人、地址和电话。收货人即运输单据的抬头人，要严格按信用证中提单条款的具体规定填写。其中，记名抬头直接填写收货人，即进口商名称；指示抬头完全按照指示提单条款填写。

（4）通知人联系方式。填写信用证规定的提单通知人名称、地址及电话，通常为进口商。

（5）装运港。合同中规定的出口港。

（6）目的港。合同中规定的进口港。

（7）船名。此栏先不用填，订舱后再补充船名。

（8）货物名称及描述。根据合同要求填写货物的英文名称和英文描述。

（9）唛头。与合同相关内容一致。

（10）件数及单位。件数为商品的包装数量，不是合同中的销售数量。件数的计算方法是用合同中的销售数量除以每包装内的商品数量，结果如果是小数，进位取整。

（11）毛重及单位。毛重是指产品的重量和包装该产品所需用品的重量之和。此栏为出运产品总的毛重。

（12）净重及单位。净重是指产品的重量，即毛重去掉包装重量。此栏为出运产品总的净重。

（13）体积及单位。体积是指出运产品总的体积。

（14）合计件数、合计毛重、合计净重和合计体积。如果一笔合同中有多个商品，此处填累加值。

（15）柜型选择和数量。此栏有拼箱和货柜两种类型可选，具体选择哪一种，按照货物具体情况决定。

（16）运费金额、预付与到付。运费金额无须自己填写，待订舱后补充。在 CIF、CFR、CIP、CPT 方式下选预付，在 FOB、FCA 方式下选到付。

（17）发票、装箱单号。填写商业发票和装箱单号。一般在填写委托书时无须填写此栏。

(18)委托人名称、地址和签名。填写委托人公司的英文名称和英文地址,签名为委托人法人英文名称。

委托书一般由客户填写,有时客户也可以委托货代填写,但无论如何,客户必须签字盖章,承担委托方责任。

(二)审核委托书

货代业务员接到客户委托书后,必须仔细审核委托书,以下内容不可缺少。

(1)装运港、卸货港、目的地。

(2)海运费及支付方式——预付或者到付。

(3)装船期、结汇期,分批或者转船运输。

(4)船公司要求及箱型、箱量。

(5)货物描述,包括唛头、件数、品名、毛重和尺码。

(6)托运人或称发货人、收货人和通知人。

(7)有效印鉴。

上述委托事项必须齐全,只要有一条缺失或者错误,就会在进行后面的操作时给货代带来很大麻烦。当发货人有特殊要求(如要出具特定的船龄证、船籍证、显示运费和显示 FOB 值等),一定要提出来,否则会给日后提单造成不利影响。

货主必须明确指示货代出具的提单类型,是货代公司签发的货代单,还是班轮公司签发的班轮提单。班轮提单和货代单最直观的区别在发货人一栏的填写上:货代单填写的是委托人的名称,而班轮提单通常填写的是货代公司的名称。这样做的目的是不让货主与船公司发生直接联系,保障货代的生存空间。

(三)预配集装箱

对于客户委托货代装箱的情况,货代应根据货物的品名、性质、毛重和尺码等信息判断需用的集装箱箱型和数量,以便订舱时向承运人申领空箱。预配集装箱时,所选用的集装箱的种类、尺寸等特性应满足货物装载和运输要求。常见集装箱装载量如表 7-1 所示。

表 7-1 普通干货集装箱的型号与装载量

箱型	尺寸(长 × 宽 × 高)/m	门径(宽 × 高)/m	最大容积 /m³	最大载重 /t
20′GP	5.90 × 2.35 × 2.39	2.34 × 2.28	33	21
40′GP	12.03 × 2.35 × 2.68	2.34 × 2.28	67	26

续表

箱型	尺寸（长×宽×高）/m	门径（宽×高）/m	最大容积/m³	最大载重/t
40′HQ	12.03×2.35×2.68	2.34×2.57	76	29
45′HQ	13.58×2.35×2.68	2.34×2.57	85	28

一般而言，20ft 普箱宜装载重货，40ft 普箱宜装载轻货。可以按以下步骤预配集装箱数量。

第一步，计算货物密度。

货物密度是指货物单位容积的重量。计算公式为

$$货物密度 = \frac{货物单位重量}{货物单位体积}$$

例如：某货代公司揽货员小李接到外贸公司张老板的电话，称有一批货物需要出口到美国纽约。所装货物内纸板箱包装的是电气制品，共 750 箱，尺寸为 60cm×40cm×50cm/CTN，毛重为 60kg/CTN，净重为 58kg/CTN，箱容利用率为 80% 容重。

解：该货物密度 $= \dfrac{60}{0.6 \times 0.4 \times 0.5} = 500（kg/m^3）$

第二步，计算或查询集装箱的单位容重。

集装箱容重是指集装箱单位容积的重量，是集装箱最大载货重量与集装箱有效容积之比。计算公式为

$$集装箱容重 = \frac{该集装箱最大载货量}{该集装箱的容积 \times 箱容利用率}$$

表 7-2 是按照集装箱容重计算公式计算出来的几种不同尺寸集装箱在容积利用率分别为 100% 和 80% 时的容重。

表 7-2　不同尺寸集装箱的容重

集装箱种类	最大载货重量		集装箱容积		箱容利用率为 100% 时的容重		箱容利用率为 80% 时的容重	
	kg	lb	m³	ft³	kg/m³	lb/ft³	kg/m³	lb/ft³
20ft 杂货集装箱	21790	48047	33.2	1172	656.3	41.0	820.4	51.3
40ft 杂货集装箱	27630	60924	67.8	2426	407.5	25.1	509.4	31.4
20ft 敞顶集装箱	21480	47363	28.4	1005	756.3	47.1	954.4	58.9
20ft 台架式集装箱	21230	46812	28.5	1007	744.9	46.5	931.1	58.1

例如，计算表 7-2 中 40ft 杂货集装箱在容积利用率为 80% 时的容重。

解：根据集装箱容重计算公式，得

$$容重 = \frac{27630}{67.8 \times 80\%} \approx 509.4 \text{（kg/m}^3\text{）}$$

第三步，计算所需集装箱数量。

如果货物密度大于集装箱的单位容重，这种货一般称为重货，则用货物重量除以集装箱的最大载货重量，即得所需要的集装箱箱数。计算公式为

$$集装箱数量 = \frac{货物重量}{集装箱最大载货重量}$$

如果货物密度小于集装箱的单位容重，这种货一般称为轻货，则用货物体积除以集装箱的有效容积，即得所需要的集装箱箱数。计算公式为

$$集装箱数量 = \frac{货物总体积}{集装箱有效容积}$$

例如：假如货物密度 500kg/m³，选用 40ft 杂货集装箱，请计算需预配几个集装箱。

解：选用 40ft 杂货集装箱，根据表 7-2 可知，40ft 集装箱容重为 509.4kg/m³。

货物密度小于 40ft 集装箱容重 509.4kg/m³，因而可以判断此批货物属于轻货，因此应该按照轻货的配载要求计算所需集装箱数量。

$$货物总体积 = 0.6 \times 0.4 \times 0.5 \times 750 = 90 \text{（m}^3\text{）}$$

查表 7-2 可知，40ft 集装箱容积为 67.8m³，利用率为 80%，所以集装箱有效容积为 67.8×80%。根据集装箱数量计算公式，得

$$所需集装箱数量 = \frac{90}{67.8 \times 80\%} \approx 1.66 \text{（个）}$$

也就是共需要两个 40ft 杂货集装箱。假如题目改为选用 20ft 的杂货集装箱，请尝试自行计算所需集装箱数量。

预配时，要考虑集装箱的装载问题，着重注意以下几点。

（1）装载拼箱货物的集装箱应该轻、重搭配，尽量使集装箱的装载量和容积都能满载。积载后的重心应尽量接近箱子的中心，以免装卸过程中发生倾斜和翻倒。

（2）保证混装货物不会互相引起货损。

（3）不能把不同卸货港的货物混装在一个集装箱内。

（4）不同种类的包装，如木夹板包装货物与袋装货物或纤维板箱装货物之间

若没有保护性的隔垫，不能装在一起。

二、订舱

这部分介绍订舱单的主要内容、订舱的程序和方法，有助于从业人员熟悉租船订舱业务。

（一）订舱的含义

货运代理接受委托后，应根据货主提供的有关贸易合同或信用证条款的规定，向船公司或其代理在其所营运或代理的船只的截单期前预订舱位，即订舱。所谓截单期，是指该船接受订舱的最后期限。超过截单期，如舱位尚有多余或船期因故延误等，船公司同意再次接受订舱，称为"加载"。截单期一般在预定装船日期前几天，以便企业安排报关、报检、装箱、集港和制单等工作。

船期表及船公司所公布的各种航运信息是订舱配载的重要参考资料，货运代理必须按照委托书要求的船期、船公司、箱型、装货与交货方式等办理。

（二）订舱前的准备

订舱渠道主要有两种：①直接向船公司订舱，如东方海外、中国远洋等。②通过船舶代理订舱，如搜航网、易舱网、锦程物流等。在向班轮公司或其代理订舱之前，揽货人员和操作人员应共同做好以下工作。

（1）认真审核出口货物托运单。客户在出口货物托运单上填写的各项资料、委托事项及工作要求是操作人员开展工作的依据，因此，订舱人员一定要认真审核出口货物托运单。重点审核的内容有货物到达的目的港，客户要求装货的日期，客户要求提供的箱型与箱量，所装货物的名称、重量、尺码，以及运费支付方式和特殊要求等。

（2）设计运输线路。经营同一条航线的班轮公司有很多，船舶的船期、挂靠的港口有所不同，到达目的港所需的时间、运价有所不同，各班轮公司的服务水平、信誉也有差异，因此，订舱人员要充分利用自己所具有的海运业务知识和良好的业务关系，本着安全、快捷、准确、节省的原则，为客户设计最优的运输线路。

（3）落实船期和运价。由于班轮公司的船期、运价和附加费等经常发生变化，所以在正式订舱前，订舱人员应再次落实船期和运价，确认新的船期和运价信息并反馈给客户。

（4）落实箱型、箱量。客户在发出货物托运单时，有可能还没有完全确定装运的具体数量，只是初步决定要装多少货，有时可能还在与买方商议。有些客户只知道自己货物的重量、尺码，对货物究竟要装多少个集装箱并不清楚，因此，正式订舱之前，订舱人员务必再次与客户落实货物的重量、尺码，所需要的箱型、箱量，以避免订多或订少而造成麻烦。

（5）认真填写订舱单。在向班轮公司订舱时，需要填写一份订舱单，也称订舱委托书。订舱人员应根据客户托运单上的内容认真填写，仔细审核，签字盖章后交船公司订舱处理。

（三）订舱单的内容

订舱单的内容与托运单的内容基本一致。纸质的订舱单有的是班轮公司提供的，也有的是货代企业自己印制的。现在大量的订舱通过计算机在网上完成，实现了无纸化。订舱单的内容一般包括以下九个方面。

1. 发货人/托运人

当货代向班轮公司订舱时，这一栏所填写的发货人可能不是真正的发货人，而是代理订舱的货代企业。这一栏除了填写货代企业的名称外，还需填写联系人的姓名、电话、传真和电子邮箱等信息。

2. 收货人及通知人

收货人和通知人这两个栏目填写的内容应该与客户托运单上填写的内容一致。由于货代向班轮公司订舱时，发货人一栏可能填写的是货代企业，而不是真正的发货人，因此，有时这两个栏目可不填写。因为正式签发提单时，客户都会提供一份内容比较完整的提单补充材料（俗称"提单补料"），这上面收货人、通知人的信息才是准确资料。

3. 起运港/装货港及目的港

起运港/装货港和目的港两个栏目必须认真填写。港口往往有多个港区，班轮公司在同一港口可能靠泊多条航线的船舶，但不同航线的船舶靠泊不同的港区，因此，在起运港一栏不但要填写港口名称，也要填写港区名称，如深圳港盐田港区、广州港南沙港区等。目的港应填写英文港名。如果目的港有多个港区，同样要填写具体港区，如马尼拉南港、马尼拉北港等。

4. 预配船名/航次

预配船名/航次这一栏用于填写订舱者按照船期表提供的内容，希望预订舱位所在的船及航次。如果订舱者在订舱时还没有确定船名及航次，也可不填写，留待班轮公司安排。

5. 预配箱型及箱量

预配箱型及箱量表示订舱者要预订的集装箱的类型及数量，一般以 ×20'GP、×40'GP、×40'HQ 来表示。在"×"前面填写数字，表示订多少个这种类型的集装箱。例如，3×40'GP 表示 3 个 40ft 的集装箱。

6. 货物名称及重量

货物名称及重量这一栏是向班轮公司说明装载的是什么货物，使班轮公司可以从货物名称判断货物是普通货物还是危险品。大部分班轮公司是不接受危险品的，除非是具备专用设备的班轮公司。在集装箱运输中，虽然不按货物的重量计收运费，但班轮公司和港口对各类集装箱都有载重限制，如 20'GP 的集装箱载重不得超过 18t，40'GP 和 40HQ 的集装箱载重不得超过 20t。因此，订舱者要如实填写货物重量。

7. 运费及运费条款

运费是指班轮公司与订舱者事先已经商定好的运费，包括各种附加费的名称及数额。班轮公司最后将向订舱者收取此项双方认可的费用。

运费条款是对选择运费预付还是到付的说明。运费预付是指班轮公司签发提单时，托运人必须付清运费及其他相关费用方能取得提单。运费到付是指货物到达目的港后，收货人必须付清运费及其他相关费用方能提取货物。

8. 放货方式

放货方式这一栏用于说明订舱者向班轮公司要求的货物到达目的港后的放行方式，包括凭正本提单、海运单或电放。

9. 签名盖章

订舱单上必须有签名盖章栏目，订舱单只有在订舱者签名盖章后才能生效。在目前广泛应用的网上订舱中，订舱双方往往采取电子签名或其他双方认可的签名方式。

以上是订舱单的基本内容。有些装货港的班轮公司代理人可能还提供拖箱、报关等服务，因此，订舱单上还可能要求列明安排拖车、报关时需要的装货地点、装货时间、联系人、联系电话和报关类别等项目。

（四）与船公司接洽

订舱单一般以传真或电子邮件的方式发送给船公司或其代理人。由于情况会不断变化，订舱单发出后还需不断与船公司或其代理人接洽。

首先，打电话落实，确保对方收妥订舱单。一方面，由于通信线路或网络故障，订舱单有可能未及时传送到对方手中；另一方面，船公司或其代理在某条航线的某个航次开始接受订舱单。当业务繁忙且接受的订舱单很多时，在成堆的订舱单中可能会忽视或遗漏某些订舱单。因此，在订舱单发出后，有必要电话落实一下，确保对方已经收到订舱单。

其次，紧跟对方的放舱情况。在货运淡季，舱位宽裕，船公司或其代理人对于上门订舱的客户求之不得，一般会很快将订舱确认书回传过来。但在货运旺季，由于舱位紧张，船公司或其代理人可能会根据已确定的运费、货量，与订舱的货代企业的合作情况，甚至是负责放舱的业务员与订舱业务员的个人感情来权衡利弊，决定接受还是不接受订舱。在这种情况下，就要求货代企业平时加强与船公司或其代理人的沟通与交往，尽量争取到所需要的舱位。如果通过接洽仍然无法订到某家船公司某一航次的舱位，订舱人员就要立即联系客户，与客户协商能否改订下一航次的舱位，或者改订其他船公司的舱位。

最后，订舱单发出后，要与船公司或其代理人接洽。订舱人员除了催促其尽快回传订舱确认书外，还有必要再一次打电话落实所订航线的船舶本航次所停靠的港口、船期、运价和各种附加费是否有变化。由于受国际上政治形势变化、油价高低起伏、汇率上下波动甚至自然界风霜雨雪的影响，以上各项因素经常会发生临时变动。因此，多与船公司联系，掌握各种信息，能使订舱人员处于主动地位。

（五）订舱单的确认及注意事项

班轮公司或其代理人在接到国际货运代理企业的订舱单后，同样会认真审核，经审核认为可以接受对方订舱的要求，就会发出一份订舱确认书。在实践中，订舱确认书的叫法很多，如配载通知、放柜纸、提还柜通知书或装货单等。在国际货运代理企业中，一般将它们统称为"S/O"。不管名称如何，它们的内容都是大致相同的。货代企业一旦收到班轮公司的订舱确认书，就意味着双方之间的契约行为已成立。因此，要特别注意对订舱确认书的审核，重点审核以下十项内容。

1. 订舱号

订舱号是船公司按货物到达不同的港口统一编制的，不会重复，也不会混港编号。订舱号非常重要，后续的很多工作要依据这个号码，许多单证上也会出现

表 7-3　深圳市 A 物流有限公司出口货物订舱单

TO：		
FROM：		
Shipper：（发货人） JUN CHENG LOGISTICS., CO. LTD.	Booking No.： TEL：0755-26891871 Tony lin	
Consignee：（收货人） TO ORDER	EMAIL：real@jcsz.net FAX：0755-26891875	
Notify Party：（通知人） TO ORDER	FREIGHT&CHARGES （运费与附加费） 合约/特价编号：	
	PREPAID	COLLECT
Pre-carriage by（前程运输）　Place of Receipt（收货地点）	O/F	
	ORC	
Ocean Vessel（船名）Voy.No.（航次）　Port of Loading（装货港）	文件费	
	其他	
Port of discharge（卸货港）　Place of delivery（交货地点）	Final Destination for the Merchant's Reference（目的地）	
Marks&Nos： （标记与号码）	No.of containers of pkgs （箱数或件数）	Description of Goods（货名）	Gross weight 毛重（kg）	Measurement 尺码（m³）
	Container/Seal no. （集装箱/封条号）			
箱型/箱量：		运输条款：		
货类：				
提柜时间：	拖车公司：			
是否中转：	中转港口：			
装货地点：		装货时间与联系人：		
1. 订舱单是承运货物安排运输和制作仓单的依据，各项内容必须认真填写。 2. 货物的各项资料唛头，件数，货名，重量，尺码等必须填全。 3. 运费与附加费栏请认真填写金额，如有协议/合约，则加填协议/合约号，请勿空白。 4. 运费预付，到付栏不填的一律按预付处理。运输条款不填的按照 CY-CY 条款处理。是否中转及中转港口栏必须填写清楚。 5. 危险品货物，除填本单危险品一栏内容外，出运时需提供产品说明书，包装容器使用性能鉴定书。 6. 因订舱单填写错误或资料不全引起的货物不能及时出运运错目的地，舱单制作错误，不能提货等而产生的一切责任，风险，纠纷，费用等概由托运人承担	★ 注 意 事 项 ★	托运人签章 日期 2023.5.21		

这个号码，最终签发的提单号也与其相同。在实践中，需要追踪货物、查询单证时，只要能提供订舱号，就可以很快地查询到相关信息。

2. 船名/航次

船名/航次是船公司接受订舱后确定的安排货物装载的船名、航次。在收到订舱确认书后，订舱人员应认真检查船公司安排的船名、航次是否与订舱单上所预订的船名、航次一致，如不一致，应立即咨询船公司，弄清改变船名、航次的原因，然后与客户联系，询问在船名、航次改变了的情况下是否还要装运货物。在实践中，经常会发生船公司安排的船名、航次与货代企业预订的船名、航次不一致的情况。这可能是因为天气、船舶故障或其他原因，原安排的船舶不能按时到港接载，船公司临时改调其他船舶接替。如果船期没有改变，一般可以考虑接受装运。

3. 箱型、箱量

箱型、箱量是船公司在接受订舱后确认可以提供的箱型和箱量。在收到订舱确认书后，订舱人员应检查船公司安排的箱型、箱量是否与订舱单上预订的箱型、箱量相符。如果发现不符情况，应立即与船公司联系，要求船公司重新确认。实践中，在旺季舱位不够分配的情况下，船公司可能会减少所订的箱量，这时订舱人员须与船公司及客户沟通协商，尽量满足对外贸易合同的执行要求。例如，客户预订的是 40′GP 的普通集装箱，但船公司安排了 40′HQ 加高集装箱，并表示运价可按 40′GP 的普通集装箱标准收取，这种状况，客户一般都能接受。

4. 收货地、装货港

收货地、装货港是船公司确定接收货物的地方与装载货物的港口，一般收货地与装货港是一致的。如收货地是深圳蛇口，装货港是深圳港蛇口港区。

5. 卸货港、交货地/目的地

卸货港、交货地/目的地是船公司确定的货物将被运往的卸货港及交付货物的地点。船公司确认的卸货港和交货地必须与订舱时所要求到达的目的港和交货地一致。世界上很多港口的名称相近，所以一定要认真核对，以免货物送错港口。在实践中，如果不认真审核订舱单和订舱确认书，就有可能弄错卸货港，将货物运送到远隔千里的其他港口。国外有些港口分南港、北港，或者 1 号码头、2 号码头等，所以在审核卸货港时，必须注意船公司确认的卸货港后面有没有注明港区或码头。

6. 开舱时间、截关时间

开舱时间指的是可以开始在集装箱堆场提取某一航次集装箱空箱的日期。开舱时间一般安排在船舶到达前一星期左右。只有在集装箱堆场宣布开舱后，才有可能提取到该航次的集装箱空箱。截关时间是集装箱堆场截止接收该航次重箱的时间。这个时间一般是预装船舶抵港的前一天或抵港的当天，因为有具体的时间限制，所以要特别注意。装上货物后的重箱一定要在截关时间前进入指定的集装箱堆场，否则就无法装上该航次船舶。在实践中，截关时间有时会因船舶未准时到港而延迟，所以订舱人员要与班轮公司加强沟通。有时重箱未能在截关时间进入集装箱堆场，也可向船公司申请适当延迟，但延期的时间不能太长，重箱必须在装船前返回堆场。

7. 截止收取资料时间

船舶装货完毕离港前，船方必须编制好载货清单，也就是俗称的"舱单"。舱单是国际航运实践中十分重要的单证。船舶办理报关手续时，必须提交载货清单，而载货清单是根据提单的内容编制的，所以在重箱进入集装箱堆场后，船公司或其代理人会要求尽快将提单补充资料传送给他们。如果过了截止收取提单补料的时间还未收到提单补充资料，就无法将该票货物编制在载货清单上，也就意味着这票货物无法装船。

货物在装船前都会先向海关申报，海关在查验后如果同意放行，会签发一张放行条。班轮公司只有收到海关的放行条，才能够将集装箱装船。如果在截止收取放行条的时间尚未拿到放行条，就意味着集装箱不能装船。在实践中，截止收取提单补充资料的时间往往与截止接收重箱的时间相同，截止收放行条的时间则可以比截止收取提单补充资料的时间晚几个小时。

8. 提箱单换领地点

收到订舱确认书后，货运代理人并不能凭此确认书直接到集装箱堆场提取空箱，还必须到船公司设在港口的办公室换取提箱单（即集装箱设备交接单，俗称"提柜纸"）。因此，订舱确认书上标明了换提箱单的地址、联系电话、联系人和办公时间等详细信息。在实践中，执行集装箱拖车任务的集装箱车队将根据订舱确认书上提供的提箱单换领地点换取提箱单。

9. 空箱提取地点、重箱返回地点

订舱确认书上标明了提取空箱及重箱返回的地点，大部分船公司的空箱提取地点和重箱返回地点是相同的，这些提取和返回集装箱的堆场都位于码头，但在实践中也有些船公司的集装箱堆放在若干个不同的堆场，有些堆场并不在码头上，这样提取空箱的地点和返回重箱的地点就会不同。也有些船公司未在订舱单确认书上写明空箱提取地点及重箱返回地点，而是在换取提箱单时在提箱单上写明空箱提取地点及重箱返回地点。

10. 其他注意事项

订舱确认书上往往有船公司列出的其他特别注意事项，如集装箱的免费堆存期是多少天（一般是7天）、集装箱限装重量、是否安排拖车、是否代理报关等信息。

当国际货运代理发出订舱单，班轮公司接受订舱并发回订舱确认书后，订舱的环节就算完成了，双方的契约即告成立。船方有义务提供集装箱空箱，并在其承诺的时间安排船舶装载货物，货方则要在截关时间前将已装货的重箱返回集装箱堆场，并办好通关手续及提供必要的单证资料。

国际货运代理在接到船公司的订舱确认书后，将根据客户的需求安排其他后续工作。在实践中，如果客户只委托国际货运代理代其预订舱位，而拖车及报关业务均由其自理，那么只要将订舱确认书直接传送给客户就行了。如果客户要求提供集装箱拖车、代理报关、代理报检、代办保险等一系列服务，国际货运代理则开始进行下一个环节的工作。

本章小结

本章首先介绍了国际货运代理的含义，展现了国际货运代理与经济社会发展之间的关联。其次，梳理了国际货运代理的性质和作用，并详细阐述了国际货运代理与民法代理的关系。再次，介绍了国际货运代理企业的分类与分级、业务经营范围、五种业务盈利模式，以及国际货运代理企业的设立、变更和终止条件。最后，阐释了国际货运代理的发展阶段，展示了国际货运代理的发展趋势。

即测即练

复习思考题

1. 简述国际货运代理、国际货运代理业的概念。
2. 简述国际货运代理的地位与作用。
3. 国际货运代理是如何分类的?
4. 国际货运代理企业的经营范围有哪些?
5. 如何办理国际货运代理企业的设立、变更和终止?
6. 国际货运代理的发展趋势有哪些?具体体现在哪里?

第八章　国际货运保险

学习目标

1. 了解国际货运保险的含义、作用和原则。
2. 熟悉国际海运、陆运、空运与邮包货运保险的险别、费用和责任范围。
3. 掌握国际货运保险投保和索赔的程序与注意事项。

能力目标

1. 了解国际货运保险的基本概念和原则，提高学生对国际货运保险的认知能力。
2. 熟悉国际货运保险的险别和责任范围，培养学生辨别国际货运保险中实际问题的能力。
3. 掌握国际货运保险投保和索赔的流程，培养学生将理论知识运用于实践的能力。

第八章　国际货运保险

思维导图

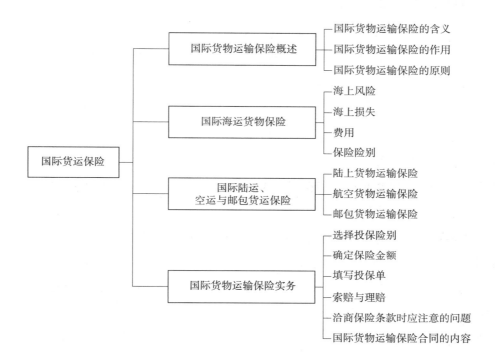

导入案例

案例标题：海运货损事故

教学微视频

第一节　国际货物运输保险概述

一、国际货物运输保险的含义

保险作为一种经济补偿手段，在人们的经济活动和日常生活中占有重要地位，国际货物运输保险更是国际货物买卖中不可缺少的重要环节。国际货物买卖合同签订后，根据相关贸易术语，买卖双方要对货物的运输与货运保险做出安排。

从法律角度看，保险是一种补偿性契约的行为，即被保险人向保险人提供一定的对价（保险费），保险人则对被保险人将来可能遭受的承保范围内的损失负赔偿责任。保险的种类很多，包括财产保险、责任保险、保证保险和人身保险，国际货物运输保险属于财产保险的范畴。

国际货物运输保险是以国际货物运输过程中的各种货物作为保险标的的保险，是投保人为了规避自然灾害和意外事故风险而采取的一种经济措施。具体来说，国际货物运输保险是指被保险人（买方或卖方）就其货物按一定的金额投保一定险别，向保险人（保险公司或承保人）提出投保申请，经保险人同意后，保险人便按投保金额和投保险别的费率收取保险费，并出具保险单证，事后如所保货物在运输过程中遭受保险责任范围内的损失，享有保险利益的单证持有人即可向保险人要求赔偿的行为或制度安排。

二、国际货物运输保险的作用

（一）保障贸易企业经营的正常进行

在市场经济条件下，所有企业都是独立核算、自主经营、自负盈亏的经营单位，独自承担经营活动中的一切风险和责任。从事进出口贸易的企业，在组织货物的国际运输过程中，通常存在较大的风险，有可能因自然灾害或意外事故而遭受损失。而且，进出口货物在运输途中因遇险而造成的损失额，往往比较巨大，如无适当补偿措施，有可能影响企业的正常经营，甚至危及企业的生存。但是，如果企业事先向保险公司办理了货物运输险的投保手续，只要交付少量的保险费，就可以在发生损失时从保险公司取得经济补偿。由于保险费的支出可以进入经营成本，所以，参加保险实际上是把可能产生的不确定的风险损失转化成确定的日常费用开支，从而有利于企业经营的正常进行。

（二）保证贸易企业获得正常的预期利润

由于国际货物运输保险一般都允许被保险人在货物价格之上另加一定的成数办理投保（一般是在 CIF 发票金额上加 10%），因此，货物办理了保险，即使遭遇灾害事故全部损失，贸易企业仍能从保险赔款中获得正常的预期利润。

三、国际货物运输保险的原则

保险的基本原则是投保人（被保险人）和保险人（保险公司）签订保险合同，履行各自义务，以及办理索赔和理赔时必须遵守的基本原则。与国际物流有密切关系的保险基本原则主要有最大诚信原则、近因原则、可保利益原则、损失补偿原则和代位追偿权原则。

（一）最大诚信原则

最大诚信原则作为海上货物运输保险合同的基本原则，不仅贯穿订立合同之前或之时，而且贯穿执行合同的全过程。它不仅要求被保险人应尽最大诚信，也要求保险人尽最大诚信。依据该原则，保险合同当事人均须分别履行如实告知、履行保证、依法经营、明确说明的义务。

1. 如实告知

这是指被保险人应于订立合同之前将其所知道的一切重要情况告诉保险人。"重要情况"是指被保险人知道或在通常业务中应当知道的有关影响保险人据以确定保险费率或者是否同意承保的情况。保险人知道或在通常业务中应当知道的情况，保险人没有询问的，被保险人无须告知。关于被保险人违反告知义务的后果，各国有两种立法例：一是保险人有权解除合同；二是保险合同无效。

我国的规定如下：在被保险人故意违反告知义务时，保险人有权解约，对解约前发生的损失不负赔偿责任，并不退还保险费。在非故意（即过失）的情况下，保险人既可以解约，也可以要求相应增加保险费，保险人若解约的，对解约前发生的损失应负赔偿责任。但未告知的情况对保险事故的发生有严重影响的，保险人对解约前发生的损失不负赔偿责任，但得退还保险费。

2. 履行保证

履行保证，即约定保证，是指被保险人允诺某项作为或不作为，或者满足某项条件，或者确定某项事实的存在或不存在。保证可分为明示保证和默示保证。明示保证是必须在保险合同或保险单的参考文件中载明的保证，如船名保证、开航日期保证等。被保险人如果违反了明示保证,保险人可根据情况加收保险费而继续履行合同或解除合同。默示保证是不在合同中载明的,但作为合同双方所熟知的事实,订立合同时双方均认可的有关保证,如船舶适航保证等。被保险人违反默示保证,将使合同无法履行,保险人即可解除合同。

3. 依法经营

保险公司除须依法成立和接受有关部门的监督外,更重要的是必须严格依法经营。依法经营是保险公司遵守最大诚信原则的具体体现。

4. 明确说明

明确说明是保险人对其责任免除事项应向被保险人明确说明,未明确说明的,该条款不产生效力。

(二)近因原则

近因原则即损失的主要原因,是确定某项原因与损失具有最直接因果关系的标准,是确定保险人对保险标的损失是否负保险责任,以及负哪种保险责任的一条重要原则。保险中的近因是指造成损失最主要的、最有效的,以及最有影响的原因。近因不一定是指时间或空间上最接近损失的原因。所以,近因原则是指保险人只对承保风险与保险标的损失之间有直接因果关系的损失负赔偿责任,而对不是由保单承保风险造成的损失,不承担赔偿责任。它对保险理赔工作中的责任判定、义务履行和争议减少都具有重要的意义。

例如,包装食品在运输中受海水浸湿,外包装受潮后导致食品发生霉变损失。该食品投保了水渍险,这时食品损失由两个原因造成:①承保范围内的海水浸湿。②承保范围外的霉变。因为前者直接导致了后者,故前者是食品损失的近因,而它在承保范围内,故保险公司应该赔偿。再如战争期间,一批货物在码头仓库待运时适逢敌机轰炸,引起仓库火灾,使该批货物受损。被保险人对该批货物投保了一切险。这时造成货损的原因有两个:①承保范围外的战争。②承保范围内的火灾。前者直接导致了后者,故前者是近因,而它不在承保范围内,所以保险公司可以拒赔。

(三)可保利益原则

可保利益是指投保人对保险标的具有的法律上承认的利益。投保人对保险标的应当具有投保利益。投保人对保险标的不具有保险利益的,保险合同无效。就货物保险运输而言,反映在运输货物上的利益,主要是货物本身的价值,但也包括与此相关联的费用，如运费、保险费、关税和预期利润等。当保险标的安全到达时，被保险人就受益。当保险标的遭受损失或灭失时，被保险人就受到损害或没有经济利益。

被保险人必须对保险标的具有可保利益，其损失才能得到赔偿。在其他保险中，投保人或被保险人在合同生效时必须具有可保利益，但在海上货物运输保险合同中，则允许在保险合同订立时，被保险人可以不具有可保利益，在货物出险时，被保险人必须具有可保利益才能获得赔偿。因为货运保险单是可以背书转让的，在保险合同订立时，保险单的最后持有者可能还没有取得对其所购货物的所有利益。

（四）损失补偿原则

损失补偿是指在保险事故发生而使被保险人遭受损失时，保险人必须在责任范围内对被保险人所遭受的实际损失进行补偿。损失补偿包括以下内容。

（1）及时赔偿。及时赔偿的前提是被保险人及时通知保险人并提供全部证据和材料，否则，保险人可以不负赔偿责任。如果保险人未能在法定期限内履行赔付义务，除支付赔偿金外，还应当赔偿被保险人因此受到的损失。

（2）全部赔偿。全部赔偿是指对被保险人因保险事故造成的所有损失进行补偿，但不包括被保险人为防止或减少损失而支付的必要的合理费用。

（3）赔偿实际损失。由于保险合同是一种补偿性合同，因此，被保险人获得的保险赔偿当然不得超过其实际损失。全部赔偿与赔偿实际损失虽然都以保险金额为限，但前者强调的是"不得少赔"，后者则强调"不得多赔"。因为少赔与多赔都与赔偿原则不相吻合，所以，保险人只有按全部赔偿和赔偿实际损失原则给予赔偿，才能真正使被保险人恢复到损失发生前的经济状况。

因此，在不足额保险的情况下，保险人按比例赔偿。在出现超额保险和重复保险的情况下，保险人只赔偿实际损失。

（五）代位追偿权原则

根据保险的赔偿原则，保险是对被保险人遭受的实际损失进行补偿。当保险标的发生了保险承保责任范围内的灾害事故，而这一保险事故又是由保险人和被保险人以外的第三者承担责任时，为了防止被保险人在取得保险赔款后，又重复从第三者责任方取得赔偿，获得额外利益，在保险赔偿原则的基础上产生了代位追偿权原则。其目的就是限制被保险人获得双重补偿。

代位追偿权原则是指保险人在赔付被保险人之后，被保险人应把追偿保险标的损失的权利转让给保险人,使保险人取代被保险人地位,以被保险人的名义向第三者进行追偿。由于国际物流货物运输保险一般都是定值保险,若保险人已按保险金额赔付,则保险人行使代位追偿权所得多少同被保险人无关。即使追偿所得超过原赔偿金额,超过部分仍归保险人所有。保险标的的损失要构成代位追偿,需具备以下两个条件。

(1)损失必须是由第三者因疏忽或过失产生的侵权行为或违约行为造成的,而且第三者对这种损失,根据法律的规定或双方在合同中的约定负有赔偿责任。

(2)对第三者的这种损害或违约是保险合同中的保险责任。如果第三者的损害或违约行为不属于保险承保责任范围,就构不成保险上的代位追偿条件。在货运保险业务中经常出现代位追偿的情况。如卖方依条件向美国出口1000包坯布,卖方按合同规定加一成投保一切险。货在海运途中因舱内使用水管系一废漏水管,导致该批坯布中的30包浸有水渍。由于卖方已为坯布投保了一切险,收货人随即凭保单向保险公司提出索赔申请。保险公司通过调查,发现船方在运输过程中存在过失。因此,在赔付被保险人之后,保险公司有权以被保险人的名义要求船方对该损失进行赔偿。

第二节 国际海运货物保险

海洋货物运输保险,简称海运保险,是指以海运货物或船舶等作为保险标的,将货物和船舶在海洋运输过程中可能遭受的风险、损失及费用作为保障范围的一种保险。

海上保险在性质上属于财产保险的范畴,是一种特殊形式的财产保险。海上保险同其他保险一样,首先表现为一种经济补偿关系,其次体现为一种法律关系,即通过订立海上保险合同,一方面被保险人必须向保险人提供一定对价(保险费);另一方面保险人对被保险人将来可能遭受的海上风险、损失或责任给予补偿。国际贸易中的运输货物保险是海上保险的主要内容。海上运输货物保险的承保范围包括承保的风险、承保的损失和承保的费用三方面。

一、海上风险

由于风险存在不同性质,并不是所有风险都可以由保险人承保。可以由保险人承保的风险称为可保风险。可保风险是一种纯粹风险，而非投机性的风险，可保风险的发生必须是偶然的、意外的，风险导致的损失是可用货币衡量的，风险必须使大量标的均有遭受损失的可能性，以及风险导致的损失应该是重大的。随着经济发展和技术水平提高，保险人资金积累增多以及保险水平的提高，加上再保险的逐步完善，可保风险的范围在不断扩大。

海洋货物运输保险保障的风险可以分为两大类，即海上风险和外来风险。其中，海上风险分为自然灾害和意外事故，外来风险分为一般外来风险和特殊外来风险。

这些风险在保险业务中都有特定的含义和内容。按照一般的解释，这些风险所指的大致内容如下。

（1）自然灾害。所谓自然灾害，是指不以人的意志为转移的自然界的力量所引起的灾害，如恶劣气候、雷电、海啸、地震、火山爆发、洪水等人力不可抗拒的灾害。

（2）意外事故。海上意外事故不同于一般的事故，这里所指的主要是船舶搁浅、触礁、沉没、火灾、爆炸、碰撞、失踪或其他类似事故。

（3）一般外来风险。一般外来风险是指一般外来原因引起的风险，主要包括偷窃、破碎、雨淋、受潮、受热、发霉、串味、玷污、短量、渗漏、钩损、碰损、生锈等。

（4）特殊外来风险。特殊外来风险是指战争、敌对行为或武装冲突等所造成的损失。

凡以上所指的各类风险，均属海洋运输保险所承保的范围，买方或卖方可根据需要向保险公司投保。

二、海上损失

在海洋货物运输过程中，海上风险和外来风险所造成的船舶或货物损失，称为海上损失。在海洋货物运输保险业务中，海上损失可分为以下几类。

（一）全部损失

全部损失简称全损，是指运输途中整批货物或不可分割的一批货物的全部损失或等同于全部损失。全损有实际全损和推定全损之分。

1. 实际全损

实际全损又称绝对全损，是指被保险标的实体已经完全灭失。我国海商法第

245条规定:"保险标的发生保险事故后灭失,或者受到严重损坏后完全失去原有形体、效用,或者不能再归被保险人所拥有的,为实际全损。"由此可见,实际全损的表现形式包括:①保险标的的完全灭失,如船舶沉入海底无法打捞、货物被大火全部烧毁或被海水溶解等。②保险标的完全丧失原有的效用、形体、用途和价值。如保险标的因发生化学反应变成废品,尽管实体仍然存在,但已经丧失了原有的性质和用途,可以定为实际全损。③被保险人失去对保险标的的所有权,并无法挽回。如船舶被海盗劫走,保险标的虽然还存在,但不再归被保险人所有,也是实际全损的一种形式。④载货船舶失踪达到一定期限仍无音讯,也可定义为实际全损。

2. 推定全损

推定全损又称商业全损,是指货物在海上运输途中遭遇承保风险后,虽未达到完全灭失的状态,但是进行施救、整理和恢复原状所需的费用,或者再加上续运至目的地的费用总和估计要超过货物在目的地的完好状态的价值。我国海商法第246条规定:"船舶发生保险事故后,认为实际全损已经不可避免,或者为避免发生实际全损所需支付的费用超过保险价值的,为推定全损。"

如果发生推定全损,被保险人可以要求保险人按部分损失赔偿,也可要求按全损赔偿。如果要求按全损赔付,被保险人必须向保险人发出委付通知。所谓委付,是指被保险人表示愿意将保险标的物的全部权利和义务转移给保险人,并要求保险人按全损赔偿的行为。委付必须经保险人同意接受后才能生效。

3. 实际全损与推定全损的主要区别

实际全损是指保险标的实体的完全灭失,推定全损则侧重于从货物价值方面考虑保险标的的恢复和修理是否合算,尤其是损失无法修复的情况下,保险标的的完全灭失将不可避免。

在实际全损的情况下,被保险人可以要求保险人按照全部损失承担赔偿责任。在推定全损的情况下,若以推定全损索赔,被保险人首先要向保险人办理委付,这是保险人对推定全损赔偿的前提条件。如果被保险人不提出委付,只能按部分损失赔偿。

在海洋运输保险实践中,实际全损与推定全损之间没有明确的和绝对的界限,法院或仲裁机构有很大的自由裁量权。如果法院或仲裁机构经调查后认定发生的损失是实际全损,被保险人不必发出委付通知即可享有按实际全损赔偿的权利。

一旦法院或仲裁机构事后认定损失是推定全损,则被保险人向保险人索赔全损的前提条件是向保险人发出保险标的的委付通知。如果被保险人没有发出委付通知,则将丧失索赔全损的权利。尤其是在平安险的情况下,被保险人将得不到任何赔偿。因为在平安险条款下,保险人对自然灾害导致的货物的部分损失是不予赔偿的。

（二）部分损失

部分损失简称分损,是指保险标的没有达到全部损失的程度,是保险标的的部分损毁或灭失。部分损失又可分为共同海损与单独海损两种类型。

1. 共同海损

共同海损是指载货船舶在海运途中遇到危及船、货的共同危险,船方为了维护船舶和货物的共同安全或使航程得以继续完成,有意并且合理地采取措施,而直接造成的特殊牺牲或支出的特殊费用。共同海损牺牲和费用应由各受益方按最后获救的价值的比例分摊,称为共同海损分摊。

2. 单独海损

单独海损是指保险标的受损后未达到全损程度,并且只有单独一方利益受损。这种损失由该保险标的的所有者单独负担。

构成单独海损的条件包括：必须是保险标的物本身的损失,必须是意外的、偶然的或其他承保危险所直接导致的损失,必须是船方、货方或其他利益单方面遭受的损失。

3. 共同海损与单独海损的区别

（1）损失发生的原因不同。共同海损是人为地有意采取的措施造成的损失；单独海损则是自然灾害或意外事故直接导致的损失。

（2）损失的构成不同。共同海损既包括货物牺牲,也包括因采取共同海损救助措施引起的费用损失；单独海损仅指货物本身的损失,不包括费用项目。

（3）涉及的利益方不同。共同海损是船货各方共同遭受的损失；单独海损则只涉及损失方个人的利益。

（4）损失的承担方式不同。共同海损应由各受益方按比例分摊,如果共同海损的受益方投保了运输货物保险或船舶保险,则保险人对受益方应承担的分摊金额予以赔偿。单独海损的损失则由受损方自己承担,如果损失涉及第三责任方的过失,则由过失方负责赔偿。如果受损方投保了海上保险,则其损失由保险人按保险条款给予赔偿。

三、费用

海洋货物运输保险承保的费用是指保险标的发生保险事故后，为减少货物的实际损失而支出的合理费用。保险人可以根据保险条款做出相应赔偿。这些费用包括以下几种类型。

（一）施救费用

施救费用是指在保险标的遭遇保险责任范围内的灾害事故时，被保险人或其代理人、雇佣人员或保险单证受让人等为了避免或减少保险标的损失，采取各种抢救或防护措施而产生的费用。在施救费用的赔偿实践中，要注意以下几方面问题。

（1）施救费用的赔偿可以在单独的保险金额内进行。有关施救费用的保险条款是海上保险合同之外的补充合同，保险人按照补充合同的规定，在原保险责任的基础上独立承保了施救费用的发生。凡在保险标的因保险事故发生全损的同时，又出现施救费用的损失，保险人均应予以赔偿。

例如，船舶已投保定值保险，保额为1500万元，船舶在航行途中遭遇恶劣气候沉没，被保险人在抢救船舶过程中支付了50万元的费用，那么保险人按实际全损赔付被保险人1500万元之后，仍需赔偿被保险人为抢救保险标的而支付的50万元费用，即保险人应赔偿的金额总计为1550万元。然而，如果船舶投保的是不足额保险，保险人对施救费用的赔偿按比例减少。例如，货物的保险价值是2000万元，被保险人只投保1000万元，则保险人只赔偿施救费用的50%。

（2）施救费用的支出必须是合理的和必要的。保险人对于不合理的施救费用和不属于防止或减少保险损失而支出的费用不予赔偿。例如，船舶发生搁浅事故，船方将货物卸下后，不再用该船继续运输至目的地，而改用其他运输工具运送货物。如果这笔运输费用比原船舶运输费用低，则可视为合理，保险人予以赔偿。反之，保险人只负责赔偿原来运输方式转运所需的费用，对超过该项费用的部分不予赔偿。

（3）施救费用严格限于为了防止或减少保险事故带来的损失所采取的措施而发生的费用。如果采取的行动是为了避免或减少非由本保险承保风险所造成的损失，发生的费用不得作为施救费用向保险人索赔。

（4）施救费用的赔偿不考虑措施是否成功。只要措施得当，费用支出合理，即便施救措施不成功，没有达到施救的目的，保险人也要对施救费用负责。

（二）救助费用

救助费用又称海难救助，是指保险标的物遇到灾害事故时，由保险人和被保险人以外的第三者采取救助行为而向其支付的费用。救助费用主要分为一般救助和雇佣救助，保险人对这两种救助方式产生的费用均予以赔偿。

（三）特别费用

特别费用是指运输工具遭遇海难后，在中途港或避难港卸货、重装及续运货物产生的费用，包括恢复费用和续运费用等。保险人可以根据保险条款对特别费用进行单独赔偿。

（四）额外费用

额外费用是指为了证明损失索赔成立而支付的费用。例如，检验费用、拍卖受损货物的销售费用、公证费用、勘察费用、海损理算师费用等与索赔有关的费用。额外费用一般只有在索赔成立时，保险人才负责赔偿。如果保险合同双方对某些额外费用事先另有约定，如船舶搁浅后检查船底的费用，不论有无损失发生，保险人都要予以赔偿。此外，在索赔成立时，被保险人不能将额外费用算在保险标的金额之内，以达到或超过规定的免赔额水平从而要求索赔。

四、保险险别

海上保险主要是以货物和船舶等作为保险标的，把货物和船舶在运输中可能遭受的风险、损失及费用作为保障范围的一种保险。然而，因货物的性质、船舶的用途、运输线路及区域、海上自然条件等因素的不同，保险人所提供的保险保障也不相同。为了适应被保险人的不同需要，各国保险组织或保险公司制定出承担不同责任的保险条款，并由此形成了不同的险别。因此，在保险业务中，风险、损失、费用和险别之间有密切的联系，即风险是导致损失和费用的原因，险别是具体规定保险人对风险、损失或费用予以保障的责任范围。

在海上货物运输保险中，我国的海运保险条款所承保的险别，分为基本险和附加险两种。

（一）基本险别

海运货物保险的基本险分为平安险、水渍险和一切险三种。

1. 平安险

平安险的承保范围如下。

（1）被保险的货物在运输途中由于自然灾害造成的整批货物的全部损失。

（2）运输工具遭到搁浅、触礁、沉没、互撞，与流冰或其他物体碰撞，以及失火、爆炸等意外事故所造成的货物全部或部分损失。

（3）在运输工具遭到搁浅、触礁、沉没、失火、爆炸等意外事故的情况下，货物再次在海上遭受恶劣气候、雷电、海啸、洪水等自然灾害所造成的部分损失。

（4）在装卸或转船时，一件或数件甚至整批货物落海所造成的全部或部分损失。

（5）被保险人对承保责任内遭受危险的货物采取抢救，防止或减少货损的措施所支付的合理费用，以不超过该批被毁货物的保险金额为限。

（6）运输工具遭遇海难后，在避难港由于卸货引起的损失，以及在中途港或避难港卸货、存仓和运送货物所产生的特殊费用。

（7）共同海损的牺牲、分摊和救助费用。

（8）运输契约订有"船舶互撞责任"条款，则根据该条款规定，应由货方偿还船方的损失。

2. 水渍险

水渍险是指对被保险货物由于恶劣气候、雷电、海啸、地震、洪水等自然灾害所造成的部分损失负赔偿责任。简单来说，水渍险的承保范围要大于平安险，将平安险不承保的由自然灾害所造成的部分损失列入承保范围。

3. 一切险

一切险是指对货物在开始海洋运输的过程中，因各种外来原因所造成的保险标的物的全损或部分损失进行承保的基本险。一切险的承保范围大于水渍险和平安险。

（二）附加险别

在海运保险业务中，进出口商除了投保货物的上述基本险别外，还可根据货物的特点和实际需要，酌情再选择若干适当的附加险别。附加险别包括一般附加险、特别附加险和特殊附加险。

（1）一般附加险。一般附加险承保一般外来原因引起的货物损失，亦称普通附加险。它不能作为一个单独项目投保，只能在投保平安险或水渍险的基础上，根据货物的特性和需要加保一种或若干种。

一般附加险的种类很多，主要有偷窃提货不着险、淡水雨淋险、渗漏险、短量险、污染险、破碎险、破损险、受潮受热险、钩损险、包装破损险和锈损险等。

（2）特别附加险。附加险在上述一般附加险的基础上，还包括特别附加险。特别附加险所承保的风险，同政治、国家行政管理、政策措施、航运贸易惯例等因素相关，具体有交货不到险、进口关税险、舱面险、拒收险、黄曲霉素险等。

（3）特殊附加险。特殊附加险主要有战争险和罢工险，是当前国际海上货物运输保险中普遍适用的。根据国际保险市场的习惯做法，如投保了战争险又需加保罢工险，仅需在保单上附有罢工险条款即可，保险公司不再另行收费。

（三）除外责任

所谓保险的除外责任，是指保险人明确规定不予承保的损失和费用。保险人对于下列损失不负责赔偿。

（1）被保险人的故意行为或过失所造成的损失。

（2）属于发货人的责任所引起的损失。

（3）在保险责任生效前，被保险货物已存在品质不良或数量短差所造成的损失。

（4）被保险货物的自然损耗、本质缺陷、售价降低、运输延迟所引起的损失和费用。

（5）属于战争险和罢工险条款所规定的责任范围和除外责任。

（四）保险责任的起讫

保险责任的起讫主要采用"仓至仓"条款，即保险责任自被保险货物运离保险单所载明的起运地仓库或储存地开始，途经正常的海、陆运输，直至该货物运抵保险单所载明的目的地仓库或储存地为止。

第三节 国际陆运、空运与邮包货运保险

在国际货物运输保险中，除海洋运输之外，其他运输方式如陆上货物运输、航空货物运输、邮包运输等也有相关的保险条款规定。

一、陆上货物运输保险

陆上运输保险合同是指保险人与投保人之间达成的，以陆上运输过程中的货物作为保险标的，由保险人对被保险货物因自然灾害或意外事故造成的损失承担赔偿责任的协议。

根据中国人民保险公司《陆上运输货物保险条款》（2018版）规定，陆上运输货物保险分为陆运险和陆运一切险两种基本险别。两种险别的责任范围仅限于铁路和公路运输。

（一）陆运险的责任范围

陆运险的责任范围包括：被保险货物在运输途中遭受暴风、雷电、洪水、地震自然灾害，或由于运输工具遭受碰撞、倾覆、出轨，或在驳运过程中因驳运工具遭受搁浅、触礁、沉没、碰撞，或由于遭受隧道坍塌、崖崩或失火、爆炸意外事故所造成的全部或部分损失。被保险人对遭受承保责任内危险的货物采取抢救、防止或减少货损的措施而支付的合理费用，以不超过该批被救货物的保险金额为限。

（二）陆运一切险的责任范围

陆运一切险的承保范围大致相当于海运险种的一切险。除包括上述陆运险的责任外，保险公司对被保险货物在运输途中由于外来原因所造成的货物短少、短量、偷窃、渗漏、碰损、破碎、钩损、雨淋、生锈、受潮、串味、玷污等全部或部分损失，也负责赔偿。

（三）保险责任起讫

陆运险与陆运一切险的责任起讫采用"仓至仓"条款，除外责任与海洋运输货物险的除外责任相同，索赔时效为从被保险货物在最后目的地车站全部卸离车辆后起算，最多不超过两年。

陆上运输冷藏货物险的责任范围，除陆运险所列举的自然灾害和意外事故所造成的全部或部分损失外，还负责赔偿由于冷藏机器或隔温设备在运输途中损坏所造成的被保险货物解冻融化而腐败的损失。但对于战争、工人罢工或运输延迟而造成的被保险冷藏货物的腐败或损失，以及被保险冷藏货物在保险责任开始时未能保持良好状况，整理、包扎不妥或冷冻不合格所造成的损失则除外。一般的除外责任条款也适用于本险别。责任起讫采用"仓至仓"条款，但最长保险责任的有效期以被保险货物到达目的地车站后10天为限。索赔时效从被保险货物在最后目的地全部卸离车辆后起算,最多不超过两年。

此外,还有陆上运输货物战争险,它是陆上运输货物险的一种附加险,只有在投保了陆运险或陆运一切险的基础上才能加保,且仅适用于铁路运输。

（四）被保险人的义务

被保险人应按照以下规定的应尽义务办理有关事项。如因未履行规定义务,保险公司对有关损失有权拒绝赔偿。

（1）当被保险货物运抵保险单所载目的地以后,被保险人应及时提货,当发现被保险货物遭受任何损失,立即向保险单上所载明的检验、理赔代理申请检验。如果发现被保险货物整件短少或有明显残损痕迹,应立即向承运人、受托人或有关当局索取货损货差证明。如果货损货差是承运人、受托人或其他有关方面的责任所造成的,应以书面方式提出索赔。必要时,还需取得延长时效的认证。

（2）对遭受承保责任内危险的货物,应迅速采取合理的抢救措施,防止或减少货物损失。

（3）在向保险人索赔时,必须提供下列单证：保险单正本、提单、发票、装箱单、货损货差证明、检验报告及索赔清单。如果涉及第三方责任,还须提供向责任方追偿的有关函电及其他必要单证或文件。

二、航空货物运输保险

（一）航空货物运输保险的责任范围

航空货物运输保险分为航空运输险和航空运输一切险两种。被保险货物遭受损失时,本保险按保险单上载明承保险别的条款负赔偿责任。

1. 航空运输险

航空运输险负责赔偿的内容如下。

（1）被保险货物在运输途中遭受雷电、火灾、爆炸或由于飞机遭受恶劣气候或其他危难事故而被抛弃,或由于飞机遭碰撞、倾覆、坠落或失踪等意外事故所造成的全部或部分损失。

（2）被保险人对遭受承保责任内危险的货物采取抢救措施,以防止或减少货损而支付的合理费用,以不超过该批被救货物的保险金额为限。

2. 航空运输一切险

除包括上列航空运输险责任外,航空运输一切险还负责被保险货物由于外来原因所致的全部或部分损失。

（二）航空货物运输保险的除外责任

航空货物运输保险对下列损失不负赔偿责任。

（1）被保险人的故意行为或过失所造成的损失。

（2）属于发货人责任所引起的损失。

（3）保险责任生效前，被保险货物已存在的品质不良或数量短差所造成的损失。

（4）被保险货物的自然损耗、本质缺陷、售价降低、运输延迟所引起的损失或费用。

（三）保险责任起讫

（1）航空货物运输保险承担"仓至仓"责任，从被保险货物运离保险单所载明的起运地仓库或储存地开始运输时生效，途经正常运输过程，直至此货物运达保险单所载明目的地为止。如果未运抵上述仓库或储存处所，则以被保险货物在最后卸载地卸离飞机满30天为止。如果在上述30天内被保险的货物需转送到非保险单所载明的目的地，则以该项货物开始转运时终止。

（2）由于被保险人无法控制的运输延迟、绕道、卸货、超载、转载或承运人运用运输契约赋予的权限所做的任何航行上的变更或终止运输契约，被保险货物运到非保险单所载目的地时，在被保险人及时将获知的情况通知保险人，并在必要时加缴保险费的情况下，本保险仍继续有效。保险责任按下述规定终止：被保险货物如在非保险单所载目的地出售，保险责任至交货时为止，但不论任何情况，均以被保险的货物在卸载地卸离飞机后满30天为止。被保险货物在上述30天期限内继续运往保险单所载原目的地或其他目的地的，保险责任仍按上述规定终止。

（四）航空货物运输保险人的义务

被保险人的义务同陆上货物运输保险。

（五）索赔期限

航空货物运输保险索赔时效，从被保险货物在最后卸载地卸离飞机起计算，最多不超过两年。

三、邮包货物运输保险

以邮包方式将货物发送到目的地可以通过海运，也可以通过陆上或航空运输，或者经过两种或两种以上的运输工具运送。不论通过何种运送工具，凡是以邮包方式将贸易货物运达目的地的保险均属邮包保险。邮包保险按其保险责任分为邮包险和邮包一切险两种。前者与海洋货物运输保险水渍险的责任相似，后者与海洋货物运输保险一切险的责任基本相同。

（一）邮包保险的责任范围

（1）被保险邮包在运输途中由于恶劣气候、雷电、海啸、地震、洪水等自然灾害，或运输工具遭受搁浅、触礁、沉没、碰撞、倾覆、出轨、坠落、失踪，或失火爆炸意外事故所造成的全部或部分损失。

（2）被保险人对遭受承保责任内危险的货物采取抢救，防止或减少货损的措施而支付的合理费用，以不超过该批被救货物的保险金额为限。邮包一切险的责任除上述邮包险的各项责任外，还负责被保险邮包在运输途中外来原因所致的全部或部分损失。邮包货物运输保险的除外责任和被保险人的义务与海洋货物运输保险相比较，其实质是一致的。

（二）邮包保险的责任起讫

本保险责任自被保险邮包离开保险单所载起运地点寄件人的处所运往邮局时开始生效，直至该邮包运达本保险单所载目的地邮局，自邮局签发到货通知书当日午夜起计算，满15天终止。但在此期限内，邮包一经递交至收件人的处所时，保险责任即行终止。

（三）邮包保险的被保险人义务

被保险人应按照以下规定的义务办理有关事项。如未履行规定的义务，保险公司有权对有关损失拒绝赔偿。

（1）当被保险邮包运抵保险单所载明的目的地以后，被保险人应及时提取包裹，当发现被保险邮包遭受任何损失，立即向保险单上所载明的检验、理赔代理人申请检验。如发现被保险邮包整件短少或有明显残损痕迹，应立即向邮局索取短、残证明，并以书面方式向他们提出索赔。必要时，还须取得延长时效的认证。

（2）对遭受承保责任内危险的邮包，应迅速采取合理的抢救措施，防止或减少邮包的损失。被保险人采取此项措施，不应视为放弃委付的表示，本公司采取此项措施，也不得视为接受委付的表示。

（3）在向保险人索赔时，必须提供下列单证：保险单正本、邮包收据、发票、装箱单、货损货差证明、检验报告及索赔清单。如涉及第三者责任，还须提供向责任方追偿的有关函电及其他必要单证或文件。

（四）邮包保险的索赔期限

邮包保险的索赔时效，从被保险邮包递交收件人时起算，最多不超过两年。

第四节　国际货物运输保险实务

在国际物流货物运输中，保险的重要性不言而喻。在办理货物运输的保险业务实践中，人们需要考虑以下几方面的内容：选择合适的保险险别，拟定恰当的保险条款、确定准确的保险金额、履行必要的保险手续和缮制正确的保险单据。

一、选择投保险别

国际货物运输保险的投保是指投保人向保险人订立保险合同的意愿，提出投保申请，将自己所面临的风险和投保要求告知保险人，向保险人发出要约或询价，保险人表示承诺或对此询价，提出包括保险条件及费率的要约。

保险公司承担的保险责任是以险别为依据的，不同的险别所承保的责任范围并不相同，其保险费率也不同。在国际货物运输保险业务中，选择险别时一般应考虑以下因素。

（一）货物的性质和特点

不同种类的货物，由于其性质和特点不同，在运输时即使遭遇同一风险事故，所导致的损失后果往往也并不相同。若所托的货物为危险品，应该提前告知保险人，否则由此产生的损失和后果由被保险人承担。此外，应针对某些大宗货物的特点选择保险人提供的特定或专门的保险条款进行投保，以求得到充分的保障。

（二）货物的包装

货物的包装方式会直接影响货物的完好情况。散装货物由于包装不会太坚固，一般以麻袋包装为主，因此，为了防止运输中出现到达目的地时数量短缺或与其他货物混杂在一起的情况，人们应事先向保险公司投保短量险、混杂玷污险。裸装货一般没有外包装，在运输中容易遭受碰撞致损，所以一般要投保碰损、破碎险。袋装货物是有运输包装的，那么在运输中为了保证包装完好，一般要事先投保钩损险、包装破裂险。

(三）货物的用途与价值

一般而言，食品、化妆品及药品等与人的身体、生命息息相关的商品，由于其用途的特殊性，一旦发生污染或变质损失，就会全部丧失使用价值，因此，在投保时应尽量考虑得到充分、全面的保障。商品价值也会对投保险别的选择产生影响。对于古玩、古画、珠宝及贵重工艺品之类的商品，由于其价值昂贵，而且一旦损坏对其价值的影响会很大，所以应投保一切险，以获得全面的保障。

（四）运输方式、运输工具及运输路线

货物通过不同的运输方式，采用不同的运输工具进行运输，途中可能遇到的风险也不相同。人们要根据产品的特点对运输路线进行分段选择，容易有风险的地点选择相应的保险，可供选择的险别各不相同。

二、确定保险金额

保险金额是保险合同中必不可少的项目，是保险人对保险标的承担的最高赔偿金额，也是保险人计算保险费的依据。因此，投保人在投保时须按照保险价值申报保险金额。

（一）出口业务中保险金额的确定

在国际货运保险中，保险金额一般是以 CIF 或 CIP 的发票价格为基础确定的，除应包括商品的价值、运费和保险费外，还应包括被保险人在贸易过程中支付的经营费用，如开证费、电报费、借款利息、税款等。此外，还应包括在正常情况下可以获得的预期利润。

如果以 CIF 或 CIP 条件成交，保险金额的计算公式为

$$保险金额 = CIF（CIP）\times（1+ 保险加成率）$$

关于保险加成率，在合同没有明确规定的情况下，默认为加一成，一般加成率的范围为 10%~30%。通常情况下，被保险货物价值越高，投保加成率越高，但最高不会超过 30%。

（二）进口业务中保险金额的确定

在进口业务中，贸易合同中采用的贸易术语决定着何方办理货运保险。采用 CIF 术语时，应由出口商办理保险，此时我国进口商应事先在贸易合同中确定保险金额。若采用的是 CIFR、CIPT、FCA 或 FOB 等术语，则应由进口商自行办理保险，此时保险金额的计算同样要以 CIF 或 CIP 价为基础，按实际需要加成后确定。

三、填写投保单

投保单是投保人在投保时对保险标的及有关事实的告知和陈述,也是保险人签保险单和确定保险费的依据。因此,投保单的填写必须准确、真实。

中国人民保险公司进出口货物运输保险投保单的具体内容主要有被保险人、发票号码和合同号码、包装标识、保险货物项目、保险金额、装载运输工具、航次、航班、开运日期、运输路线、承保险别、赔款地、投保人签章,以及企业名称、电话、地址和投保日期等。

在我国,无论是进口或出口业务中,投保货物运输保险时,投保人通常需以书面方式做出投保要约,即填写货物运输保险投保单,经保险人在投保单上签章承诺,或是出立保险单,保险双方则确定了合同关系。按照保险利益原则的规定,在货物运输保险中,被保险人必须在索赔时对保险货物具有保险利益,但并不要求其在投保时便具有保险利益。因此,为保障贸易双方的利益不会因货物在运输途中发生事故而遭受损失,投保人应在货物开始运输之前办理保险。

四、索赔与理赔

(一)被保险人的索赔

被保险货物遭受损失后,被保险人应按规定办理索赔手续,向保险人要求赔偿。保险人在接到被保险人的索赔要求后,应对被保险货物的损失赔偿要求进行处理。索赔时,被保险人对保险标的必须具有保险利益。被保险人在索赔时必须履行以下手续。

(1)损失通知。一旦获悉保险货物受损,被保险人应立即向保险人或其指定的代理人发出损失通知。保险人或其指定的代理人接到损失通知后,一方面对货物提出施救意见并及时对货物进行施救,避免损失扩大;另一方面,应尽快对货物的损失进行检验,核实损失原因,确定损失责任,查核发货人或承运人的责任等,以免时间过长导致货物损失原因难以查清、责任无法确定,处理产生困难,甚至发生争议。

(2)申请检验。被保险人在向保险人或其代理人发出损失通知的同时,也应向其申请货物检验,而不能自行请他人进行检验。货物的检验对查清损失原因、审定责任归属是极其重要的,因而被保险人应及时申请检验。如果延迟检验,不仅会使保险人难以确定货损是否发生在保险有效期内,而且可能导致损失原因无法查明，影响责任的确定。特别是当被保险人在货物运抵目的地的最后仓库才发现货损时，被保险人更应尽快向保险人申请检验，以便确定损失是否在运抵最后目的地的仓库前，即在保险期内发生。

（3）提交索赔单证。被保险人在向保险人或其代理人索赔时，应提交索赔必需的各种单证。按照我国货物运输保险条款的规定，被保险人在索赔时应提供保险单正本、提单、发票、装箱单、货损货差证明、检验报告及索赔清单。如果涉及第三者责任，还须提供向责任方追偿的有关函电及其他必要的单证或文件。

（二）保险理赔

保险理赔是指保险人在接到被保险人的损失通知后，通过对损失的检验和必要的调查研究，确定损失的原因、损失的程度，并对责任归属进行审定，最后计算保险赔款金额并给付赔款的一系列过程。

保险人对货物进行检验时，一项很重要的任务就是确定损失的原因。根据近因原则的规定，保险只对近因属于承保风险而导致的损失负责。由于实际事故中保险标的物发生损失的情况多种多样，造成损失的原因也复杂不同，因而首先需要从若干致损原因中找出损失的近因，然后才能够确定损失是否属于保险责任。

在确定损失原因之后，保险人应根据保险条款中的保险险别以及保险期限等规定，确定损失是否属于保险责任。每一份保险单都明确规定了所承保的险别及适用的保险条款，保险人应以保险条款为依据，确定损失是否属于承保责任。例如，运输货物按照我国《海洋运输货物保险条款》投保平安险，如果根据检验结果，被保险人提交的海事声明书可确定船舶在运输途中遇台风而导致货物部分被水浸湿，据保险条款规定可知，货物因恶劣气候导致的部分损失不属平安险的承保责任，故保险人可以拒赔。对保险期限，主要审查保险事故是否发生在保险合同有效期内。另外，保险人还应审定被保险人在事故发生后是否尽力采取措施，防止损失扩大。否则，被保险人对扩大的损失部分有权拒赔。保险货物发生事故时，如果确定损失属于保险责任，保险人应及时向被保险人进行经济补偿。

五、洽商保险条款时应注意的问题

（1）应尊重对方的意见和要求。有些国家规定，其进口货物必须有基本保险。这些国家有40多个，如朝鲜、缅甸、印度尼西亚、伊拉克、巴基斯坦、加纳、也门、苏丹、叙利亚、伊朗、墨西哥、阿根廷、巴西、秘鲁、索马里、利比亚、约旦、阿尔及利亚、扎伊尔、尼日利亚、埃塞俄比亚、肯尼亚、冈比亚、刚果、蒙古国、罗马尼亚、卢旺达、毛里塔尼亚等。对这些国家的出口，我们不宜按CIF价格报价成立。

（2）如果国外客户要求按伦敦保险协会条款投保，我们可以接受客户的要求，将其订在合同里。因为英国伦敦保险协会条款在世界货运保险业务中有很大的影响，很多国家的进口货物保险采用这种条款。

（3）经托收方式收汇的出口业务，应争取用CIF价格条件成交，以减少风险损失。因为在我们交货后，如货物出现损坏或灭失，买方拒绝赎单，保险公司可以负责赔偿，并向买方追索赔偿。

六、国际货物运输保险合同的内容

国际货物运输保险合同的内容主要包括下列几项：保险人名称、被保险人名称、保险标的、保险价值、保险金额、保险责任和除外责任、保险期间、保险费和保险费率。

（1）当事人。国际物流货物运输保险合同的当事人为保险人和被保险人。

（2）保险标的。国际物流货物运输保险合同的保险标的主要是货物，包括贸易货物和非贸易货物。

（3）保险价值。指投保人与保险人订立保险合同时，作为约定保险金额基础的保险标的价值。

（4）保险金额。保险金额指保险合同约定的保险人的最高赔偿数额。

（5）保险责任和除外责任。保险责任是保险人对约定的危险事故造成的损失所承担的赔偿责任。保险人承保的风险可以分为保险单上所列举的风险和附加条款加保的风险两大类：前者为主要险别承保的风险，后者为附加险别承保的风险。

（6）保险期间。保险期间，也就是保险责任的期间。保险责任的期间有三种确定方法：以时间来确定、以空间的方法来确定、以空间和时间两方面对保险期间进行限定。

（7）保险费和保险费率。保险费率是计算保险费的百分率。保险费率有逐个计算和同类计算之分。

本章小结

本章首先介绍了国际货运保险的含义、作用和原则;其次,介绍了海上风险、海上损失、海运承保费用和险别;再次,介绍了陆运、空运与邮包货运保险的责任范围、被保险人义务及索赔期限等;最后,梳理了国际货物运输保险实务的投保和索赔环节,以及注意事项。

即测即练

复习思考题

1. 简述海上损失中实际全损的表现形式。
2. 举例说明海上货物运输的风险。
3. 简述海上损失的分类。
4. 简要说明平安险的责任范围。
5. 简述在国际货物运输保险业务中选择险别时一般应考虑的因素。
6. 简述国际货运保险的主要内容。

第九章 报关

学习目标
1. 了解海关的概念和管理体制。
2. 熟悉国际物流报关的流程及其特点。
3. 掌握国际物流的报关实务。

能力目标
1. 了解国际物流报关的特点,培养学生的国际物流业务分析能力。
2. 熟悉海关的管理体制,培养学生的国际物流协调能力。
3. 掌握国际物流报关的流程,培养学生的国际物流实践应用能力。

思维导图

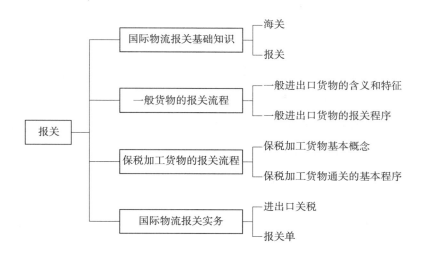

导入案例

案例标题：中国海关的发展历程

教学微视频

第一节　国际物流报关基础知识

一、海关

海关是依法执行进出关境监督管理的国家行政机关，是对进出关境货物、运输工具、行李物品、货币、金银等执行监督管理和稽征关税的国家行政机关。

（一）海关管理体制与组织机构

海关机构是国务院根据国家改革开放形势以及经济发展战略需要，依照海关法律而设立的。中国海关奉行"依法行政，为国把关，服务经济，促进发展"的工作方针和"政治坚强、业务过硬、值得信赖"的队伍建设要求。

1. 管理体制

中国海关实行垂直管理体制，海关总署是中国海关的最高领导机关，是中华人民共和国国务院下属的正部级直属机构，统一管理全国海关。中国海关集中统一的垂直领导体制既适应了国家改革开放、社会主义现代化建设的需要，也适应了海关自身建设与发展的需要，有力地保证了海关各项监督管理职能的实施。

2. 设关原则

《中华人民共和国海关法》（简称《海关法》）以法律形式明确了海关的设关原则："国家在对外开放的口岸和海关监管业务集中的地点设立海关。海关的隶属关系，不受行政区划的限制。"

3. 组织机构

海关的组织机构包括海关总署、直属海关和隶属海关三级，以及海关缉私警察机构。隶属海关由直属海关领导，向直属海关负责。直属海关由海关总署领导，向海关总署负责。

（1）海关总署。海关总署是国务院的直属机构，在国务院领导下统一管理全国海关机构、人员编制、经费物资和各项海关业务，是海关系统的最高领导部门。其组织架构主要包括属内部门、派驻机构、直属企事业单位、社会团体、境外机构和直属机构。

（2）直属海关。直属海关是指直接由海关总署领导的负责管理一定区域范围内海关业务的海关。我国共有42个直属海关，除香港、澳门、台湾地区外，分布在全国各省、自治区、直辖市。

（3）隶属海关。它是指由直属海关领导的负责办理具体业务的海关，是海关进出境监督管理职能的基本执行单位。

（二）海关基本任务

《海关法》明确规定海关的基本任务有四项：①货运监管，包括进出境的运输工具、货物、行李物品、邮递物和其他物品。②征税，征收关税和其他税费。③查缉走私。④编制海关统计和办理其他海关业务。

（1）海关监管。海关监管是指根据《海关法》及相关法律、法规规定，对进出境运输工具、货物、行李物品、邮递物和其他物品及其相关进出境行为，使用不同管理制度而采取的一种行政管理行为。其目的在于保证一切进出境行为、活动符合国家政策和法律的规范，以维护国家主权、利益和国内市场的稳定，以及公平竞争。监管是海关最基本的任务，是其他任务的基础和根基，海关的其他任务都必须依赖于监管工作的顺利进行。

（2）海关征税。海关征税包括征收关税和其他税费。征收关税是指对进出口贸易货物征收进口关税、出口关税，以及对非贸易性的邮递物品征收进口关税。征收其他税费是指海关在货物进出口环节，按照关税征收程序征收的有关国内税、费，有增值税、消费税等。关税是国家中央财政收入的重要来源，是国家宏观经济调控的重要工具，也是世界贸易组织允许各缔约方保护其境内经济的一种手段。

（3）海关缉私。海关缉私是指海关依照法律赋予的权力，在各监管场所和设关地附近的沿海靠边规定区域内，为发展、制止、打击、综合治理走私而进行的一种管理活动。走私是指进出关境活动的当事人有意逃避海关监管的违法行为。走私以逃避监管、偷逃税费、牟取暴利为目的，严重扰乱经济秩序，损害国家利益。海关缉私的目标是制止和打击一切非法进出口货物和物品的行为，维护国家的主权和利益。

（4）海关统计。海关统计是以实际进出口货物作为统计和分析的对象，通过收集、整理、加工、处理进出口货物报关单或经海关核准的其他申报单证，对进出口货物的不同指标分别进行统计和分析，全面、准确地反映对外贸易的运行态势，及时提供统计信息和咨询。海关统计是国家进出口货物贸易统计、国民经济统计的组成部分，是国家制定对外贸易政策、进行宏观经济调控，以及实施海关严密、高效管理的重要依据。

（三）海关权力

海关权力是指国家为保证海关依法履行职责，通过《海关法》及有关法律、行政法规赋予海关对进出境运输工具、货物、物品的监督管理权能。

1. 海关权力的特点

海关权力作为一种行政权力，除了具有一般行政权力单方性、强制性、无偿性的基本特征外，还具有以下特点。

（1）特定性。只有海关才具有进出关境监督管理权，其他任何机关、团体及个人都不具有这种权力。海关的这种权力只适用于进出关境监督管理领域，而不能用于其他场合。

（2）独立性。海关依法行使职权只对上级海关负责，不受地方政府、其他机关、单位或个人的干预。

（3）效力先定性。海关行政行为一经做出，就应推定其符合法律规定且必须遵守和服从。

（4）优益性。海关在行使行政职权时，依法享有一定的行政优先权和行政受益权。

2. 海关权力的主要内容

根据《海关法》及有关法律、行政法规，海关权力的主要内容见表 9-1。

表 9-1 海关权力的主要内容

主要权力	主要内容
检查权	检查并查验进出境运输工具。在监管区内和附近沿海沿边地区，检查走私嫌疑的运输工具、场所和走私嫌疑人的身体
查验权	不受海关监管区域的限制，查验进出境货物、物品
查阅权复制权	查阅进出境人员的证件。查阅、复制与进出境运输工具、货物、物品有关的合同、单据等资料
查问权	查问有关违反《海关法》及其他有关法律法规嫌疑人的权力
查询权	经关长批准，可查询案件涉嫌单位和人员在金融机构、邮政企业的存款和汇款
连续追缉权	对违抗海关监管逃逸的进出境运输工具和个人连续追缉至海关监管区和海关附近沿海沿边规定地区以外，并可将其带回处理
佩带和使用武器权	海关为履行职责，可以依法佩带武器，并可在履行职责时使用武器
稽查权	自进出口货物结关之日起 3 年内，海关可以对有关会计凭证、报关单位、相关资料和有关进出口货物实施稽查
扣留权	对违反有关法律法规的进出境运输工具、货物和物品，以及有关的合同、发票、账册等进行扣留 在海关监管区和海关附近沿海沿边规定地区，对有走私嫌疑的运输工具、货物、物品和走私犯罪嫌疑人，经关长批准可扣留 在海关监管区以外，对于有证据证明有走私嫌疑的运输工具、货物、物品，可扣留
强制扣缴权	对纳税义务人或担保人超过规定期限未缴纳税款的，海关可将应税货物依法变卖或扣留，也可通知其开户银行从其存款中扣除

（四）关境与国境

关境是海关境界的简称，亦称"关税国境"，是指适用同一海关法或实行同一关税制度的领域。国境是指一个国家行使全部国界主权的国家空间，包括领陆、领海、领空。

在通常情况下，关境与国境是一致的。有些国家和地区的关境同国境并不完全一致。如一国境内有自由港或自由区，即不属于该国关境范围之内。在此情况下，关境小于国境。在缔结关税同盟的国家，它们的领土成为统一的关境。在此情况下，关境则大于国境。我国关境小于国境，我国单独关境有香港、澳门和台澎金马单独关税区。一般我们说进出境指的就是关境。

二、报关

报关是指进出口货物收发货人、进出境运输工具负责人、进出境物品的所有人或其代理人向海关办理货物、物品或运输工具进出境手续及相关海关事务的过程。

（一）报关与通关、报检的联系与区别

（1）报关与通关的联系和区别。两者都是对运输工具、货物、物品的进出境而言的。报关仅指向海关办理进出境及相关手续。通关不仅包括海关管理相对人向海关办理有关手续，还包括海关对进出境运输工具、货物、物品依法进行监督管理，核准其进出境的管理过程。

（2）报关与报检的联系和区别。报检是指按照国家有关法律、行政法规的规定，向进出口检验、检疫部门办理进出口商品检验、卫生检疫、动植物检疫和其他检验、检疫手续。一般而言，报检手续先于报关手续办理。

（二）报关范围与内容

1. 报关范围

根据《海关法》规定，所有进出境的运输工具、货物、物品都需要办理报关手续。报关的范围包括进出境运输工具、进出境货物和进出境物品。

（1）进出境运输工具。主要包括用于载运人员、货物、物品进出境，并在国际运营的各种境内外船舶、车辆、航空器等。

（2）进出境货物。主要包括一般进出口货物、保税货物、特定减免税货物、过境货物、转运等其他进出境货物。一些特殊形态，如以货品为载体的软件等也

属于报关的范围。

（3）进出境物品。主要包括进出境人员携带、托运等的行李物品，以邮递方式进出境的邮递物品，享有外交特权和豁免的外国机构或人员的办公用品或自用品等。

（4）个人携带进出境的行李物品、邮寄进出境的物品，应以自用合理数量为限制。需要注意的是，对于随身携带或邮政渠道进出境的货物，要按货物办理进出境报关手续。例如，某旅客携带单位委托购买的 B 型超声波诊断仪的零配件进境，首先判断它是否为进出境物品，有两个标准：一须"自用"，二须"合理数量"。由于其非自用，需按货物办理进境报关手续。这里"自用"指的是进出境旅客本人自用、馈赠亲友而非出售或出租。"合理数量"是指海关根据进出境旅客旅行目的和居留时间所规定的正常数量。

2. 报关人

报关人是指向海关办理报关手续的人，通常包括报关单位和报关员。

1）报关单位

报关单位是指向海关提出书面申请，经海关审核同意，拥有海关颁发的报关注册登记证书，有权办理进出口货物及运输工具报关手续的境内法人。报关单位分为三大类。

（1）自理报关企业。其报关活动仅限于本单位业务范围的进出口货物，不能代理其他单位报关。主要包括有进出口经营权的国有大中型企业，工贸、农贸、技贸公司，以及外商投资企业中的独资、合资和合作企业。

（2）代理报关企业，是指经营国际货物运输代理及运输工具代理等业务，并接受委托代办报关事宜的企业。这类企业本身没有进出口经营权，只能代理该企业所承揽的货物报关业务，如外运、外代公司等。

（3）专业报关企业。它是指专门从事接受进出口货物经营单位和运输工具负责人及其代理人的委托，办理报关、纳税等事宜，具有法人地位的经营实体。但该企业既无进出口经营权，也无国际运输代理权。

2）报关员

报关员是指依法取得报关从业资格，在海关注册登记，专业负责办理所在单位进出口货物报关业务的人员。即经报关单位向海关备案，代表所属企业（单位）向海关办理进出口货物报关纳税等通关手续，并依此为职业的人员。

据海关总署公告，自2014年起，不再组织报关员资格全国统一考试，报关人员由企业自主聘用，由报关协会实行行业自律管理。海关对报关员的管理主要体现在报关单位向海关的报备、报关单位与报关员法律关系的确认，以及法律责任的承担三个方面。

（1）《报关单位注册登记管理规定》明确指出：报关单位对其所属报关人员的报关行为应当承担相应的法律责任。

（2）报关单位与所属报关员劳动合同关系的真实性和有效性由报关单位负责，在"报关员情况登记表"中注明并加盖公章确认。

（3）《报关单位注册登记管理规定》明确由报关单位为所属报关员办理海关有关手续。报关单位所属人员从事报关业务的，报关单位应当到海关办理备案手续，海关予以核发证明。

第二节　一般货物的报关流程

一、一般进出口货物的含义和特征

（一）一般进出口货物的含义

一般进出口货物是指在进出境环节缴纳应征的进出口税费并办结了所有必要的海关手续，海关放行后不再进行监管的进出口货物。"一般进出口"指的是海关的一种监管制度，目的为区别"保税进出口"等海关监管制度。

（二）一般进出口货物的特征

一般进出口货物的特征主要表现为进出境时缴纳进出口税费、进出口时提交相关的许可证件、海关放行三个方面。

（1）进出境时缴纳进出口税费。一般进出口货物的收发货人应当按照《海关法》和其他有关法律、行政法规的规定，在货物进出境时向海关缴纳应当缴纳的税费。

（2）进出口时提交相关的许可证件。货物进出口应受国家法律、行政法规管制，进出口货物收发货人或其代理人应当向海关提交相关的进出口许可证件。

（3）海关放行，即办结了海关手续。海关征收全额的税费，审核了相关的进出口许可证件，并对货物进行实际查验（或做出不予查验的决定）以后，按规定签章放行。海关放行意味着海关手续已经全部办结，货物可以直接进入生产和消费领域流通。

二、一般进出口货物的报关程序

一般进出口货物的报关程序，可以分为四个基本环节：申报、查验、征税、放行，如图9-1所示。

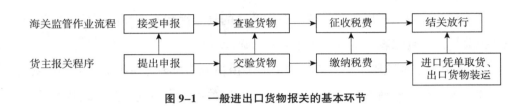

图 9-1　一般进出口货物报关的基本环节

（一）申报

1. 申报地点

根据现行海关法规的规定，选择进出口货物的报关地点时，应遵循以下三个原则。

（1）进出境地原则。在一般正常情况下，进口货物应当由收货人或其代理人在货物的进境地向海关申报，并办理有关进口海关手续。出口货物应当由发货人或其代理人在货物的出境地向海关申报，并办理有关出口海关手续。

（2）转关运输原则。由于进出口货物的数量、质量、内在包装，或其他一些原因，经收发货人或其代理人申请，海关同意，进口货物可以在设有海关的指运地/出口货物也可以在设有海关的启运地向海关申报，办理有关进出口海关手续。这些货物的转关运输，应符合海关监管要求。必要时，海关可以派员押运。

（3）指定地点原则。由电缆、管道或其他特殊方式输送进出境的货物，经营企业应当按海关要求定期向指定海关申报并办理有关进出口海关手续。这些以特殊方式输送进出境的货物，输送路线长，往往需要跨越几个海关甚至几个省份，而且输送方式特殊，采用固定的计量工具，如电表、油表等。因此，上一级海关的综合管理部门协商指定由其中一个海关管理，经营企业或其代理人可直接与这个海关直接联系报告。

2. 申报时间

（1）进口货物的收货人、受委托的报关企业，应当自运输工具申报进境之日起 14 日内，向海关申报。

（2）进口转关运输货物的收货人、受委托的报关企业，应当自运输工具申报进境之日起 14 日内，向进境地海关办理转关运输手续，有关货物应当自运抵指运地之日起 14 日内向指运地海关申报。

（3）进口货物的收货人超过规定期限向海关申报的，由海关征收滞报金。

$$滞报金 = 进口货物完税价格 \times 0.5\% \times 滞报天数$$

举例说明滞报金的计算方法。例如，某企业进口一批货物，运输工具进境日期为 2024 年 9 月 18 日，此企业于 2024 年 10 月 10 日向海关申报进口，其滞报天数的计算方法如下所示。

首先，核实申报期限：运输工具进境后第 14 天，为 10 月 2 日。

其次，计算征收起始日：计征起始日是运输工具进境后第 15 天，即 10 月 3 日。

最后，将起始日和截止日均计入滞报期间。起始日为 10 月 3 日，截止日为 10 月 10 日，即滞报天数为 8 天。

（4）进口货物自装载货物的运输工具申报进境之日起，超过 3 个月仍未向海关申报的，货物由海关提取并依法变卖。对属于不宜长期保存的货物，海关可以根据实际情况提前处理。

（5）出口货物发货人、受委托的报关企业，应当在货物运抵海关监管场所后、装货的 24 小时前向海关申报。

（6）经电缆、管道或其他特殊方式进出境的货物，进出口货物收发货人或其代理人按照海关规定定期申报。

3. 申报单证

准备申报单证，是整个报关工作有序进行的关键一步。申报单证可以分为报关单和随附单证两大类，其中随附单证包括基本单证和特殊单证。

（1）报关单。报关人员按照海关规定格式填制的申报单，是指进（出）口货物报关单或者带有进（出）口货物报关单性质的单证，如特殊监管区域进出境备案清单、进出口货物集中申报清单、ATA 单证册、过境货物报关单、快件报关单等。一般来说，任何货物的申报，都必须有报关单。

（2）基本单证。指进出口货物的货运单据和商业单据，主要有进口提货单据、出口装货单据、商业发票、装箱单、进出口合同等。一般来说，任何货物的申报，都必须有基本单证。

（3）特殊单证。主要有进出口许可证件、加工贸易电子化手册和电子账册、征免税证明、原进（出）口货物报关单、原产地证明书等。某些货物的申报，必须有特殊单证。例如，进口许可证管理货物进口申报，必须有进口许可证。

4. 申报方式

目前，主要是采用电子数据报关单申报。电子数据报关单申报方式，是指进出口货物的收发货人或受委托的报关企业，通过计算机系统，按照《报关单填制规范》要求，向海关传送报关单电子数据并备齐随附单证的申报形式。

进出口货物的收发货人、受委托的报关企业，应当以电子数据报关单形式向海关申报，与随附单证一并递交的纸质报关单的内容应当与电子数据报关单一致。

（二）查验

海关查验，是指海关根据《海关法》为确定进出境货物的性质、价格、数量、原产地、货物状况等是否与报关单上已申报的内容相符，对货物进行实际检查的行政执法行为。

查验一般在海关监管区内实施，不宜在监管区内实施查验的，可书面申请区外查验。查验的方法可以是彻底查验，也可以是抽查。按照操作方式，查验可以分为人工查验和机检查验，人工查验包括外形查验、开箱查验等方式。

（1）外形查验。是指对外部特征直观、易于判断基本属性的货物包装、唛头和外观等状况进行验核的查验方式。

（2）开箱查验。是指将货物从集装箱、货柜车厢等中取出并拆除外包装后，对货物实际状况进行验核的查验方式。

（3）机检查验。是指利用技术检查设备，对货物实际状况进行验核的查验方式。

（4）抽查。是指按照一定比例，有选择地对一票货物中的部分货物验核实际状况的查验方式。

（5）彻底查验。是指逐件开拆包装、验核货物实际状况的查验方式。

配合查验人员应当做好以下工作。

（1）联系相关单位，准备待查货物，主动与海关查验部门取得联系，按约定时间到场。

（2）尽量了解查验货物的相关信息，并提前准备好进出口货物的资料。

（3）提前告知查验禁忌，如实回答海关提问，提供相关资料，并按照海关要求做好协助配合工作。

（4）注意人身安全和货物安全，及时把查验进度报告本公司，并做好当天的工作记录。

（5）配合场地管理方做好取样登记、施加封条等场地或货物管理措施，不准擅自开启海关关封。

（6）配合查验人员根据实际情况在查验记录上签名确认。发生的临时费用，如搬运、送检等费用，及时报告本公司，并与委托方签字确认。

（三）征税

征税是指海关根据有关规定的政策、法规对进出口货物征收关税及进口环节的税费。进出口货物除国家另有规定的除外，其余均应征收关税。关税由海关依据《中华人民共和国海关进出口税则》征收。

我国对进口货物除征收关税外，还要征收进口环节增值税，少数商品要征收消费税。根据国家法律规定，上述两种税款应由税务机关征收。为简化征税手续，方便货物进出口，同时又可有效避免货物进口后另行征收可能造成的漏征，国家规定进口货物的增值税和消费税由海关在进口环节代税务机关征收。因此，在实际工作中，又常常称为海关代征税。

按照规定，海关征收关税、进口环节增值税和消费税、船舶吨税，进口货物的纳税义务人应当自海关填发税款缴款书之日起15日内缴纳税款。如纳税义务人或其代理人逾期缴纳税款，由海关自缴款期限届满之日起至缴清税款之日止，按日加收滞纳税款的0.5%作为滞纳金。纳税义务人应当自海关填发滞纳金缴款书之日起15日内向指定银行缴纳滞纳金。

（四）放行

海关放行是指海关接受进出口货物的申报、审核电子数据报关单和纸质报关单及随附单证、查验货物、征收税费或进行担保以后，对进出口货物做出结束海关进出境现场监管决定，允许进出口货物离开海关监管现场的工作环节。

海关放行一般是在进口货物提货凭证或出口货物装货凭证上签盖"海关放行章"，进出口货物收发货人或其代理人签收进口提货凭证或出口装货凭证，凭此提取进口货物或将出口货物装运到运输工具上离境。

在施行"无纸通关"申报方式中，海关做出放行决定时，将"海关放行"报文发送给进出口货物收发货人或其代理人和海关监管货物保管人。进出口货物收发货人或其代理人从计算机上自行打印海关通知放行的凭证,凭此提取进口货物或将出口货物装运到运输目的地。

第三节 保税加工货物的报关流程

一、保税加工货物基本概述

保税加工货物,是指经海关批准未办理纳税手续进境,在境内储存、加工、装配后复运出境的货物。

(一)保税加工货物范围和分类

(1)专为加工、装配出口产品而从国外进口且海关准予保税的原材料、零部件、元器件、包装物料、辅助材料,即料件。

(2)用进口保税料件生产的半成品、成品。

(3)在保税加工生产过程中产生的边角料、残次品和副产品。

保税加工货物,基本上是专门为开展实质性的加工贸易而进口的料件、包装物和半成品,以及加工后的成品,但其通关手续以及会计处理比一般保税物流货物要复杂。它分为来料加工货物、进料加工货物、外商投资企业加工贸易货物、保税工厂货物、保税集团货物和出口加工区加工贸易货物。

(二)保税加工货物特性

(1)特定目的。我国《海关法》将保税货物限定于两种特定目的而进口的货物,即进行贸易活动(储存)和加工制造活动(加工、装配)而进口的货物。将保税货物与其他目的暂时进口的货物(如工程施工、科学实验、文化体育活动等)区别开来。

(2)暂免纳税。《海关法》第59条规定:"经海关批准暂时进口或暂时出口的货物,以及特准进口的保税货物,在货物收、发货人向海关缴纳相当于税款的保证金或者提供担保后,准予暂时免纳关税。"保税货物未办理纳税手续进境,属于暂时免纳,而不是免税,待货物最终流向确定后,海关再决定征税或免税。

(3)复运出境。这是构成保税货物的重要前提。从法律上讲,保税货物未按一般货物办理进口和纳税手续,因此,保税货物必须以原状或加工后产品复运出境。这既是海关对保税货物的监管原则,也是经营者必须履行的法律义务。

（三）保税加工货物特点

（1）保税加工料件在进口前须在海关设立手册或账册。

（2）保税加工料件一般实行保税监管，进口时暂时免于缴纳进口关税和进口环节税，加工成品出口后，海关根据核定的实际加工复出口数量予以核销。除国家另有规定外，属于国家对进口有限制性规定的，免于交验进口许可证件。

（3）保税加工产品一般须复运出境，属于应当征收出口关税的，按照规定缴纳出口关税。

（4）保税加工货物转为内销时，须经批准并交验进口许可证件，缴纳进口税费。

（四）保税加工货物监管特征和要求

保税货物的海关监管特征可以概括为批准保税、暂缓纳税、监管延伸和核销结关。其监管要求如图 9-2 所示。

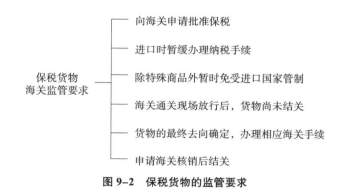

图 9-2　保税货物的监管要求

保税加工货物、保税物流货物的保税期限和核销期限见表 9-2。

表 9-2　保税加工货物、保税物流货物的保税期限及核销期限

保税货物条件		保税期限	核销期限
保税加工	加工贸易保税货物	一般保税期限为一年，经批准可以延长一年	按照保税期限到期后 30 天内或合同期满或最后一批成品出口后 30 天
保税加工	出口加工区保税货物	从进境进区起，到出区出境或出区结关为止	每半年一次，分别每年 6 月底和 12 月底以前
保税物流	保税仓储货物	从进境入库至出库办结海关手续为一年，经批准可以延长一年	为每月 5 日，每月一次
保税物流	出口监管仓库货物	入库贮存期为 6 个月，可以延长 6 个月	海关凭出入清单实行动态监测

续表

保税货物条件		保税期限	核销期限
保税物流	保税物流中心	A 型中心保税期限一年 B 型中心保税期限两年	联网监管，动态核销
	保税区 保税货物	不设存储期限	每半年一次，分别为每年 6 月底和 12 月底签
	保税物流园区	不设存储期限	每年报销一次

二、保税加工货物通关的基本程序

保税货物的通关与一般进出口货物不同，它不是在某一个时间上办理进口或出口手续后即完成了通关，而是从进境、储存或加工到复运出境的全过程。只有办理了整个过程的各种海关手续，才真正完成了保税货物的通关。保税加工货物通关的基本程序如图 9-3 所示。

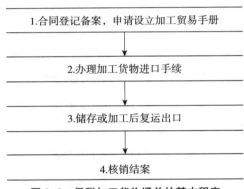

图 9-3　保税加工货物通关的基本程序

（一）合同登记备案，申请设立加工贸易手册

在此阶段，经营保税货物的单位持有关证件、对外签约的合同，及其他有关单证向主管海关申请办理合同登记备案手续。海关核准后，签发相关登记手册。合同登记备案是向海关办理的第一个手续，须在保税货物进口前办妥。它是保税业务的开始，也是经营者与海关建立承担法律责任和履行监管职责法律关系的起点。

目前，无纸化通关手册（电子化手册）已经全面应用，企业在向海关申请设立加工手册时，海关不再核发纸质手册（或者所核发的纸质手册仅作为报关时的手册凭证）。企业办理好通关手册后，海关核发加工手册号及手册的登记信息，企业凭此办理货物通关手续。若需要使用无纸化通关的企业，需通过中国国际贸易"单一窗口"或者中国电子口岸网站签订通关无纸化协议。申报单位和境内货物收发货人都需签约。企业经与直属海关、中国电子口岸数据中心签订电子数据应用协议后，可在全国海关适用"通关作业无纸化"通关方式，不再需要重复签约。

（二）办理加工货物进口手续

在海关办理合同登记备案的保税货物实际进境时，经营者或其他代理人应持海关核发的该批保税货物的登记手册及其他单证，向进境地海关申报，办理进口手续。根据《中华人民共和国海关加工贸易货物监管办法》，加工贸易企业有下列情形之一的，不得办理手册设立手续。

（1）进口料件或者出口成品属于国家禁止进出口的。

（2）加工产品属于国家禁止在我国境内加工生产的。

（3）进口料件不宜实行保税监管的。

（4）经营企业或者加工企业属于国家规定不允许开展加工贸易的。

（5）经营企业未在规定期限内向海关报核已到期的加工贸易手册，又重新申报设立手册的。

此外，经营企业办理加工贸易货物的手册设立，其申报内容、提交单证与事实不符的，海关分两种情况处理：货物尚未进口的，海关注销其手册；货物已进口的，责令企业将货物退运出境。

（三）储存或加工后复运出口

保税货物进境后，应储存于海关指定的场所或交付给海关核准的加工生产企业进行加工制造，在储存期满或加工产品后再复运出境。经营单位或其代理人应持该批保税货物的登记手册及其他单证，向出境地海关申报办理出口手续。

（四）核销结案

在备案合同期满或加工产品出口后的一定期限内，经营单位应持有关加工贸易登记手册、进出口货物报关单及其他有关资料，向合同备案海关办理核销手续。海关对保税货物的进口、储存、加工、使用和出口情况进行核实并确定最终征免税之后，对该备案合同予以核销结案。这一环节是保税货物整个通关程序的终点，意味着海关与经营单位之间监管法律关系的最终解除。

第四节 国际物流报关实务

一、进出口关税

（一）进口关税含义与类型

进口关税是指国家海关以进境货物和物品为对象所征收的关税。在我国，根据计征标准的不同，可以将进口关税分为从价税、从量税、复合税。

（1）从价税。以货物的价格作为计税标准，以应征税额占货物价格的百分比为税率，税额和税率成正比例关系，即

$$从价税应征税额 = 货物的完税价格 \times 从价税税率$$

（2）从量税。以货物的计量单位如重量、数量、容量等作为计税标准，即

$$从量税应征税额 = 货物数量 \times 单位税额$$

（3）复合税。一个税目中的商品同时使用从价、从量两种标准计税，即

$$复合税应征税额 = 货物的完税价格 \times 从价税税率 + 货物数量 \times 单位税额$$

进口税还有正税和附加税之分。正税即按税则法定进口税率征收的关税，附加税是由于特定需要对进口货物除征收正税外，另行征收的一种进口税。

（二）出口关税

出口关税是海关以出境货物和物品为对象所征收的关税，一般不征收出口关税或仅对少数商品征收。征税的目的主要是限制、调控某些商品的过激、无序出口，特别是防止本国一些重要自然资源和原材料的出口。我国目前征收的出口关税都是从价税，即

$$应征出口关税税额 = 出口货物完税价格 \times 出口关税税率$$

（三）进出口货物完税价格的确定

我国海关对大多数进出口货物和物品征收的是从价税，所以必须确定货物应缴纳税款的价格，即经海关依法审定的完税价格，是凭以计征进出口货物关税及进口环节税的基础。征收进出口关税的法律依据是《海关法》《进出口关税条例》和《审定进出口货物完税价格办法》的相关规定。

《海关法》第15条规定："进出口货物的完税价格，由海关以该货物的成交价格为基础审查确定，成交价格不能确定时，完税价格由海关依法估定。"由以上规定可知，审定进出口货物完税价格应首先使用成交价格估价方法。

（1）进口货物完税价格的确定。进口货物的完税价格，由海关以该货物的成

交价格为基础审查确定,并应当包括货物运抵境内输入地点起卸前的运输及其相关费用、保险费。海关确定进口货物完税价格有 6 种估价方法：成交价格方法、相同货物成交价格方法、类似货物成交价格方法、倒扣价格方法、计算价格方法和合理方法。通常情况下,6 种方法依次使用,其含义和差异见表 9-3。

表 9-3 进口货物完税价格分类

估价方法	含义	适用范围
成交价格方法	商品实际支付或应付的价格	根据商品实际成交价格判断
相同货物成交价格方法	指海关以与进口货物同时或相近向我国境内销售的货物成交价格为基础,审查确定进口货物完税价格的估价方法	针对与进口货物在同一国家或者地区生产的,在物理性质、质量和信誉等所有方面都相同的货物,但是允许存在表面微小差异
类似货物成交价格方法	与相同货物成交价格含义相同,主要针对类似货物	与进口货物在同一国家或者地区生产,虽然不是所有方面都相同,但是具有相似特征、相似组成材料、相同功能,并且在商业中可以互换的货物
倒扣价格方法	海关以与进口货物同期抵达或者属性类似货物的售价为基础,扣除境内发生的有关费用后,审查确定进口货物完税价格的估价方法	以进口货物、相同或类似进口货物进口时的状态销售,明确海关接受货物申报时间,合计的货物销售总量最大
计算价格方法	以生产国的产品成本作为基础价格。在按照生产进口货物所使用的料件成本和加工费用来确定有关价值或者费用时,应当使用与生产国或地区公认的会计原则相一致的方法	以下列条件为基础审查确定：生产该货物所使用的料件成本和加工费用；向我国境内出口销售同等级或者同种类货物通常的利润和一般费用；货物运抵境内输入地点卸货前的运输及相关费用、保险费
合理方法	不是一个具体的估价方法,而是规定了使用方法的范围和原则	符合公平、统一、客观的估价原则,必须以境内可以获得的数据资料为基础。灵活使用审价办法规定的各种估价方法

我国的进口货物完税价格以 CIF 价格为基础审核确定,如进口货物价格采用其他贸易术语成交,需视情况将其他贸易术语转换为 CIF 术语价格。例如,FOB 贸易术语下,确定完税价格时,需计入货物运至进境地起卸前发生的运输及相关费用、保险费,即

CIF 价格 =FOB+ 起卸前发生的运输及相关费用 + 保险费

CFR 贸易术语下,确定完税价格时,需计入货物运至进境地卸货前发生的保险费用,即

CIF 价格 = CFR+ 起卸前发生的保险费用

（2）出口货物完税价格审定办法。我国仅对涉及资源、原料性物资征收出口关税，所包含的物料资源范围相对较小。

我国出口货物完税价格以 FOB 价格为基础。如出口货物采用其他贸易术语成交，需视情况将其他贸易术语转换为 FOB 术语价格。例如：

CIF 术语下：

$$出口货物 FOB 价格 = CIF - 国际运输及相关费用、保险费$$

CFR 术语下：

$$出口货物 FOB 价格 = CFR - 国际运输及相关费用$$

（四）进出口税费的计算

海关征收的关税、进出口环节税等一律以人民币计征。进出口货物的成交价格及相关费用以外币计价的，海关计征有关税费时，采用当月适用的中国人民银行公布的基准汇率。以基准汇率以外的外币计价的，为同一时间公布的现汇买入价和现汇卖出价的中间值。

计算税款前，要将审定的完税价格折算成人民币，完税价格计算至元，元以下的四舍五入；税额计算到分，分以下四舍五入。税款的起征点为人民币 50 元。

1. 进出口关税税款的计算

（1）按照归类原则确定税则归类，将应税货物归入恰当的税目、税号。

（2）根据原产地规则或相关规定，确定应税货物所适用的税率。

（3）根据完税价格审定办法和规定，确定应税货物的完税价格。

（4）根据汇率使用原则，将外币折算成人民币。

（5）按照计算公式正确计算应征税款。计算公式为

$$进口关税税额 = 完税价格 \times 进口关税税率$$

举例说明以上计算公式如何应用。例如：某公司从德国进口奔驰豪华小轿车 10 辆（排气量超 3000mL），税则归类，排气量超 3000mL 的小轿车应归入税目 87032430，进口税率 50%，其成交价格为每辆 CIF 天津新港 50000 美元。假设当期外汇中间价 100 美元 = 650 元人民币，请计算该批进口汽车的进口关税税款是多少？（消费税、增值税另计）

（1）税则归类与税率查找省略项，已知税率为 50%。

（2）计算完税价格：完税价格 = 50000 × 6.5 × 10（辆）= 3250000（元）

（3）计算关税税款：关税税款 = 3250000 × 50% = 1625000（元）

2. 消费税的计算

消费税的征收范围，仅限于少数消费品，可以分为 4 种类型。

（1）一些过度消费会对人的身体素质、社会秩序、生态环境等方面造成危害的特殊消费品，如烟、酒、酒精、鞭炮、烟火等。

（2）奢侈品、非生活必需品，如贵重金属及珠宝玉石、化妆品及护肤护发品等。

（3）高能耗的高档消费品，如小轿车、摩托车、汽车轮胎等。

（4）不可再生和替代的资源类消费品，如汽油、柴油等。

消费税的税额计算程序与进出口关税的计算程序相同。计算公式如下：

（1）实行从价征收的消费税是按照组成计税价格计算，公式为

$$消费税应纳税额 = 组成计税价格 \times 消费税税率$$

$$消费税组成计税价格 = （关税完税价格 + 关税税额） \div （1 - 消费税税率）$$

（2）实行从量定额征收的消费税的计算公式为

$$应纳税额 = 应征消费税消费品数量 \times 单位税额$$

（3）同时实行定额从量、从价定率征收的消费税的计算方法是上述两种征税方法的综合。

$$应纳税额 = 应征消费税消费品数量 \times 单位税额 + 组成计税价格 \times 消费税税率$$

3. 增值税的计算

在我国境内销售货物（销售不动产或免征的除外）、进口货物，以及提供加工、修理修配劳务的，都要缴纳增值税。增值税计算公式为

$$应纳增值税税额 = （关税完税价格 + 关税税额 + 消费税税额） \times 增值税税率$$

二、报关单

进出口货物的收、发货人或其代理人向海关办理进出口手续时，在货物进出口的时候填写《进口货物报关单》或《出口货物报关单》，同时提供批准货物进出口的证件和有关的货运、商业票据，以便海关审查货物的进出口是否合法，确定关税的征收或减免事宜，编制海关统计。能否正确填制报关单，将直接影响报关率高低、企业的经济利益多少，以及海关监管各个工作环节是否高效。

（一）含义

进出口货物报关单是指进出口货物的收、发货人或其代理人，按照海关规定

的格式规范对进出口货物的实际情况做出书面声明,以此要求海关对其货物按照适用的海关制度办理通关手续的法律文书。

(二)类别

按照货物的流转状态、贸易性质和海关监管方式的不同,进出口货物报关单可以分为以下几种类型。

(1)按进出口状态分为进口货物报关单、出口货物报关单。

(2)按表现形式分为纸质报关单、电子数据报关单。

(3)按使用性质分为进料加工进出口货物报关单、来料加工及补偿贸易进出口报关单、一般贸易及其他贸易进出口货物报关单。

(4)按用途分为报关单录入凭单、预录入报关单、电子数据报关单、报关单证明联。

(三)进出口货物报关单的填制规范

1. 申报地海关

报关人员根据在货物进出口时的自主选择,填报海关规定的《关区代码表》中相应海关的名称及代码。例如:选择"广州机场"为申报地海关时,应录入"5141"。注意:申报地海关的关别代码后两位不能为"00"。

2. 预录入编号

预录入编号是指预录入报关单的编号,用于申报单位与海关之间引用其申报后尚未接受申报的报关单。一份报关单对应一个预录入编号,由系统自动生成。

3. 海关编号

海关编号是指海关接受申报时给予报关单的顺序号,由各直属海关在接受申报时确定,并标注在报关单的每一联上。一般来说,海关编号就是预录入编号,由计算机自动打印,不须填写。具体编号规则如下。

(1)进口报关单和出口报关单应分别编号,确保在同一公历年度内,能按进口和出口唯一地标识本关区的每一份报关单。

(2)报关单海关编号由18位数字组成。其中,前4位为接受申报海关的编号,即《关区代码表》中相应的海关代码;第5~8位为海关申报的公历年份;第9位为进出口标志,"1"为进口,"0"为出口;第10~18位为报关单顺序编号。

4. 进出境关别

根据货物实际进出境的口岸海关,填报海关规定的关区代码表中相应口岸海关的名称及代码。进出境关别代码由 4 位数字组成：前两位为直属关区关别代码，后两位为隶属海关或海关监管场所的代码。关区名称指直属海关、隶属海关或海关监管场所的中文名称。关区简称指关区（海关）的中文简称，一般为 4 个汉字。例如，货物由天津新港口岸进境，应填报为"新港海关（0202）"。

5. 备案号

填报进出口货物收（发）货人、消费使用单位、生产销售单位，在海关办理加工贸易合同备案或征、减、免税审核确认等手续时，海关核发的加工贸易手册、海关特殊监管区域和保税监管场所保税账册、征免税证明或其他备案审批文件的编号。

6. 征免性质

根据实际情况，按海关规定的《征免性质代码表》选择填报相应的征免性质简称及代码，持有海关核发的征免税证明的，按照征免税证明中批注的征免性质填报。

录入时，可根据下拉菜单选择征免性质或按海关规定的《征免性质代码表》录入相应的征免性质代码。例如：一般征税的货物，下拉菜单时可选择"101- 一般征税"或录入"101"，栏目自动生成"一般征税"。

7. 许可证号

填报进（出）口许可证、两用物项和技术进（出）口许可证、两用物项和技术出口许可证（定向）、纺织品临时出口许可证、出口许可证（加工贸易）、出口许可证（边境小额贸易）的编号。

本章小结

本章首先介绍了国际物流报关的基础知识，列举了国际物流报关的特点。其次，详细梳理了一般货物和保税加工货物的报关流程，辨析了一般货物和保税加工货物报关流程的区别，并分析了两者报关流程的特点。再次，介绍了国际物流的报关实务，按照不同的划分方式将进出口关税分为不同税种，以通俗易懂的方式介绍了不同商品税费的计算。最后，引入报关单的填写规范，体现了我国国际物流发展的实践性与创新性。

即测即练

复习思考题

1. 简述海关权力的特点。
2. 简述报关与通关的联系和区别。
3. 简述选择进出口货物报关地点时应遵循的原则。
4. 试划分进出口货物报关单的类型。
5. 简述中国海关的管理体制。

第十章 检验检疫

🔍 **学习目标**

1. 了解报检的基础知识和发展意义。
2. 熟悉报检的准备步骤以及工作流程。
3. 掌握国际物流报检的基础知识与工作条件。

🔍 **能力目标**

1. 了解检验检疫的特点,提升学生对国际物流报检工作的熟悉度。
2. 熟悉国际物流报检的货物类别,培养学生的国际物流知识应用能力。
3. 掌握国际物流报检的工作流程,培养学生的国际物流操作能力。

思维导图

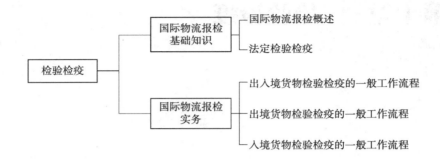

导入案例

案例标题：海关的检验检疫

教学微视频

第一节 国际物流报检基础知识

一、国际物流报检概述

（一）检验检疫含义

检验检疫工作是指检验检疫机构依照进出口国有关法律、行政法规及国际惯例的规定，对报检人申报出入境的货物、交通运输工具、货物包装、集装箱以及人员等进行检验检疫、认证和签发官方检验检疫证明等监督管理业务的统称。

海关是我国卫生检疫、动植物检疫、商品检验、保证进出口食品安全等职责的实施主体。海关在出入境检验检疫方面主要履行经济调节、市场监督、口岸把关、公共服务的职能。其主要工作内容是出入境卫生检疫、动植物检疫、商品检验、鉴定、认证和监督管理。各地海关的检验检疫机构或部门负责办理出入境检验检疫业务。

（二）国际物流检验检疫

进出境检验检疫工作是国际物流整个链条中的重要一环，检验检疫工作在国际物流进程中起到监督作用、制约作用和促进作用。

1. 检验检疫对国际物流的监督和制约作用

依法保护我国人民健康、保护动植物生态和环境安全、保护国家经济利益，是海关设立检验检疫机构的主要目的。检验检疫工作对国家和人民的利益是积极的，单纯从国际物流表面上看，可发挥有效的监督作用。主要表现为以下几个方面。

（1）在交通运输工具方面。船舶、飞机、火车及其他车辆，都是国际物流中的运输工具，都是使货物流动的主要动力。对于交通运输工具，我国明确规定，属于法定应检物，均须实施进出境检疫。另外，交通运输工具作为国际物流所依赖的货物转移的动力，在实施进出境检疫的过程中，无形中使货物流动的速度和运转的周期受到限制，费用增加。

（2）货物及其包装物。我国法律法规要求须经检验的进出口商品，必须经过检验检疫机构检验。涉及进境的动植物、动植物产品和其他检疫物，装载动植物、动植物产品和其他检疫物的装载容器、包装物，以及来自动植物疫区的运输工具，应依法实施检疫。它包括对货物的品质、规格、包装、性能、数量、重量等进行检验，对人类健康、畜牧或野生动物、植物、农副产品等可能产生疾病或危害的货物进行进境审批、实施检疫措施并予以消毒、除虫、灭鼠和卫生除害处理或退运、销毁。就此产生的仓储—倒垛—掏箱抽样等一系列环节，使货物的流动停滞或延缓，费用增加。

（3）在集装箱方面。集装箱是国际货物的运输工具，是保证货物安全、卫生，防止货损的一道屏障。集装箱进出境或过境时，承运人、货主或其代理人必须向海关报检。海关按照《进出境集装箱检验检疫管理办法》等规定，对报检集装箱实施卫生检疫、动植物检疫、适载检验等监督管理工作。这将对货物流通起到监督作用，无形中也阻滞了集装箱与货物的流转。

（4）在口岸、码头及仓储方面。《中华人民共和国进出境动植物检疫法》规定："根据检疫需要，进入有关生产、仓库等场所进行疫情监测、调查和检疫监督管理"，并明确要求"可在机场、港口、车站、仓库、加工厂、农场等生产、加工、存放进出境动植物产品和其他检疫物的场所实施动植物疫情监测，有关部门应当配合"。当发生重大动植物疫情、人类传染病疫情时，国务院可以下令封锁国境口岸或采取其他紧急控制措施。因此，货物的装卸、堆放、运输、储存等各个环节，均与检验检疫业务有着密切联系，检验检疫影响着货物的中转速度、存储质量、卫生与安全。作为国际物流中继站或经停处的国境口岸、码头、仓库，均随时受到进出境检验检疫机构的监督与监管。

2. 检验检疫对国际物流的促进作用

国际物流的目的不单单是追求货物流动的顺畅、快捷，缩短占压周期，降低成本和节约费用，也不单单是以货物运输时间和安全为中心环节，而是在货物供需双方空间分离的情况下，创造出空间的位移价值，发挥以空间换取时间的特殊功能。检验检疫工作在促进空间效应上起到重要作用。实行生产的过程检验、分级管理、装船前检验等进出口的前期监管和后续管理，既能保证被运转货物的质量，又可避免退货、销毁、索赔所造成的无效劳动或重复劳动，避免出现事倍功半、物流不畅的状况。

检验检疫工作的把关和服务是相辅相成、互为因果的，以共同促进国际物流发展为目的。在当今全球化背景下，我国海关应当积极采取具体举措，加快采用国际标准和国外先进标准，在检验检疫标准水平上尽快与发达国家接轨，严格落实出口商品质量许可、出口商品包装容器质量许可和出口食品卫生检疫注册与备案制度，把好质量关，避免退货、索赔的发生，保障国际贸易和国际物流顺畅、快捷。

3. 检验检疫结果单、证书和证单在国际物流中的重要作用

进出境检验检疫的工作成果主要表现为海关出具的各种结果单、证书、证单，一般称为商检证书或检验检疫证书（见图10-1）。检验检疫结果单、证书在国际物流中相当重要，具有以下6个方面的作用。

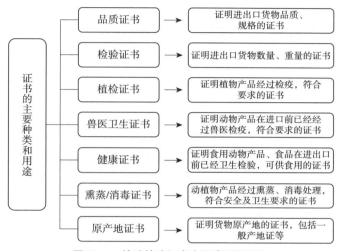

图 10-1　检验检疫证书主要类别及用途

（1）进出境货物通关的重要凭证。例如，品质证书、植检证书、兽医卫生证书、健康证书、熏蒸、消毒证书等，都是进出境货物通关的重要凭证。对须法定检验检疫的进出口商品，海关在执行监管时凭商检证书检验放行。

（2）买卖双方结算货款的主要依据。检验部门出具的品质证书、重量或数量证书是买卖双方最终结算货款的重要依据。凭检验证书中确定的货物等级、规格、重量、数量计算货款，是买卖双方都接受的合理公正的结算方式。

（3）计算运输、仓储等费用的重要依据。检验中货载衡量工作所确定的货物重量或体积（尺码吨），是托运人和承运人计算运费的有效证件，也是港口仓储部门计算栈租、装卸、理货等费用的有效文件。

（4）计算关税的依据。重量、数量证书具有公正、准确的特点，是核查征收进出口货物关税的重要依据。残损证书所标明的残损、缺少的货物可以作为向海关申请退税的有效凭证。产地证明书是进口国海关给予差别关税待遇的基本凭证，在我国出口贸易活动中有重要的意义。

（5）证明情况、明确责任的证件。应申请人申请委托，海关经检验鉴定后出具的货物积载状况证明、监装证明、监卸证明，集装箱的验箱、拆箱证明，对船

舱检验提供的验舱证明、封舱证明、舱口检视证明，对散装液体货物提供的冷藏箱或舱的冷藏温度证明、取样和封样证明等，都是为证明货物在装运和流通过程中的状态而提供的，以便证明事实状态，明确有关方面的责任。它也是船方和有关方面免责的证明文件。

（6）仲裁、诉讼举证的有效文件。海关签发的有关品质、数量、残损的证书是收货人向各有关责任人提出索赔的重要依据。例如，在国际贸易中发生争议和纠纷，买卖双方或有关方面协商解决时，商检证书是有效的证明文件。

二、法定检验检疫

（一）法定检验检疫含义

法定检验检疫又称强制性检验检疫，是指海关作为检验检疫机构依照国家法律、行政法规和其他相关规定，对必须检验检疫的出入境货物、交通运输工具、人员及其他事项等，依照规定的程序实施强制性的检验检疫措施。

对于法定检验检疫的货物，货主或其代理人应在规定的时间和地点向检验检疫机构报检。检验检疫机构依法对指定的进出口商品实施法定检验，检验的内容包括商品的质量、规格、数量、包装及安全卫生等项目。经检验合格并签发证书以后，才准许出口或进口。法定检验的实施机构是各直属海关、隶属海关负责进出口商品法定检验的部门。

（二）法定检验检疫的实施范围

实施法定检验检疫的范围包括：①有关法规如《出入境检验检疫机构实施检验检疫的进出境商品目录》中规定的商品。②对进出口食品的卫生检验和进出境动植物的检疫。③对装运出口易腐烂变质食品、冷冻品的船舱或集装箱等运载工具的适载检验。④对出口危险货物包装容器的性能检验和使用鉴定。⑤对有关国际条约规定或其他法律法规明确要求必须检验的进出口商品实施检验检疫。⑥国际货物销售合同规定由检验检疫机构实施出入境检验时，当事人应及时提出申请，由检验检疫机构按照合同规定，对货物实施检验并出具检验证书。

其中，《出入境检验检疫机构实施检验检疫的进出境商品目录》（简称《实施检验检疫的进出境商品目录》或《法检目录》）是以《商品分类和编码协调制度》为基础编制而成的，包括大部分法定检验检疫的货物，是检验检疫机构依法对出入境货物实施检验检疫的主要执行依据。列入检验检疫《法检目录》的进出境商品，必须经海关实施检验检疫和监管。

每条目录由商品编码、商品名称及备注、计量单位、海关监管条件和检验检疫类别五栏组成（见表10-1）。其中，商品编码、商品名称及备注和计量单位是以HS编码为基础，并依照新的海关《商品综合分类表》的商品编号、商品名称、商品备注和计量单位编制。

表10-1 《法检目录》举例

商品编号	商品名称及备注	计量单位	海关监管条件	检验检疫类别
08109030	鲜龙眼	kg	A/B	P.R/Q.S
28469029	其他氯化稀土	kg	B	M/N

其中，海关监管条件、检验检疫类别代码含义如下。

（1）海关监管条件代码。

A：表示对应商品须实施进境检验检疫。

B：表示对应商品须实施出境检验检疫（电子底账）。

（2）检验检疫类别代码。

M：表示对应商品须实施进口商品检验。

N：表示对应商品须实施出口商品检验。

P：表示对应商品须实施进境动植物、动植物产品检疫。

Q：表示对应商品须实施出境动植物、动植物产品检疫。

第二节 国际物流报检实务

一、出入境货物检验检疫的一般工作流程

《中华人民共和国进出口商品检验法》（2021年修订）第五条和第六条指出：列入目录的进出口商品，由商检机构实施检验。本条第一款规定的进口商品未经检验的，不准销售、使用。规定的出口商品未经检验合格的，不准出口。必须实施的进出口商品检验，是指确定列入目录的进出口商品是否符合国家技术规范的强制性要求的合格评定活动。合格评定程序包括抽样、检验和检查，评估、验证

和合格保证，注册、认可和批准，以及各项的组合。对本条第一款规定的进出口商品检验，商检机构可以采信检验机构的检验结果。国家商检部门对前述检验机构实行目录管理。

海关出入境货物检验检疫的工作流程可概括为三个环节：受理报检→检验检疫和鉴定→签证。

（一）受理报检

报检又称报验，是指申请人向海关就进出口货物报请检验检疫，是海关受理报检的前提和基础。同时，海关检验检疫机构接受申请人报检，是检验检疫工作的开始。

报检企业须为国际货物销售合同（包括购销合同）或合约的关系人，或持有上述关系人的委托书。出口货物的生产、经营单位，进口货物的收、用货单位可以自理报检，也可以委托有报检报关资质的国际物流企业或货运代理企业代理报检。对于不同类的货物，如一般货物、动植物，以及有特殊规定的检验检疫货物，其报检要求是不同的。报检人报检时必须履行的工作主要有3项：申报报关单检务信息、上传或提交相应的单证、按规定配合检验检疫。

目前，我国实行电子报检。电子报检是指报检人使用电子报检软件将报检数据以电子方式传输给海关，经检验检疫业务管理系统和检务人员处理后，将受理报检信息反馈给报检人，实现远程办理进出境检验检疫报检的行为。企业申请开通电子报检报关，需要完成必要的业务准备（见图10-2），如用户注册、企业资质备案，以及办理申报平台的卡介质。

图10-2　企业申报电子报检报关的准备工作

我国实行关检融合"整合申报项目"。报关报检面向企业端整合形成"四个一",即"一张报关单、一套随附单证、一组参数代码、一个申报系统"。其中,"一个申报系统"就是指国际贸易单一窗口。申报人通过中国国际贸易单一窗口完成货物报检与报关申报。

(二) 检验检疫和鉴定

海关根据有关工作规范、企业信用类别、产品风险等级,判别是否需要实施现场检验,以及是否需要对产品实施抽样检测。海关对进出口商品实施检验的内容,包括是否符合安全、卫生、健康、环境保护、防止欺诈等要求,以及相关的品质、数量、重量等项目。在检验检疫和鉴定环节,报检人应事先约定抽样、检验检疫和鉴定的时间,并须预留足够的取采样、检验检疫和鉴定的工作日,同时须提供进行取采样、检验检疫和鉴定等必要的工作条件。

海关对检验检疫的货物进行合格评定。对于仅实施现场检验的进出口商品,经检验符合相关规定的,可以判定该检验批合格,否则应当判定该检验批不合格。对于抽样送检的,应在现场检验和实验室检测,均符合相关要求的可判定该批合格,否则应当判定为不合格。

进出口法定检验商品经检验,涉及人身财产安全、健康、环境保护项目不合格的,由海关责令当事人销毁,或者出具退货处理通知单。其他项目不合格的,可以在海关的监督下进行技术处理,经重新检验合格的,方可销售或者使用。

(三) 签证

对出境货物,国外要求签发有关检验检疫证书的,海关根据对外贸易关系人的申请,经检验检疫合格的,签发相应的检验检疫证书。经检验检疫不合格的,签发出境货物不合格通知单。凡法律、行政法规、规章或国际公约规定须经检验检疫机构检验检疫的入境货物,海关接受报检后,经检验检疫合格的,签发《入境货物检验检疫情况通知单》;不合格的,对外签发检验检疫证书,供有关方面对外索赔。

报检人逾期向海关申请的由海关审批后发出的单证、检验检疫签证证书,由报检人在国际贸易单一窗口货物申报报关单检务信息录入页面申报。

二、出境货物检验检疫的一般工作流程

凡经检验不合格的货物,一律不得出口。在出口货物托运环节,未经检验合

格是不能装船出运的，因而在托运的同时，应办理报检。出境货物最迟应在出口报关或装运前 7 天报检，对于个别检验检疫周期较长的货物，应留有相应的检验检疫时间。需隔离检疫的出境动物在出境前 60 天预报，隔离前 7 天报检。

出境货物的检验检疫工作是先检验检疫，后通关放行，即出境货物的发货人或者其代理人向海关报检，海关受理报检后实施检验检疫。其一般流程可归纳为：报检（电子申报）→受理报检→检验检疫→合格评定→转通关放行。具体如图 10-3 所示。

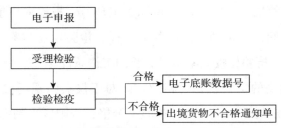

图 10-3 出境货物检验检疫工作的一般流程

出境货物检验检疫遵循产地检验检疫原则，但海关可以根据便利对外贸易和进出口商品检验工作的需要，指定在其他地点检验。一般情况下，实施出口检验检疫的货物，企业应在报关前向产地/组货地海关提出申请。报检企业通过国际贸易单一窗口进行货物申报。海关实施检验检疫监管后建立电子底账，向企业反馈电子底账数据号，符合要求的按规定签发检验检疫证书。企业在报关时应填写电子底账数据号，办理出口通关手续。对于经检验检疫不合格的，该批货物不能出口。

我国实施检验检疫通关一体化，出境货物检验检疫实行"出口直放"。"出口直放"模式下，出口货物经产地检验检疫合格后直接签发相关单证放行，实现跨关区电子通关，口岸海关一般不再实施查验。例如，陕西一家企业的核桃从上海口岸出口，只需在产地陕西省一次性报检并检验检疫合格后，陕西省海关直接验放，这批核桃抵达上海口岸后可直接报关和装运出口。这样，这批核桃可以缩短 1~2 天的港口滞留时间。除了提高物流效率以外，该企业免除了出口货物在上海口岸二次报检和开箱查验，无形中节省了人工费、仓储费、吊装费、掏箱费等至少上千元的费用。

三、入境货物检验检疫的一般工作流程

入境货物检验检疫的工作程序是报检后先放行通关，再进行检验检疫。法定检验检疫入境货物的货主或其代理人自主选择在口岸或目的地海关报检，货物在目的地海关实施检验检疫。一般情况下，入境货物货主或其代理人首先向卸货口岸或到达站的海关报检。海关受理报检后，施检部门签署意见，对来自疫区或者可能传播检疫传染病、动植物疫情及可能夹带有害物质的入境货物的交通工具或运输包装实施必要的检疫、消毒、卫生除害处理，签转检验检疫编号，供报检人办理海关的通关手续。货物通关放行 20 日内，入境货物的货主或其代理人在目的地海关，联系施检部门对货物实施检验检疫。

经检验检疫合格的入境货物，海关签发入境货物检验检疫证明。经检验检疫不合格的入境货物，签发检验检疫处理通知书，货主或其代理人应在海关的监督下进行处理。无法处理或处理后仍不合格的，入境货物的货主做退运或销毁处理。

对检验不合格的进口成套设备及其材料，签发不准安装使用通知书。经技术处理，并经出入境检验检疫机构重新检验合格的，方可安装使用。检验检疫不合格的货物，需要对外索赔时，由海关签发检验证书，供收货人、用货部门办理对外索赔。

国际贸易单一窗口为申请人提供了对入境货物检验检疫申请数据进行录入、暂存、删除、打印等操作。入境货物货主或其代理人可以通过国际贸易单一窗口进口整合申报页面向海关申报，填制进口货物的检务项目。一般进口货物在进口整合申报菜单的报关单整合申报页面的检务信息各栏目中申报。企业应当在报关单随附单证栏中填写报检电子回执上的检验检疫编号。

为深化海关业务改革，进一步优化检验检疫业务流程，我国海关总署对入境货物检验检疫实行"进口直通"。这种模式下，收货人可自主选择在口岸或目的地报检，货物在目的地实施检验检疫。

本章小结

本章首先介绍了国际物流中报检的概念和作用，体现了检验检疫对于实现出入境贸易安全的重要性。其次，明确了法定检验检疫的概念，界定了法定检验检疫的实施范围。再次，梳理了出入境货物检验检疫的工作流程，并详细介绍了流

程各步骤的具体内容。复次，以报关单的填写方式展现了我国海关报检环节的严谨性。最后，分别介绍了入境货物检验检疫、出境货物检验检疫的工作流程，展示了我国海关检验检疫方面发展的成熟。

即测即练

复习思考题

1. 简述检验检疫结果单、证书在国际物流中的作用。
2. 写出法定检验检疫的实施范围。
3. 试概述海关出入境货物检验检疫的工作流程。
4. 分析出境货物检验检疫与入境货物检验检验一般工作流程的区别。
5. 试谈我国海关提升检验检疫发展水平的做法。

第十一章 跨境电商物流

学习目标

1. 了解跨境电商的概念和跨境电商产业链的基本运作流程。
2. 熟悉跨境电商物流的特征。
3. 掌握国际快递的概念、特点和费用计算方式。

能力目标

1. 了解跨境电商的业务分类,培养学生的跨境电商国际物流业务分析能力。
2. 熟悉跨境电商物流的主要运作模式,培养学生的跨境电商物流协调能力。
3. 掌握国际快递运费的首重续重计算法和表格查询法,能够将理论应用于实践。

思维导图

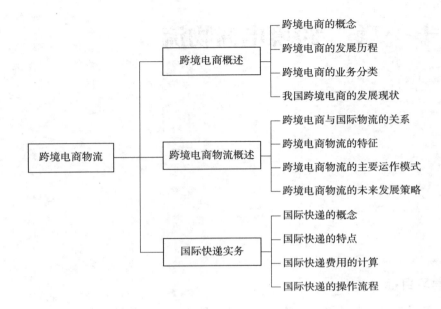

导入案例

案例标题:"长安号"中欧班列首开跨境电商物流专列

教学微视频

第一节　跨境电商概述

一、跨境电商的概念

跨境电商即跨境电子商务，是指分属不同关境的交易主体，通过电子商务平台达成交易、进行支付结算，并依托跨境物流送达商品、完成交易的一种国际商业活动。跨境电商产业链涉及的主体和基本的运作流程如图 11-1 所示。

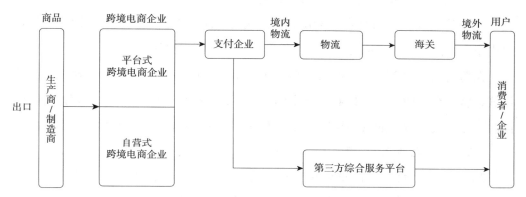

图 11-1　跨境电商产业链主体和基本运作流程

跨境电商作为一种国际贸易新业态，是将传统国际贸易加以网络化、电子化的新型贸易方式。它以电子技术和物流为手段，以商务为核心，把传统的销售、购物渠道转移到互联网上，打破国家和地区间的壁垒，减少各类中间环节，从而实现贸易全球化、网络化、无形化、个性化、一体化。

跨境电商不仅冲破了国家间的障碍，使国际贸易走向无国界贸易，同时也正在引起世界经济贸易的巨大变革。对企业来说，跨境电商构建的开放、多维、立体的多边经贸合作模式，极大地拓宽了进入国际市场的路径，大大促进了多边资源的优化配置，实现了企业间的互利共赢。对于消费者来说，他们可以很容易地获取其他国家的信息并买到物美价廉的商品。

二、跨境电商的发展历程

跨境电商的发展大体经历了三个阶段。

（一）跨境电商 1.0 阶段（1999—2003 年）

跨境电商 1.0 时代主要采取的是网上展示、线下交易的外贸信息服务模式。第三方平台的主要功能是为企业信息以及产品提供网络展示平台，并不在网络上设计任何交易环节，其盈利模式主要是通过向进行信息展示的企业收取会员费（如年服务费）。在跨境电商1.0阶段，也逐渐衍生出竞价推广、咨询服务等为供应商提供一条龙服务的信息流增值业务。

（二）跨境电商2.0阶段（2004—2012年）

2004年，随着敦煌网的上线，跨境电商2.0阶段来临。这个阶段，跨境电商平台开始摆脱纯信息黄页的展示行为，将线下交易、支付、物流等环节实现电子化，逐步建立在线交易平台。B2B平台模式成为跨境电商主流模式，通过直接对接中小企业商户进一步缩短产业链，提升商品销售利润空间。

在跨境电商2.0阶段，第三方平台实现了营收的多元化，同时实现后向收费模式，将"会员收费"改以收取交易佣金为主，即按成交效果来收取百分点佣金。同时，还通过平台上的营销推广、支付服务、物流服务等获得增值收益。

（三）跨境电商3.0阶段（2013年至今）

2013年成为跨境电商重要转型年，跨境电商全产业链出现了商业模式的变化。随着跨境电商的转型，跨境电商3.0"大时代"随之到来。跨境电商3.0具有大型工厂上线、B类买家成规模、中大额订单比例提升、大型服务商加入和移动用户量爆发五方面特征。用户群体由草根创业向工厂、外贸公司转变，且具有极强的生产设计管理能力。平台销售产品由网商、二手货源向一手货源好产品转变。

三、跨境电商的业务分类

跨境电商涉及交易对象、交易渠道、货物流通、监管方式、资金交付、信息和单据往来等多个方面，业务分类也有不同的方法。

（一）按照交易对象划分

（1）B2B（business to business），是指企业与企业之间通过专用网络或互联网，进行数据信息的交换、传递，以及交易活动开展的商业模式。跨境B2B，即企业与企业之间的跨境电商，主要用于企业之间的采购与进出口贸易等，以广告和信息发布为主，相关流程在线下即可完成，本质上仍然属于传统贸易。目前，中国跨境电商市场交易规模中，B2B跨境电商市场交易规模占总交易规模的90%以上。在跨境电商市场中，企业级市场始终处于主导地位。在B2B跨境电商模式下，我国很多企业进行了很好的尝试和运作，代表企业有敦煌网、中国制造、阿里巴巴国际站、环球资源网等。

（2）B2C（business to customer），是指企业通过互联网为消费者提供一个新型购物环境——网上商店。消费者通过网络进行购物、支付等消费行为，也就是通常说的直接面向消费者销售产品和服务的商业模式。跨境 B2C，即企业与消费者个人之间的跨境电商，主要用于企业直接销售或者消费者全球购活动，以销售个人消费品为主。在 B2C 跨境电商模式下，世界范围内比较著名的代表企业有速卖通、亚马逊、兰亭集势、米兰网、大龙网等。

（3）C2C（customer to customer），是指消费者与消费者之间的交易模式。跨境 C2C，即不同消费者之间的跨境电商，主要用于消费者之间的个人拍卖等行为。在 C2C 跨境电商模式下，比较具有代表性的企业有 eBay 等。

（二）按照货物进出口方向划分

（1）出口跨境电商，是指本国生产或加工的商品通过电子商务平台达成交易，进行支付结算，并借助跨境物流运送商品进入国外市场销售的一种国际商业活动。

（2）进口跨境电商，又称入境电子商务，是指将外国商品通过电子商务平台达成交易，进行支付结算，并借助跨境物流将商品输入本国市场销售的一种国际商业活动。

四、我国跨境电商的发展现状

近年来，随着互联网技术的进步和数字经济的发展，国际贸易发生了重大变革。跨境电商从无到有快速发展，交易规模持续大幅增长。据海关统计，我国跨境电商行业交易规模近 5 年来增长近 1 倍。2017—2022 年，我国跨境电商市场规模和增速如图 11-2 所示。

从区域分布来看，跨境电商企业在我国绝大多数省份均有分布，但具有明显的区域特征。其发展与区域经济发展水平、地理位置及交通因素密不可分，整体呈东强西弱格局，超过 40% 的企业集中在广东省，其余大部分企业分布在东部沿海和中部地区，西部地区相对较少。从进出口结构来看，我国跨境电商的发展始终以出口为主，进口为辅，跨境电商进出口总体结构相对稳定，跨境出口的比例将长期高于进口的比例，出口规模约为进口规模的 3 倍。以 2022 年为例，跨境电商出口占比达 77.25%，进口占比为 22.75%。

图 11-2 2017—2022 年我国跨境电商市场规模

2022 年底,国务院发布《关于同意在廊坊等 33 个城市和地区设立跨境电子商务综合实验区的批复》,同意在廊坊市、沧州市、运城市等 33 个城市和地区设立跨境电子商务综合实验区。经过此次扩围,我国跨境电商综合实验区达到 165 个,成为跨境电商发展的重要载体和平台,实现了除港、澳、台外其他 31 个省级行政区域全覆盖。

第二节　跨境电商物流概述

跨境电商物流是伴随跨境电商的发展而产生的。跨境电商的发展有赖于物流、信息流和资金流的协调发展。跨境电商物流作为其中一个重要的环节,是影响跨境电商行业发展的关键性因素。

一、跨境电商与国际物流的关系

（一）国际物流服务水平是跨境电商发展的保证

国际物流是构建跨境电商供应链的必备环节,其较好的发展水平是跨境电商供应链融合及跨境电商供应链企业获得经营效益的关键因素。跨境电子商务运作过程中的信息流、商流和资金流,均可通过计算机和网络通信设备在虚拟环境下实现,但物流环节是不能在虚拟环境下实现的。国际物流系统包括仓储、运输、配送、流通加工、包装、装卸搬运、报检报关和信息处理等子系统,国际物流系统高效率、高质量、低成本的运作是促进跨境电商发展的保证。

（二）跨境电商为国际物流的发展提供市场机遇

随着跨境电子商务的发展，市场对国际物流服务提出了更高的要求：①为适应小批量、多频次、周转快等新特点的国际物流需求，国际物流企业需要改变传统的大订单、大批量、规模化的运营管理模式，对国际物流系统中的运输、仓储、配送等环节进行优化调整。②为适应跨境电商物流需求市场细分，国际物流企业需要运用现代信息技术和物流技术，增强国际物流服务响应能力，降低国际物流成本，提升国际物流智能监控与协调管理水平，提升客户服务水平。

二、跨境电商物流的特征

随着跨境电商的高速发展，各类适应跨境电商需求的国际物流服务也衍生出来。区别于传统物流，跨境电商物流具有以下特征：

（一）物流反应快速化

跨境电商要求国际物流供应链上下游能够非常迅速地对物流配送需求做出反应，因此，整个跨境电商物流前置时间和配送时间的间隔越来越短，商品周转和物流配送也越来越快。

（二）物流功能集成化

跨境电商将国际物流与供应链的其他环节进行集成，包括物流渠道与产品渠道的集成、各种类型的物流渠道之间的集成、物流环节与物流功能的集成等。

（三）物流作业规范化

跨境电商物流强调作业流程的标准化，包括物流订单处理模板选择、物流渠道管理标准制定等操作，使复杂的物流作业流程变成简单的、可量化的、可考核的物流操作方式。

（四）物流信息电子化

跨境电商物流强调订单处理、信息处理的系统化和电子化，用企业信息管理系统完成标准化的物流订单处理和物流仓储管理模式，通过企业信息管理系统对物流渠道的成本、时效、安全性进行有效的关键业绩指标考核，以及对物流仓储管理过程中的库存积压、产品延迟到货、物流配送不及时等进行有效的风险控制。

三、跨境电商物流的主要运作模式

跨境电商物流运作流程一般包括揽收货物、出口国境内物流、出口国清关、国际物流、进口国清关、进口国物流等。跨境电商物流链条较长，环节繁多，成本占比高，时效存在不确定性。面对各式各样的物流方案，物流服务商选择适合自己的跨境物流模式至关重要。电商卖家对于跨境电商物流的多样化需求，也派生了多种跨境电商物流运作模式。跨境电商物流的主要运作模式有以下几种。

（一）邮政包裹模式

邮政网络基本覆盖全球，比其他物流渠道都要广。当前，跨境电商物流以邮政的发货渠道为主。我国出口跨境电商的大多数包裹是通过邮政系统投递的。国际邮政包裹具有成本低、通关容易的优势，但在实际运营过程中，它的丢包率高、安全性低、时效性不强等劣势较为突出。使用国际邮政包裹进行物流运输，还受制于包裹形状、体积、重量等因素，在一定程度上影响了物流效率及物流体验。

邮政包裹分为邮政小包、邮政大包、e邮宝和EMS等。

1. 邮政小包

按照能否跟踪包裹配送轨迹信息，邮政小包分为挂号小包（可追踪）与平邮小包（不可追踪）。邮政小包价格实惠，通关便捷，国际段均走空运，重量要求在2kg以内，体积要求非圆筒货物，外包装长、宽、高之和小于90cm，且长边小于60cm等。时效性方面，中国邮政小包到亚洲邻国5~10个工作日，到欧美主要国家7~15个工作日，到其他国家和地区7~30个工作日。目前市场上常见的有中国邮政小包、新加坡邮政小包、瑞典邮政小包、马来西亚邮政小包、德国邮政小包等。

2. 邮政大包

对于时效性要求不高且大于2kg的偏重货物，人们可选择邮政大包。它的价格比EMS低，不计体积重量，没有偏远附加费，相对于商业渠道有价格优势。在国内，邮政大包可寄达全球200多个国家和地区。根据运输方式的不同，它的运送时效也有所不同，通常航空大包10~15个工作日，水陆大包20~30个工作日。

3. e邮宝

它是邮政速递物流为适应跨境电商轻小件物品寄递需要推出的经济型国际速递业务。大多数国家和地区限重2kg（英国限重5kg，俄罗斯限重3kg）。国际e邮宝通常7~10个工作日即可完成妥投，价格实惠。e邮宝可以为客户提供包裹收寄、出口封发、进口接收地实时跟踪查询信息，但不提供包裹签收信息，只提供投递确认信息。它的时效和价格较为合理，发往美国的订单中，e邮宝一直是绝大多数卖家的首选。

4. EMS

它是由万国邮联管理的国际邮件快递服务，在中国境内是由中国邮政提供的一种特快专递服务。在国内快递中，EMS的国际化业务是最完善的。依托邮政渠道，EMS可以直达全球210多个目的地，投递时间通常为3~8个工作日。高价快速，清关能力强，单件限重30kg，运费比商业快递便宜，速度接近商业快递，可追踪查询，最大优势是可免费退回。一般特殊物品选择EMS是B2C不错的选择，相对有安全保障。四种邮政包裹的优劣势对比见表11-1。

表11-1 四种邮政包裹的优劣势对比

类别	优点	缺点
邮政小包	网络基本覆盖全球，价格非常便宜	存在重量、尺寸限制，无法享受正常出口退税，速度较慢
邮政大包	网络覆盖全球200多个国家和地区，价格较低	速度慢，时效性差
e邮宝	速度较快，费用低于普通国际EMS，出关能力强	仅限2kg以下包裹，路向（目的国和地区）相对少，上门取件城市有限
EMS	速度较快，费用低于商业快递，通关能力强；投递网络强大，覆盖范围广，价格较为便宜	订单信息更新较慢，出现问题后做书面查询耗费的时间较长，不能一票多件，运送大件货物的价格较高

（二）快递模式

国际快递是用于跨境电子商务物流服务的一种传统模式，它主要是通过快递公司来解决跨境电子商务中商品配送及物流的问题。这种传统的物流模式在快递时效性及服务质量上占据优势，可以满足世界各地客户的需求，但是其也存在价格高、特色专线快递未开通等劣势，影响客户物流体验。快递模式分为国际快递模式和国内快递模式。

1. 国际快递模式

它指的是利用国际快递公司，如美国联合包裹运送服务公司（UPS）、联邦快递公司（FedEx）、中外运敦豪快递公司（DHL）、TNT快递公司等寄送跨境物流包裹。这些国际快递商通过自建的全球网络，利用强大的信息系统和遍布世界各地的本地化服务，为客户提供时效快、包裹妥投率高、包裹网完整性好的极致物流服务。例如，从中国通过中国邮政速递物流（EMS）发往美国的包裹，一般需要

15天才可以到达,但通过UPS寄送到美国的包裹,最快可在48小时内到达。

国际快递模式的优点在于速度快、服务好。货物可送达全球200多个国家和地区,查询网站信息更新快,遇到问题解决及时,可以在线发货,全国大部分城市提供上门取货服务。其缺点在于运费较贵,要计算产品包装后的体积重量,对托运物品的限制比较严格。

2. 国内快递模式

它主要指利用国内快递公司,如EMS、顺丰速运、申通快递、圆通速递、中通快递、百世汇通、韵达快递等寄送跨境物流包裹。我国较大的快递企业大多已开展跨境物流业务。顺丰的国际线路多一些,"三通一达"起步稍晚,多采用邮路合作模式,弥补对方在我国境内揽收范围不足的弱点,同时充分利用对方的区域配送能力。民营快递服务与邮政网络相比尚存在诸多差距,通达范围有局限性,与境外寄递企业之间的合作过于松散,短时间内无法与万国邮联框架下的多边协议抗衡。

国内快递模式的优点在于速度较快,费用低于四大国际快递巨头,在中国境内的出关能力强;缺点是由于并非专注跨境物流业务,缺乏国际物流运作经验,对市场的把控能力不强,覆盖的海外市场比较有限。

(三)专线物流模式

专线物流,又称货运专线,指物流公司用自己的货运专车或者航空资源,运送货物至其专线目的国,再通过合作公司进行目的国的派送,为客户提供个性化的服务。专线物流适合运送多批次、小批量、时效要求高的货物,尤其适合小额批发和样品运输等。市面上普遍的专线物流产品是美国专线、欧洲专线、澳洲专线、俄罗斯专线等。也有不少物流公司推出了中东专线、南美专线、南非专线等。目前提供专线物流的公司很多,专线物流往往会推出特定的产品,如"俄邮包""澳邮包"。有的物流公司则在形式上大胆创新,中外运跨境电商物流有限公司推出中国城市到国外城市的专线物流团购业务。

专线物流的优势在于其能够集中大批量到某一国家或地区的货物,通过规模效应降低成本,价格比商业快递低。在时效上,专线物流稍慢于商业快递,但比邮政包裹快很多,丢包率也比较低。其缺点是国内的揽收范围相对有限,覆盖地区有待扩大。而且,一些专线物流企业所能控制的物流区域也相对有限,通常只能负责国内,国外部分则由当地的邮政公司负责,这样就容易出现双方工作交接不畅而导致的运送延误。专线物流一般不受理退货事务。

（四）自贸区或保税区物流模式

自贸区或保税区物流模式，是通过将货物运输至自贸区或保税区仓库，再由跨境电商企业负责商品销售，同时由自贸区或保税区仓库负责货物分拣、检疫、包装等环节，最后通过自贸区或保税区实现商品集中物流配送的模式。这种模式的最大优势就是可以最大限度地利用自贸区及保税区自身优势为跨境电子商务国际物流的快速运行提供保障。

（五）海外仓储模式

海外仓储简称海外仓，是指从事出口跨境电商的企业在国外自建或租用仓库，将货物批量发送至国外仓库，通过跨境电商平台达成交易后，再利用境外目的地仓库或境外第三方物流机构直接进行货品仓储、分拣、包装、派送的一站式控制与管理服务。其目的是将跨境贸易本地化，提升消费者购物体验，从而提高跨境卖家在出口目的地市场的本地竞争力，最典型的例子就是亚马逊FBA。但不是任何产品都适合使用海外仓，最好是库存周转快的热销单品，否则容易压货。同时，对卖家在供应链管理、库存管控、动销管理等方面提出了更高的要求。海外仓储模式包括头程运输、仓储管理和本地配送三部分。

（1）头程运输。中国商家通过海运、空运、陆运或联运，将商品运至海外仓库。

（2）仓储管理。中国商家通过物流信息系统，远程操作海外仓储货物，实时管理库存。

（3）本地配送。海外仓储中心根据订单信息，通过当地邮政或快递将商品配送给客户。

海外仓模式的优点在于用传统外贸做货到仓模式，降低物流成本。这样相当于销售发生在本土，可提供灵活、可靠的退换货方案，提高了海外客户的购买信心。另外，发货周期缩短，发货速度加快，可以降低跨境物流缺陷交易率。海外仓可以帮助卖家拓展销售品类，突破"大而重"的发展瓶颈。海外仓模式的劣势在于仅适用销量好的标准SKU（保存库存控制的最小可用单位），库存滞销风险及资金周转压力大。相比直邮小包，海外仓税务风险相对高一些，主要因为海外仓发货模式的企业基本上是在境外实名登记注册的公司主体，增加了仓储管理费用及操作成本。

四、跨境电商物流的未来发展策略

（一）加快跨境电商物流模式创新

跨境电商物流涉及不同关境，不同的物流模式都有各自的优缺点，单一的物流模式已难以满足客户需求。随着跨境电商的迅速发展，海淘用户对跨境电商物流的需求日益多样化，需利用现有物流条件，综合考虑客户时效要求、产品属性、运输成本、目的地等因素，整合各种物流模式的优点，采用多种物流模式组合的方式，加快跨境电商物流模式创新，寻求降低物流成本、兼顾时效性与安全性的最佳物流方案，有效凸显各种物流模式的聚合效应。例如可采取专线物流＋海外仓、专线物流＋保税区物流模式等。

（二）完善跨境电商物流配套法规政策

我国政府高度重视构建跨国物流枢纽网络体系，正视跨境物流服务体系作为促进我国外贸高质量发展的重要地位，在加强行业监管的同时，已陆续出台多项支持跨境物流发展的政策措施。但因跨境物流相比国内物流复杂程度高，配套法规政策不齐全，不适应现象现实存在，一定程度上制约了跨境电商的发展。国家应积极引导、鼓励和支持行业协会与学术研究机构加快跨境电商物流快递行业标准和法律制度方面的建设，实现与国际物流的接轨。同时，加强与其他国家合作，共同建设和完善跨境电商物流的检验检疫与通关模式、商品标准，以及相应管理制度，推动跨境电商物流规范化运行，使得物流快递企业在法治环境下有序经营、公平竞争。

（三）提升跨境电商物流信息化水平

信息技术是保证国际先进物流企业提供优质、高效物流服务的核心，而在电子商务时代，物流信息化又是其必然、基本的需求。就当前跨境电商物流的发展而言，建立跨境物流信息平台解决跨境物流中的信息不对称问题显得极为迫切。随着"互联网＋"时代的到来，物流行业也应与时俱进，重视智能化建设，将物联网、大数据、云计算与跨境电商物流相结合，搭建一个比较全面的跨境物流信息平台，以实现对物流全程的管理和资源整合，推动跨境电商企业、国际物流公司、海关等相关各方实现信息对接与数据共享，提供物流信息一体化服务，从而改善跨境电商物流服务水平。

第三节　国际快递实务

一、国际快递的概念

国际快递是指在两个或两个以上国家（或地区）之间所进行的快递、物流业务。国家与国家（或地区）之间信函、商业文件及物品的递送业务，即通过国家（或地区）之间的边境口岸和海关对快件进行检验放行的运送方式。国际快件到达目的国家之后，需要在目的国（或地区）进行再次转运，才能将快件送达最终目的地。

二、国际快递的特点

（1）运输对象多为轻货。国际快递主要运送文件类、个人物品类，以及50kg以下的小批量货物。例如，各种单据、发票、账单、生活用品，以及小批量的图书、水果等小件货物。

（2）单位运输价格较高。由于成本限制，国际快递的单位运价较高，只适合运送小件、少量货物。货量越大，选择国际快递越不合算。

（3）末端服务递送上门。快递服务通常都是配送到家，一般的国际物流服务虽然也有门到门服务，但是多数情况下需要收货人自提。

（4）货物仓储时间较短。国际快递运作过程中没有长时间仓储环节，基本上是通过中转中心快速进行区域内部的快件分拨、转运。

（5）运送时效要求较高。从速度和时效上看，由于国际快递选用航空跨境运输，所以是时效最快的国际电商物流运作方式。

（6）物流服务标准统一。国际快递货物主要来源于大量的零散订单，所以需要制定统一的规则以实现快速操作。这也导致服务的差异化较小，很难满足客户的个性化要求。

（7）客户关系不够紧密。国际快递经营者除了拥有大客户之外，更多的是社会个体客户。面对全球千差万别的个体需求，逐一维护客户关系并不现实，主要依靠品牌口碑与信誉生存。

三、国际快递费用的计算

（一）国际快递费用的构成

国际快递费用包括运费、燃油附加费、包装费及其他费用（如偏远附加费）

等。其计算公式为

$$国际快递费用 =（运费+燃油附加费）\times 折扣+包装费+其他费用$$

（1）运费。运费指国际快递企业在为寄件人提供快递承运服务时，以快件的重量为基础，向客户收取的承运费用。

（2）燃油附加费。燃油附加费是指国际快递收取的反映燃料价格变化的附加费。该费用以固定金额或运费的百分比来表示。

（3）包装费。一般情况下，快递公司是免费包装的，提供纸箱、气泡等包装材料。对一些贵重、易碎的物品，快递公司需要收取一定的包装费用。包装费用一般不计入折扣。

（二）国际快递运费的计算

国际快递运费一般采用首重续重计算法和表格查询法。

1. 首重续重计算法

（1）计费重量单位。一般以每 0.5kg 作为一个计费重量单位。

（2）首重与续重。以第一个 0.5kg 为首重（或起重），每增加 0.5kg 为一个续重。通常首重的费用相对续重费用较高。但是，国际快递公司对于大票货物一般会有特殊优惠价。例如，超过 21kg 时，可以以一个特定的统一价计费。不需要分首重续重，直接按每千克多少元的价格计费。

（3）实际重量与体积重量（材积）。实际重量是指需要运输的一批物品包括包装在内的实际总重量。体积重量，又称材积，是指当需要寄递的物品体积较大而实际重量较轻时，因运输工具（飞机、火车、船、汽车等）承载能力及能装载物品的体积所限，需要采取物品体积折算成重量作为计费重量的方法。轻抛货物，是指体积重量大于实际重量的物品。

（4）计费重量。国际航空货运协会规定，国际快递货物运输过程中，计费重量是按整批货物的实际重量和体积重量两者之中较高的一方计算。

（5）通用运费计算公式。当需要寄递的物品实际重量大于体积重量时，运费计算方法为

$$运费 = 首重运费+（计费重量 \times 2-1）\times 续重运费$$

例如：某 5kg 货品按首重 230 元、续重 60 元计算，运费总额为：230+（5×2-1）×60 = 770 元。

当需寄递物品实际重量小而体积较大时，运费需按体积重量标准收取，然后再按上列公式计算运费总额。国际航空货运协会规定的航空运输货物体积重量计算公式中的系数为 6000，一些国际快递企业这个系数取值为 5000。我国 EMS 线上发货针对邮件长、宽、高三边中任一单边达到 60cm 及以上的，都需要进行计算体积重量操作。计算公式为

$$体积重量（kg）= 长 × 宽 × 高 /6000$$

例如，某货品采用 EMS 邮寄，实际重量为 8kg，长、宽、高分别为 70cm、40cm、30cm，按首重 200 元、续重 50 元，计算其运费。

体积重量 = 70×40×30/6000=14kg，由于体积重量大于实际重量，所以此快递的计费重量为 14kg。运费 = 200+（14×2-1）×50=1550（元）。

2. 表格查询法

由于国际业务涉及全球多个国家和地区，所以，快递企业为了业务员能够更加快速地计算国际快递的运费，同时也让客户更加直观地了解寄递到各个国家的费用情况，大多采用分区收费的方法，按照各个国家的地理位置自行制定收费规则和收费标准。快递企业先按国别分成不同的区域，然后计算好每一区域的运费，做成表格形式，以方便查询。表格查询法计算步骤为：①查找寄送目的地所在区域。②查找所寄送物品的类别。③根据快件重量所在横行与该快件区域所在竖列，相交处对应的金额即为运费金额。例如，某快递企业国际隔日递业务区域见表 11-2，区域收费计算情况如表 11-3 所示，请查询寄到英国的 2kg 物品类快件的运费价格。

表 11-2　某快递企业国际隔日递业务区域表

区域名	服务国家和地区
1 区	日本、韩国
2 区	新加坡、马来西亚
3 区	加拿大、美国
4 区	英国、法国、德国
5 区	巴西、阿根廷

表 11-3 某快递企业国际隔日递业务区域收费计算表（单位：元）

类别	重量 /kg	区域				
		1 区	2 区	3 区	4 区	5 区
文件类	0.5	120	140	180	220	230
	1	160	180	220	270	280
物品类	0.5	180	200	240	280	290
	1	230	250	290	350	360
	1.5	280	300	340	420	430
	2	330	350	390	490	500
	2.5	380	400	440	560	570
	3	430	450	490	630	640
	3.5	480	500	540	700	710
	4	530	550	590	770	780
	4.5	580	600	640	840	850
	5	630	650	690	910	920

步骤一：在表 11-2 中查找英国所在的区域为 4 区。

步骤二：确定该快件类别为物品类。

步骤三：确定表 11-3 中重量为 2kg 物品所在的行与该表中 4 区所在的列相交处的数值为 490，即该快件的运费金额为 490 元。

四、国际快递的操作流程

（1）选择国际快递公司。寄件人综合考虑物流服务需求与运输线路等因素，选择适合的国际快递公司。

（2）咨询和询价。联系快递客服，根据快递物品重量、体积、收货地、物品类别，选择最适合、性价比最高的运输方式。

（3）确认快递公司的收件仓库位置、公司服务流程、时效和安全问题等，再确认收付款如何操作。

（4）确认下单发货。提供收件地址、收件人信息、邮编等，获取具体报价，如确认下单合作，还需确认国内发货仓库地址，是自行邮寄到该地址还是上门取件。

（5）入仓操作。发货仓库收到货物后，进行量尺寸、称重量、分类、打单、贴单等操作，再将货物装袋、装车运送机场或货船。

（6）报关、清关。一般快递公司会帮助客户报关。当货物到达当地海关后，会进行一轮审单、查验、征税，审核查验无误后放行，交给相应的清关公司/报关行。

（7）物流追踪。货物发出后，快递公司提供快递单号，发件人可在快递公司官方网站查询，以便及时跟踪物流信息。

（8）转运、派送、签收。货物达到目的国之后，须再次转运，最终才能派送给收件人。收件人签收后，完成整个寄递过程。

本章小结

本章首先介绍了跨境电商的概念与发展历程，展现了跨境电商产业链的基本运作流程。其次，辨析了跨境电商与国际物流的关系，详细阐述了跨境电商物流的主要运作模式。再次，介绍了国际快递的概念，并分析了国际快递的特点，梳理了国际快递费用的构成和计算方法。最后，介绍了国际快递的操作流程，加深对国际快递理论知识及其实践应用的理解。

即测即练

复习思考题

1. 简述跨境电商的发展历程。
2. 分析跨境电商与国际物流的关系。
3. 简述跨境电商物流的特征。
4. 简述国际快递的特点。

参 考 文 献

[1] 刘丽艳. 国际物流 [M]. 2 版. 北京：清华大学出版社，2023.

[2] 孙韬. 跨境电商与国际物流：机遇、模式及运作 [M]. 北京：电子工业出版社，2020.

[3] 杨霞芳. 国际物流管理 [M]. 2 版. 上海：同济大学出版社，2015.

[4] 郑俊田. 国际物流与运输 [M]. 北京：中国海关出版社，2018.

[5] 宋志刚，王小丽. 国际物流 [M]. 北京：中国财政经济出版社，2022.

[6] 田振中. 国际物流与货运代理 [M]. 2 版. 北京：清华大学出版社，2019.

[7] 马向国，刘同娟，余佳敏. 跨境供应链管理及案例解析 [M]. 北京：化学工业出版社，2021.

[8] 顾永才，王斌义. 国际货运代理实务 [M]. 6 版. 北京：首都经济贸易大学出版社，2023.

[9] 许丽洁. 国际物流与货运代理从入门到精通 [M]. 北京：人民邮电出版社，2020.

[10] 孙明. 国际货运代理实务 [M]. 3 版. 上海：同济大学出版社，2020.

[11] 孙琪. 中国跨境电商保税仓物流服务质量研究 [M]. 杭州：浙江大学出版社，2019.

[12] 余庆瑜. 国际贸易实务：原理与案例 [M]. 3 版. 北京：中国人民大学出版社，2021.

[13] 保罗·R. 克鲁格曼，等. 国际贸易：第十一版 [M]. 北京：中国人民大学出版社，2021.

[14] 卓乃坚. 国际贸易支付与结算及其单证实务 [M]. 3 版. 上海：东华大学出版社，2024.

[15] 周亚光. 国际航空运输垄断行为法律规制研究 [M]. 北京：法律出版社，2017.

[16] 郑兴无，张翼. 国际航空运输服务贸易政策研究 [M]. 北京：经济管理出版社，2019.

[17] 喻耘. 国际航空运输市场拓展 [M]. 北京：中国民航出版社，2022.

[18] 余妙宏. 国际海上货物运输合同下托运人法律制度研究 [M]. 北京：海洋出版社，2022.

[19] 方晨. 海上国际集装箱运输管理学 [M]. 青岛：中国海洋出版社，2017.

[20] 崔艳萍，张进川. "一带一路"互联互通基石 [M]. 成都：西南交通大学出版社，2022.

[21] 冯芬玲. 中欧班列亚欧铁路运输通道布局与规划 [M]. 北京：中国铁道出版社，2019.

[22] Michael Roe. East European International Road Haulage[M]. Routledge，2021.

[23] 陈岩，李飞. 跨境电子商务 [M]. 2 版. 北京：清华大学出版社，2023.

[24] 彭静. 跨境电子商务物流 [M]. 北京：清华大学出版社，2023.

[25] 孙天慧. 跨境电子商务运营实务 [M]. 武汉：武汉大学出版社，2021.

[26] 高翔. 跨境电子商务国际海关管理 [M]. 上海：上海人民出版社，2021.

[27] 熊励. 中国跨境电子商务竞争生态发展报告 [M]. 北京：中国海关出版社，2018.

[28] 潘恩阳，何伟. 农产品跨境电子商务 [M]. 北京：中国财政经济出版社，2022.

[29] 王庆年. 区块链 + 跨境电子商务理论与探索 [M]. 北京：光明日报出版社，2022.

[30] 海关眼系列编委会. 世界海关组织跨境电子商务标准框架及释义 [M]. 北京：中国海关出版社，2019.

[31] 李文立，逯宇铎，徐延峰. 跨境电子商务平台服务创新与风险管控 [M]. 北京：科学出版社，2019.

[32] 进出口货物检验检疫申报手册编委会. 中国海关进出口货物检验检疫申报手册 [M]. 北京：中国海关出版社，2022.

[33] 洪雷. 进出口商品检验检疫 [M].3 版. 上海：格致出版社，2018.

[34] 许丽洁. 报检与报关业务从入门到精通 [M]. 北京：人民邮电出版社，2020.

[35] 倪淑如，倪波. 海关报关实务 [M].2 版. 北京：中国海关出版社，2024.

[36] 顾永才，王斌义. 报检与报关实务 [M].6 版. 北京：首都经济贸易大学出版社，2021.

[37] 童宏祥，丁滟湫. 报检报关理论与实务 [M]. 上海：立信会计出版社，2024.

[38] 王锦霞. 国际货物运输保险实务 [M]. 北京：中国金融出版社，2012.

[39] 李贺. 国际货物运输与保险 [M]. 3 版. 上海：上海财经大学出版社，2021.

[40] 应世昌. 新编国际货物运输与保险 [M]. 4 版. 北京：首都经济贸易大学出版社，2017.

教师服务

感谢您选用清华大学出版社的教材！为了更好地服务教学，我们为授课教师提供本书的教学辅助资源，以及本学科重点教材信息。请您扫码获取。

▶▶ 教辅获取

本书教辅资源，授课教师扫码获取

▶▶ 样书赠送

物流与供应链管理类重点教材，教师扫码获取样书

 清华大学出版社

E-mail: tupfuwu@163.com
电话：010-83470332 / 83470142
地址：北京市海淀区双清路学研大厦 B 座 509

网址：https://www.tup.com.cn/
传真：8610-83470107
邮编：100084